ASEANの奇跡

―平和の生態系―

キショール・マブバニ
Kishore Mahbubani

ジェフェリー・スン
Jeffery Sng

黒柳米司 訳
Yoneji Kuroyanagi

新日本出版社

The ASEAN Miracle: A Catalyst for Peace

Copyright ©2017 by Kishore Mahbubani and Jeffery Sng
First published in English by NUS Press, Singapore
Japanese translation rights arranged with NUS Press
through Japan UNI Agency, Inc.

目　　次

献辞　*3*

はしがき　*7*

序にかえて　*9*

第1章　四つの波　*25*

インドの波　*28*

中国の波　*34*

イスラムの波　*38*

西洋の波　*44*

第2章　ASEAN の平和生態学　*61*

第一の要因：共産主義への恐怖　*64*

第二の要因：強力なリーダーの役割　*72*

第三の要因：地政学的幸運　*78*

第四の要因：市場志向の経済政策　*82*

第五の要因：ASEAN を基盤とする地域ネットワーク　*87*

第3章　ASEAN と諸大国　*93*

ASEAN とアメリカ　*99*

ASEAN と中国　*114*

ASEAN と EU　*129*

ASEAN とインド　*138*

ASEAN と日本　*144*

第4章　加盟国概観　*159*

ブルネイ　*161*

カンボジア　*163*

インドネシア　*166*

ラオス　*170*

マレーシア　*173*

ミャンマー　*178*

フィリピン　*182*

シンガポール　*187*

タイ　*191*

ベトナム　*195*

第5章　ASEANの強さと弱さ　*203*

ASEANの強さ　*204*

ASEANの弱さ　*210*

ASEANに対する脅威　*217*

ASEANにとっての好機　*223*

結論　*232*

第6章　ASEANの平和賞　*237*

三つの大胆な勧告　*251*

参考文献　*266*

訳者あとがき　*285*

献辞

　本書の筆者2名が、この分野に造詣の深いお二方が2016年8月と2015年12月に逝去される前にインタビューできたことは幸いであった。お一人はＳ・Ｒ・ナザン前シンガポール大統領で、彼は1967年8月8日のASEAN宣言署名の際、バンコクでこの文書をめぐる協議に直接関与された。もうお一人は、著名なベン・アンダーソン博士である。ジェフェリーは彼がコーネル大学在学中にベンの知遇を得た。彼の古典的著作『想像の共同体：ナショナリズムの起源と波及に関する考察』ほど深遠な見識を表明した著作は世界でも稀有なものであった。

　加えて私たちはASEAN域内の著名な政策決定者や研究者との個人的インタビューを通じて多くのことを学ぶことができた。ただし、これらの方々の誰も本書の内容に責任を負うものではない。私たちは、寛大にその時間と見識とを提供していただいたことにつき、次の方々に感謝したい。アルファベット順に、サンチタ・バス・ダス、スチット・ブンボンカーン、テット・ブンナック、タームサック・チャラームパラヌパップ、バリー・デスカー、Ｓ・ダナバラン、レベッカ・ファティマ・サンタマリア、Ｓ・ジャヤクマール、ホン・ジュキー、ビラハリ・カウシカン、トミー・コー、スレイマン・マームード、ヴァヌ・ゴパラ・メノン、モハメド・ジョワール・ハッサン、ブン・ナガラ、ナロンチャイ・アクラサニー、オン・ケンヨン、ラビドラン・パナニアッパン、プラダプ・ピブンソンクラム、チトリヤ・ピントン、プシュパナザン・スンドラム、アンドリュー・タン、フレーザー・トンプソン、ワン・グンウー、ウォン・カンセン、ウォルター・ウーン、およびジョージ・ヨーの諸氏である。

　私たちはまた、本書の広告のために過分な文章を掲載することにご同意くださった著名な方々にお礼申しあげたい。すなわち、アミタフ・アチャリヤ、コフィ・アナン、グルチャラン・ダス、ゴー・チョクトン、ジョン・アイケンベリー、パスカル・ラミー、アナン・パンヤラチュン、ラリー・サマーズ、ジョージ・ヨー、およびスシロ・バンバン・ユドヨノの諸氏である。

　私たちはさらに、本書のために優れた協力を提供してくれた研究助手たちに

も感謝したい。アムリタ・ビジャヤクマール・ネアーとクリステン・タンは、2014年8月以来本書のために働いてくれた。彼らは、本書の追加的調査のためにバンコクやクアラルンプールにも出張してくれた。アムリタとクリステンが加わるまでは、ローダ・セベリーノとバンダナ・プラカシュ・ネアーの両名に助けられた。アムリタは、ベン・アンダーソンから署名入りの『想像の共同体』を譲り受けることができた。キショール事務所「Aチーム」のキャロル・チャン、エスター・リー、およびアミラー・ビンテ・モハメド・ファダリも本書の完成にとって重要な役割を果たしてくれた。

　本書のための出版社を得るのは容易ではなかった。キショールのニューヨークの接点によれば、西欧の出版社はASEANの国際的な重要性にもかかわらず、これに関する物語には関心をもたないと伝えてきたという。それだけに、シンガポール国立大学（NUS）出版局が本書を刊行するという大胆な決定を下したことは幸甚であった。ピーター・ショッパート、ポール・クラトスカおよびスナンディニ・アドーラ・ラルら編集者は、本書の草稿を仕上げるうえで卓越した作業をこなしてくれた。NUS出版局を選んだおかげで、シンガポールのリー財団からの例外的に寛大な寄付を頂戴できた。

　本書で論じるように、ASEANの弱点の一つは、東南アジア在住の6億人の人々がASEANの当事者意識を持ち合わせないことにある。実際、彼らはASEANという機構についてほとんど知っていない。こうした無知を正すべく、リー財団には本書をASEAN諸国の主要言語に翻訳するための寛大な財源を提供していただいた。かくして本書は、マレー語、インドネシア語、ビルマ語、クメール語、ラオス語、タガログ語、タイ語およびベトナム語に翻訳されることになった。NUSが東南アジア地域にもつ強固な関係がこれらの翻訳作業を促進してくれるだろう。この寛大な財源の提供につき、私たちはリー財団、とりわけ理事長リー・セン・ティー博士に心から感謝したい。彼は、第二次世界大戦に際し、日本軍から殴打された時期以来、東南アジアの混乱を身をもって体験してこられた。

　最後に、私たちは、東南アジア諸国在住の多数の友人たちに感謝したい。過去数十年にわたる彼らの友情と深い見識を共有してくれたことが、東南アジアに関する本書の執筆に確信を与えてくれた。彼らの氏名を列挙する余裕はない

が、彼らが本書を手にしたとき、長年にわたって私たちと共有した貴重な智恵のいくつかを本書に見いだしてくれることを期待したい。

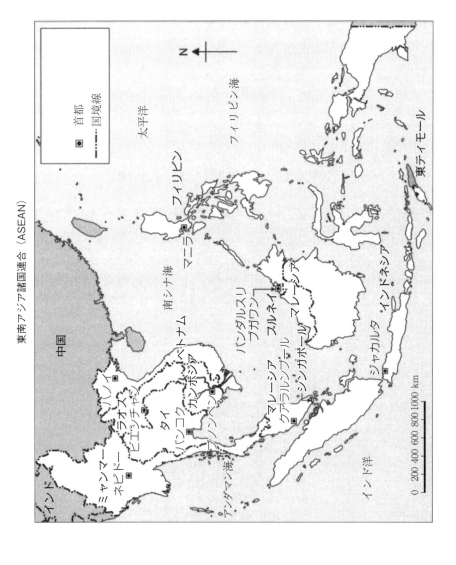

はしがき

　ジェフェリーと私が本書をともに刊行するまでには、ほとんど60年の友情が前提となっている。東南アジアにおける60年余の生活が私たちの心の通う友情を育ててくれたのである。

　東南アジアは、文明論的にいって、地球という惑星でもっとも多様性に富んだ地域である。他の地域とは比較にならぬ多様性に富んだ東南アジアを理解することも論述することも容易ではない。しかし、幸いにもジェフェリーと私は、あれこれの東南アジア社会を熟知するという幸運に恵まれている。

　私たちは、華人中心国家シンガポールに生まれ育った。私たちはシンガポールのオナンロードの貧村に住んでいた幼少期に知り合った。ジェフェリーは人種的には華人福建の客家の血統を持ち、私はインド人シンディ系である。しかし、学校では私たちは東南アジアの多数派言語であるマレー語を学んだ。

　私たちはともにシンガポール国立大学で哲学を学んだ。その後、私たちは異なる進路を歩んだ。ジェフェリーは1982年、東南アジア研究で修士号を習得するためコーネル大学に進み、そこで彼は、ジョージ・ケーヒンやベン・アンダーソンを含む幾人かの著名な東南アジア研究者に出会った。ジェフェリーは、コーネルでタイ人の妻ピムプラパイ・ビサンプトラとも出会っている。彼は1980年代初頭からバンコクに住み、流暢なタイ語を話せる。ピムとジェフはタイに関する2冊の優れた著作を刊行した。1冊は、タイ・ベンチャロン陶器に関する著作で、他はタイ華人に関する著作である。

　ジェフェリーはまたインドネシアについても熟知している。彼がクウェーカー教会のために働いていた時期、故アブドラフマン・ワヒド——親しみを込めて「グス・ドゥル」と呼ばれる——を含む幾人かのインドネシア指導者の知遇を得た。グス・ドゥルは大統領になったとき、タイとの緊密な関係を築くための特使としてジェフェリーを活用した。

　かつてジェフェリーがラオスのある寒村を訪問した際、村人はジェフェリーをVIP待遇すべき賓客とみなした。かくして村人は、ネズミを叩き出すべく、

せっせと田の畔を引っぱたいた。飛び出して来たネズミは村人に棍棒で叩き殺された。そこでジェフェリーは、王家の設宴の栄誉料理としてネズミ肉を振る舞われた。私はそういう経験をしていないが。

　しかし私は、他の東南アジア社会で暮らしたことがある。私は、1973年7月から1974年6月までの1年間をカンボジアのプノンペンで過ごした。私の記憶する限りでは、同市は当時クメール・ルージュの包囲下にあり、連日のように砲撃された。悲劇的にもクメール・ルージュは、私が離れてから9ヵ月後に同市を占領した。私は、カンボジアの「キリング・フィールド」で多くの友人を失った。

　1976年から1979年まで、私はマレーシア駐在シンガポール高等弁務官事務所の次官として勤務し、1965年のマレーシア＝シンガポール分離の苦悩が依然として消え去ってはいないことを身をもって学んだ。

　その後、ジェフェリーと私は、20世紀後半の東南アジアの混乱を体験したから、ASEANが東南アジアに対してもたらした「奇跡」について語ることができる。というのは、私たちは、ASEANがなければ東南アジア社会がいかに異なる結果となったかを知っているからである。この地域の生の情報として主としてニューヨーク・タイムズ紙の切り抜きに依存している米国の多くの社会科学者は、東南アジア社会を真に理解することはできない。こういう事情が私たちに本書を刊行する動機を与えてくれたのである。

　私たちは、本書が私たちの年来の東南アジア研究と緻密な理解とを記述しており、東南アジアの例外的な成功がもたらした教訓が世界の他地域で共有され、学ばれることを期待している。他の発展途上地域が平和と繁栄をもたらす上での東南アジアの成功に倣えば、世界はより幸福な場所になることだろう。

キショール・マブバニ

＊1　Jeffery Sng and Pimpraphai Bisalputra, *Bencharong & Chinawares in the Court of Siam* (Bangkok: Chawipope Osathanugrah, 2011).
＊2　Jeffery Sng and Pimpraphai Bisalputra, *A History of the Thai-Chinese* (Singapore: Editions Didier Millet, 2015).

序にかえて

　東南アジア諸国連合（ASEAN）は生きて呼吸する現代の奇跡である。なぜか。他のいかなる地域機構も ASEAN が達成したほど広範な人々の生活状態を改善したことがないからである。この地域に住む 6 億余の人々はこの機構が創設されて以来の 50 年間に驚くほどの発展を目にしてきた。

　ASEAN は混乱した地域に平和と繁栄をもたらし、地球上でもっとも多様な地域に文明間の調和を産み出し、多くの人々に希望を与えた。それはまた、中国の平和的台頭の重要な触媒としても機能した。それゆえ、ASEAN は他のいかなる個人や組織よりも次期ノーベル平和賞に値するのである。

　今日、私たちの世界観が悲観主義者の主張に支配されていることは公然の秘密である。しかし、ASEAN は多くの分野で楽観主義的な主張を産み出してきた。まず、思慮深く、影響力のある人々が、異なる文明——とりわけイスラムと西欧文明——は平和裏に共存できないと信じている「文化的悲観主義」の時代において、ASEAN は文明間の平和的共存の生きた実験室を提供している。東南アジアが私たちの国際情勢の縮図となりつつあることに気づく人は多くはない。かつて、異なる文明は地理的に隔離された空間で併存してきた。今日、私たちの縮小しつつある世界は、諸文明が相互に近接してきたことを意味する。東南アジアは、かくも多くの文明がひしめき合って共存する唯一の地域である。しかも彼らは平和裏に共存している。この奇跡は ASEAN がもたらしたものである。

　第二に、多くの若者、とりわけ欧米の若者が、来たるべき 10 年、彼らの生活は悪化するであろうと考えているような「経済的悲観主義」の高揚する時代にあって、東南アジアは楽観主義で沸き立っている。かつて貧困にあえいでいた地域は、目覚ましい経済的奇跡を経験してきた。世銀総裁のジム・ヨン・キムは、「わずか 30 年の間に、ベトナムは極貧層をほぼ 50％ からおよそ 3％ にまで減少させた。驚くべき成果である」と指摘している[*1]。かつて持続的かつ恒常的な貧困の権化であったインドネシアは今日、世界でもっとも楽観的な若年

人口を擁する国家の一つとなった。2015 年の 5 月のニールセン統計によれば、インドネシア消費者の自信は「世界で 2 番目に高い^{*2}」。これほどに貧しい国が、どうやってこれほど楽観的となったのか。ASEAN が経済的楽観主義をもたらしてきたからである。

第三に、多くの指導的な地政学論者が大国間とりわけ米中両国間の競合と緊張の高まりを予想する「地政学的な悲観主義」の高まりの時代にあって、ASEAN はすべての諸大国を定期的に結集させるに不可欠な外交的な場を創設してきた。さらに ASEAN は、諸大国が相互に対話するのに最適な環境を整備してきた。ASEAN 域内では、協議と全会一致（musyawarah & mufakat）というインドネシア的伝統を取り入れた結果として、平和的文化が形成された。今日 ASEAN は、この平和的文化をより広域なアジア太平洋地域とも共有し始めている。日中両国の緊張が高まり、両国指導者が相互に対話しがたいとみなすにいたった場合にも、ASEAN は面子を失うことなく対話する場を提供し、日中が対話を再開する適切な条件を提示してきた。ASEAN は、攻撃的な衝撃を和らげるような生態系を醸成することによって中国の平和的発展を促進した。

こうしたことは、ASEAN が完璧な地域機構であることを意味するであろうか。まったくそうではない。ASEAN は非常に不完全である。これため、国際社会は ASEAN の来歴を理解しようとしなかったのである。その不完全さは、とりわけアングロ・サクソンのメディアで存分に論じられてきた。例えば2016 年 2 月 2 日付の『エコノミスト』誌は次のように指摘している。

　……ASEAN による仰々しい声明はこの地域のクリスマス・クラッカーである。ほぼ定期的に登場してひとしきり騒がれるが、ほとんど内実をともなわない。おそらく避けがたいことに、これほどに多様なグループによる地域統合へのコミットメントは、ASEAN の誇らしげな声明が示唆するほどには強いものではない。このグループの多くの協定や条約の順守を強制するメカニズムは存在しない。域内の銀行システムや資本市場も統合されてはいない。関税が撤廃されても、これに代わる非関税障壁が浮上する。ASEAN 加盟国は、知的財産や土地利用、入国管理政策を個別に設定し続けている^{*3}。

これに疑問を抱く読者は、オンラインで「ASEAN」を検索してみるといい。彼あるいは彼女は、ASEANの不完全さを論じた膨大な論文の洪水に溺れそうになるだろう。

　こうした論調は誤ってはいない。実際ASEANは一直線に発展してきたわけではない。むしろ蟹のように、二歩前進したら一歩後退し、一歩横に進んできたから、短い期間を概観してもほとんど進展を見いだせない。しかし、奇跡的にも、より長い時間軸をとり10年ごとの進歩を分析すれば、ASEANの前進は明らかである。多くの不完全さにもかかわらず、ASEANは着実に前進してきた。本書では、いかにしてこのような巨大な謎が生じるのかを解明したい。

　ASEANをめぐる一つの基本的なパラドックス——ASEANの強さはその弱さの中に見いだされる——については、本書の冒頭で概観しておく必要がある。ASEANが、アジア太平洋地域における大国の関与を確保するための不可欠の場として浮上し得た原因は、それがいずれかの大国にとって脅威となるにはあまりに弱体であるからであった。かくして、すべての大国が直感的にASEANを信頼した。シンガポールの卓越した前外相ジョージ・ヨーは次のようにいう。

　　結局、ASEAN流のやり方がいかに無様で、非効率かつ半端なものであろうとも、ASEANがない状況よりもよいとの結論に落ち着くのであった。それこそASEAN外交政策の真骨頂なのである。つまるところ域外大国は、顔をしかめつつも、ASEANが運転席に座ることを受け入れるのである。要するに、他のいかなるドライバーも他の諸国から信頼されないがゆえにASEANのリーダーシップがもっとも優先されたのである。[*4]

　ASEANをめぐるもう一つの本質的な事実——それは成功すべきものとしてではなく、失敗すべく誕生した——も本書冒頭で理解しておく必要がある。実際、1967年8月8日にバンコクでASEANが創設されたとき、東南アジアは他地域では見いだせないほどの混乱に満ちていた。練達のシンガポール外交官ビラハリ・カウシカンは当時の地域情勢を次のように描写している。

　　1967年の情勢をみてみよう。すべてのASEAN加盟国は、中国に直接支援

序にかえて　*11*

されてはいなかったとしてもこれに鼓舞された共産主義者の反乱に直面していた。中国自身は文化大革命という革命的狂乱の渦中にあった。大陸部東南アジアでは、インドシナ戦争が冷戦のもっとも熱い前線となっていた。この３年前には直接米国による北ベトナム爆撃によってベトナム戦争がエスカレートしていた。同時に、ほぼすべての ASEAN 加盟諸国は互いに激しく対立していた。マレーシアとシンガポールの合邦は分裂したばかりで、両国関係は人種的緊張に満ちていた。共産主義者の流血のクーデター未遂事件直後のインドネシアは、マレーシアおよびシンガポールに対する宣言なき戦争いわゆる「対決外交」(Konfrontasi) をようやく終えたばかりであった。フィリピンは、東マレーシアの一部分――サバとして知られる――に対する領有権を主張していた。不明瞭な文書上でかろうじて規定された暫定的な国境線をはさむ原初的な領有権紛争が、マレーシア＝タイ間、インドネシア＝フィリピン間の関係をこじらせていた。ほとんどすべての東南アジア諸国は人工的な存在で、その国境線は植民地時代にかろうじて画定されたものだったから、不十分にしか画定されておらず、根深いナショナリズムの激情に振り回されがちであった。[*5]

　今日の論者の多くも、東南アジアの展望に関するこうした悲観的な見解を共有している。米国の著名な研究者は、東南アジアに運命的で暗鬱な展望を予期している。当時ジョンズ・ホプキンス大学の高等国際関係大学院（SAIS）の所長であったフィリップ・W・セイヤーは 1954 年冬号の『国際問題』誌（World Affairs）に発表されたウィリアム・ダグラス判事の次のような主張を引用する。東南アジアは、「途方もない問題に直面し、膨大な人口と豊富な資源ゆえにソビエト帝国の推進者にとって格好の獲物であったから、今後とも混乱し不安定なままとどまるであろう」。[*6]コロンビア大学のナサニエル・ペッファー教授は東南アジア地域機構の潜在的利益という考えに否定的である。

　実利的な目的にとって、1954 年の東南アジアで私たちが直面していた状況に鑑みれば、東南アジア地域機構が何になるだろう。事態は十分に明快である。インドシナは、最善の場合でも部分的には共産主義者の支配下に陥るこ

とになろうし、最悪の場合には全面的な支配に服するだろう。まずはタイが、次いでビルマが赤い影の下に陥落するだろう[*7]。

　本書の冒頭で強調さるべきもう一つの重要点は、1967年に政治的に混乱していなかったとしても、東南アジアは地域協力の実験にとって肥沃な土壌ではなかったという点である。東南アジアほどに多様性に満ちた地域はこの地上には存在しなかったからである。

　私たちは、異なる文明——より優勢な文明に限っても、ユダヤ・キリスト教、中華・儒教、イスラム、ヒンズーおよび仏教——への一体感を有する70億人余の人類とともに生きている。世界のほとんどの地域では、こうした文明は異なる地理的区画に分かれて生存している。キリスト教文明はヨーロッパと米州に、中華・儒教文明は中国および東アジアに、イスラム教徒はモロッコからインドネシアにかけての弧状に、ヒンズー教徒はほとんどインドに、そして仏教徒は、スリランカから中国・韓国・日本にかけて散在している。

　東南アジアにおいてのみ、これら異なる文化・文明が混在する。地球上の他のいかなる地域も、その文化的・宗教的・言語的・倫理的・人種的多様性に匹敵し得ない。私たちは、東南アジアという比較的狭い地理的空間に、2億4000万人のイスラム教徒、1億3000万人のキリスト教徒、1億4000万人の仏教徒、および700万人のヒンズー教徒を見ることができる。こうした宗教上の多様性自体が驚異的である。しかし実際には、それはより深遠な文化的多様性を覆い隠している。インドネシアにおいて、アチェ人やほとんどのジャワ人はイスラム教徒である。しかし、文化的には両者はこれ以上ないほど異なっている。これが、アチェ人が数十年にわたってインドネシアからの熾烈な分離戦争を戦った理由である。多くの歴史家や研究者が東南アジアの桁違いの多様性に注目してきた。著名な英国の歴史家、C・A・フィッシャーは、この地域を「アジアのバルカン[*8]」と呼び、ヨーロッパのバルカンよりさらに多様であると指摘する。彼は、東南アジアの混乱を予期していた。同様に、ASEAN創設の5人の父の1人タナット・コーマンは1964年の『フォーリン・アフェアーズ』誌の論文に、「パワー・ポリティックスの観点からいえば、東南アジアは、東欧が第一次世界大戦前夜にそうであったように、多かれ少なかれバルカン化さ

序にかえて　13

れた。域内各国は、独自の運命に従い、独自の政治的言語を用いており、相互には理解できなかった。そこには調和もなければ共通言語（lingua franca）もなかった[*9]」。

　これこそ ASEAN をして例外的ならしめている点である。もし人が、国際協力のためにもっとも見込みのありそうな地域を見いだそうとすれば、東南アジアはそのリストの最後の方に位置したことだろう。ヨーロッパは、その人口の圧倒的多数が一つの文明に属するがゆえに、もっとも見込みのある地域であった。ラテン・アメリカの人々も同様である。同じく、アフリカおよびアラブの人々も、北東アジアの人々がそうであるように、文化的に結びついた宇宙に住むと主張しうるだろう。しかし、50 年前には、実りある地域協力の実験場を提供するものとしての東南アジアに注目することはなかったろう。

　確かに、地域協力はヨーロッパで成功した。ヨーロッパ連合（EU）は世界でもっとも成功した地域協力機構である。ヨーロッパ人は彼らの間の暴力的な敵意を補正するに足る重大な誘因をもっていたから、このことには何の不思議もない。しかし、世界で第二番目に成功した地域協力機構が、もっとも見込みの乏しい地域で生まれた ASEAN であるというのは驚くべきことである。ASEAN を真に注目すべきものにしているのは、それが見込みの乏しい時期に生まれ、見込みの乏しい土壌で育ったということだけではない。もし ASEANが人間の赤ん坊であったとすれば、人生を全うすることはなかったろうが、実際には、このひ弱な赤ん坊は世界のスターにまで育ったのである。

　他にも世界が ASEAN を理解することを必要とする重大な理由がある。というのは、ASEAN の成功物語は、難問を抱えた多くの地域に希望をもたらし、私たちの地球の諸問題を軽減しうるからである。試みに、中東が平和な世界となった状況を想像してみよう。それはほとんど考えられないと思われるかもしれない。小さな領域に誕生した二つの国家たるイスラエルとパレスチナが、平和裏に共存する世界を思い描いてみよう。あり得ないことだろうか。では、東南アジアの世界最大のイスラム国家たるインドネシア——エジプトの 4 倍もの人口を擁する——が民主主義の先駆者として登場したらどうだろうかと自問してみるといい。エジプトとインドネシアは、他にも多くの類似点をもつ。両国とも腐敗に苦しんだ。両国とも強力な軍部指導者スハルト（1967 ～ 98 年）、お

よびムバラク（1981 ～ 2011 年）による軍事政権を経験した。しかし、エジプトは依然として軍事政権下にあって混乱しているが、インドネシアはイスラム世界における指導的民主国家として台頭した。この差異をどう説明すべきだろうか。一語にして答えるならば、ASEAN のおかげである。

　直ちに思い浮かぶ反駁は、中東は久しく戦争下にあったが、東南アジアは平和な地域であったというものである。確かに中東は多くの戦争、1967 ～ 1973 年のアラブ＝イスラエル戦争、1980 ～ 88 年のイラン＝イラク戦争、1990 年のイラクのクウェート侵攻、そして 2003 年の米国のイラク侵攻を経験してきた。しかし、第二次世界大戦以来、東南アジアには世界のどの地域よりも多くの爆弾が投下されたし、中東よりも大規模で長期的な戦争を経験してきた。ベトナム戦争はラオスとカンボジアに波及し、1954 年のディエンビエンフーの陥落から 1975 年 4 月のサイゴン陥落——米国の外交官や兵隊が不名誉な撤退を強いられた——にいたるまで継続した。これに次いで、1978 年 12 月にはベトナムがカンボジアに侵攻し、10 年余にわたる中越間の闘争を引き起こした。単純に数値的にいえば、第二次世界大戦以後の 1946 年から 2008 年にいたる期間の東南アジアにおける軍事的犠牲者数の見積もりは 187 万人から 735 万人までのばらつきがあるが、中東の同期間における軍事的犠牲者数——53 万人から 243 万人と見積もられている——を上回っている。当時のバラク・オバマ米大統領は 2016 年 9 月にラオスを訪問した際、次のように語っている。

　　ラオスは我々がこの国に 200 万トン以上の爆弾——第二次世界大戦を通じて米国が日独両国に投下した爆弾の量より多い——を投下したことを思い出させてくれた。これによってラオスは、歴史上、1 人当たりもっとも大量に爆撃されたことになる。あるラオス人が語るには「『爆弾が雨のように降った』。村々や渓谷は跡形もなくなった。歴史あるジャール平原は徹底的に破壊された。無数の民間人が殺された[10]」。

　これこそ、ASEAN が奇跡であるという事実を否定しえないことの理由である。それは、激甚な戦闘を経験してきた地域に確固たる平和をもたらした。本書の結論部分でも論じるが、ASEAN のノーベル平和賞受賞は久しく待ち望ま

序にかえて　*15*

れてきたのである。

　西欧がイスラム世界の将来に著しく悲観的であることは秘密ではない。イスラム世界への深い悲観主義や懸念が西欧諸国を金縛りにしてきた。ドナルド・トランプは「イスラム教徒が米国に入国するのを全面的かつ完全に封鎖する」[*11]ことを呼びかける際に、こうした懸念を徹底的に利用した。トランプはこの提案について厳しく批判されはしたが、結局、大統領選挙には勝利した。彼は、米国人の心理にあるイスラム教徒への不安感という深い鉱脈を活用したのである。

　イスラム世界に希望や、こうした暗い論調に対抗できる文脈を探そうとすれば、ASEAN 以外の地域に目を向けるには及ばない。西欧を含む世界のあらゆる国から、およそ 2 万 5000 人もの青年が「イラク・シリアのイスラム国」(ISIS) に参加した。私たちは、これら 2 万 5000 人のイスラム教徒に焦点を当てるべきか、あるいはそれより 8000 倍も多くのイスラム教徒が、世界最大のイスラム国家インドネシアで平和裏に生活していることに注目すべきだろうか。イスラム世界でもっとも成功した民主国家たるインドネシアは、平和の天国としての東南アジアの地位を補強している。これと対照的に、リビアとシリア、イラクとイエメンなどを含むアラブ世界の中央部は、今後も長く紛争状況にとどまるだろう。

　百分比でいえば、東南アジアには、中東を除く他のいかなる地域よりも多くのイスラム教徒がいる。もし、東南アジアの膨大なイスラム人口——アラブ世界の全人口とほぼ同数——が平和裏に非イスラム隣人と共存し、経済的にも発展し続けているとすれば、この世界は文明の衝突で運命づけられてはいないという希望をもたらすことになろう。

　2015 年に 100 万人に達するほどのシリア難民がヨーロッパに流入したことは、ヨーロッパにその運命がイスラム世界と緊密に交錯していることを明白に知らしめた。ヨーロッパは、その領域内に過激派イスラム主義が登場したことで深刻な難局に直面しているように見える。2015 年 11 月 13 日のパリへの攻撃は、中東でではなく、ヨーロッパで生まれ育った若いイスラム教徒によって実行された。

　ヨーロッパの知識人で、域内あるいは国境を接して居住するイスラム教徒と

の平和的共存を実現する方途を知るものはほとんどいない。今日のヨーロッパの直感的対応は、壁を築き、国境を管理するというものである。トランプは、比較的開かれた米国社会においてさえ、壁を築きイスラム教徒を阻止しようとする衝動が存在することを明らかにした。米国やヨーロッパの知識人は東南アジアへの知的巡礼を行う必要がある。彼らは、希望に満ちかつ異なる文明も平和的に共存しともに発展しうるような世界に身を置いてみる必要がある。

　ヨーロッパは過去 4 世紀の間、経済社会発展においてもっとも成功した大陸であったから、ヨーロッパ人は世界の他の地域から重要な教訓を学ぶことができるという可能性にはほとんど思い至らない。ASEAN に関する本書の目的は、これまで他の地域から教訓を学ぶ可能性から目をそむけてきたヨーロッパ人の心理に刺激を与えることにある。

　同様に、米国の知識人も本書から教訓を学ぶことができる。米国は、人類史においてもっとも成功した社会として台頭してきた。他のいかなる社会も、米国の経済的生産性や文化的創造性あるいはその例外的な軍事力に関する実績には対抗し得ない。世界でもっとも成功した社会であるにもかかわらず、米国の中間層はヨーロッパ型の悲観主義の犠牲となっている。白人中間層の自殺率は顕著に増大している。このことについてファリード・ザカリアは次のように書いている。「死者が多いという事実と同様に、その主たる原因が自殺、アルコール中毒、薬剤の過剰投与や違法ドラッグなどであるという事実は目を見張らせるものがある。[アンガス] ディートンは私に『人々は、遅かれ早かれ、自らの命を縮めようとしているようである』といった。こうした環境は通常、ストレス・抑鬱あるいは絶望……によって引き起こされる[12]」。自殺率の上昇は、悲観主義の高まりのもっとも極端な表現である。

　米国やヨーロッパにおける悲観主義という政治的傾向は非常に危険である。こうした悲観主義は賢明な中道主義的指導者の可能性を圧殺してしまう。2016年共和党の大統領候補予備選挙におけるジェブ・ブッシュの敗北、さらに驚くべき 2016 年 11 月のヒラリー・クリントンの敗北はこの事実を雄弁に物語っている。マーティン・ウルフも 2016 年 3 月、「フィナンシャル・タイムズ」紙のコラムでこうした危険性を論じているが[13]、西側諸国に対し、こうした政治的悲観主義が 1930 年代のドイツにおけるアドルフ・ヒトラーの登場にとっての肥

序にかえて　17

沃な土壌を提供したことを想起させるのは杞憂にすぎるというべきだろうか。

となると悲観主義は、我々が積極的で革新的な指導者を生み出せないことを意味するだろうか。ここでも再びASEANの歴史は難題に満ちた私たちの時代にいくらかの希望を与え得る。本章では先に、1960年代のASEANがいかに暗く、暗鬱に思われたかについて論じてきた。しかし、こうした暗鬱な時代にあって5名の人々が登場し、ASEANの誕生に導くリーダーシップを提供した。真に驚くべきは、これら5名がその文化的・政治的背景においていかに異なっていたかである。

以下は、1967年8月8日のASEAN設立文書に署名すべく一堂に会した5名の勇敢な人物についての紹介文である。

タナット・コーマン、仏教徒。1914年タイ生まれ、フランスで教育を受ける。フランスでの教育の結果、彼は東南アジアの歴史や文学についてよりもヨーロッパのワイン・文学・料理に親しんできた。しかし彼はまた熱烈な反植民地主義者でもあった。彼は次のように書いている。

1967年8月8日、「バンコク宣言」が5ヵ国を経済協力の推進と域内人民の福祉に向け協働すべく結束させるための機構としてのASEANを誕生させた。過去に幾度も不首尾に終わった企図を重ねた後だったから、この出来事は、彼らが隣接諸国との接触を忌避する植民地支配者によって強いられた厳しい隔離下の生活から引き継いだ域内諸国間の乖離と無関心に終止符を打つという成果をもたらしたのであった。[*14]

ナルシソ・ラモス、キリスト教徒。フィリピン人署名者。1900年フィリピン生まれ、マニラで学んだ。彼は、米国の歴史や米国の建国の父について、東南アジアのそれについてよりもよく知っていた。

アダム・マリク、イスラム教徒。1917年インドネシアのスマトラ生まれで、インドネシアで学んだ。彼はインドネシア語とオランダ語に堪能で、若干の英語を話した。彼の世界観はオランダに対する反植民地闘争やスカルノの民族主

義的演説に影響されていた。彼は隣国マレーシアおよびシンガポールを含む地域機構を創設すべく努めたが、これら両国が人工的な新植民地主義の産物であるとするスカルノの見解を共有していたようである。本来なら、これら諸国は大インドネシア国家たる「ヌサンタラ」に帰属すべきものであったが、彼は共産主義者の脅威に直面して、こうした民族主義的本能を抑え込んだのであった。

　アブドル・ラザク、イスラム教徒。1922 年マレーシアのパハン生まれ。シンガポールのラッフルズ学院で教育を受けた後、1947 ～ 50 年、ロンドンのリンカーン法曹院でさらに学業を続けた。数多くのシンガポール指導者たち、とりわけ英植民地支配と戦うため集結していたリー・クアンユー、ゴー・ケンスイ、S・ラジャラトナムらの知己を得たのも同法曹院でのことであった。ラザクはシンガポールを熟知している。理論上は、アダム・マリクやアブドル・ラザクは、ともにマレー語を話すイスラム教徒で、相互に強い文化的親和性を覚えているはずである。しかし実際には、アブドル・ラザクは——ともにロンドンで人格形成期を過ごしたから——シンガポールの同僚ラジャラトナムとの間により強い文化的親和性を覚えている。両者は恐らくロンドンのパブでビールを飲んだこともあるだろう。

　R・ラジャラトナム。1915 年、スリランカのジャフナでタミール系ヒンドゥ教徒の家族に生まれた。1915 年（生後 3 ヵ月で）——1937 年～ 48 年のロンドン留学に先立って——やはり英植民地支配下にあったシンガポールに移住した。彼はどこの大学も卒業しなかったが、力強い筆力を備え、植民地支配に対する民族主義的反感を雄弁かつ情熱的に鼓吹する文章を書いた。

　端的にいって、これら 5 名の人物——1 人はタイ人仏教徒、1 人はフィリピン人キリスト教徒、2 人はイスラム教徒、および信仰を失ったヒンズー教徒——が ASEAN 宣言に署名すべく一堂に会したとき、これ以上ありえないほどの文化的に異質な世界から集ってきたのであった。ただラザクとラジャラトナムのみが英国的教育という経験を共有していた。しかし、ラザクにとってマレー系イスラム教徒というアイデンティティは重要であったが、ラジャラトナ

序にかえて　*19*

ムは宗教的生活にはなんら関心を示さなかった。もし誰かが世界で二番目に成功した地域機構を創設するために一群の人々を結びつけようとすれば、これほどに異なった５ヵ国からの５名の人物をかき集めようとはしないだろう。

　ここで、ドナルド・トランプ（キリスト教徒）、習近平（儒教系共産主義者）、ウラジーミル・プーチン（ギリシャ正教徒）、アヤトラ・ホメイニ（イスラム教徒）およびナレンドラ・モディ（ヒンズー教徒）が平和的協力のための宣言に署名すべく顔合わせすることを想像してみよう。これら５名の指導者の政治的不一致に鑑みれば、これは明らかにあり得ないと思われる。しかし、５名のASEAN創設の父たちの間の政治的不一致は、これ以上ではなかったとしても、ほぼ同様に著しかったのである。本書第２章「ASEANの平和生態学」は、ASEANの奇跡的な平和物語がいかに出現し、成功したかを解明することを試みている。

　とはいえ、過去50年間を観察するだけでは東南アジア史を理解することはできない。そこには、ASEANの性格とアイデンティティを突き動かすより深い文化的ルーツが存在する。それこそ、本書がそもそもの始まりから着手しようとする理由である。

　本書は、まず、いかにして東南アジアの例外的な多様性が形成されたかの説明を試みる。この地域の歴史に関する多くの解釈において、否定しがたい事実が一つある。つまり、東南アジアは過去2000年余にわたって世界の交差点として機能してきたという事実である。東南アジアの著しい文化的多様性もまたその産物なのである。少なくとも四つの巨大な文化的な波――インド的、中国的、イスラム的、西欧的な波――が東南アジアを席巻した。東南アジアの多様性を適切に理解するには、これらの波が、いかに今日の東南アジア社会の動向に影響し、この地域の顕著な文化的多様性の基礎となるような歴史的波動を残したかを理解せねばならない。

　これら四つの波の驚くべき特徴は、これらのうち三つまでもが比較的平和裏に到達したという点である。西欧的な波のみが暴力の潮に乗って着岸した。ポルトガルのバスコ・ダ・ガマ提督がメッカ巡礼者を乗せたイスラム教徒の船の婦女子をいかに遇したかの逸話は、西欧の植民地主義者らがアジアで振るった暴力を如実に物語っている。すなわち――。

20

［トーメ］ロペスが露骨に叙述するように、船上の女たちは金銀や宝石を手に、命を助ける見返りにこれらを進呈すると泣き叫びながら提督に取りすがり、幾人かの女たちは、彼らの子どもを抱き上げ、「自分たちの子どもを見分け、いたいけな彼らに慈悲を施してほしいと手話で語った[*15]」

　しかし、最後には、「提督は船上に男たちを乗せたまま同船を焼き払い、冷酷にもなんの哀れみも示さなかった」。船上の200人の人々については、「17名の子供と……せむしの船頭を残してすべて殺された」。

　第2章は、見込みの乏しい地域の、見込みの乏しい時期にいかにして平和が出現したかを説明する。実際、ASEANは強靱な平和の生態系を育て上げた。1967年のASEAN創設以来、域内の2ヵ国間では一度も戦争が起きていない。確かに争いはあったし、（カンボジア＝タイ間のように）小規模な軍事衝突も勃発したが、東南アジアでは中東やヨーロッパのバルカンにおけるような戦争は起きていない。本書の基本的な仮説は、この平和の生態系は世界中の見込みの乏しい他地域でも模倣しうるというものである。ASEANは世界にとって希望の灯台として機能し得る。ASEANの経験を理解することは、より平和な世界を導くことができる。

　第3章では、この幸運なシナリオが持続するためには諸大国の支持と協力を必要としていることを強調する。前章では、ASEANがいかに冷戦のもたらした有利な地政学的な風から利益を得たかを説明した。1980年代の米中間の強固な戦略的同盟は、ASEAN諸国の結束を強化する上で決定的な役割を演じた。実際、1980年代は恐らく、原加盟5ヵ国におけるASEANとの強固な一体感を形成する上でもっとも決定的であった。

　しかし、有利な地政学的な傾向がASEANのアイデンティティ形成を助けたとしても、ASEANは今や地政学的な逆風にも備えなければならない。もっとも重要な戦略的関係とは、常に世界の超大国（今日では米国）と強大な台頭国（今日では中国）の間の関係である。両大国は1980年代にはソ連を阻止するために緊密に協働し、このことがASEANを助けた。今日でも米中間には顕著な協力があるものの、競合の度合いも高まっている。もしこの競合関係が手

序にかえて　21

に負えないほどに激化すれば、ASEANは引き裂かれかねない。それゆえに、本章の主要なメッセージは、すべての主要諸国——米・中・印・日およびEUなど——はASEANの結束維持に利害関係を有するという点にある。いかなる大国も温情的ではないから、寛容な本能に訴えるようなことはできない。本章はむしろ、各国のむき出しの利己心に訴えている。

ASEAN10ヵ国の現状は、第4章で一連の手短な概観によって論じられる。ASEAN加盟10ヵ国はそれぞれ、豊かで錯綜した歴史を持つ。概観的な記述ではこれら錯綜した史実をたどることはできまい。しかし私たちは読者が、ASEAN諸国とそれが現在直面する挑戦、地政学的な状況および地域機構との関係について十分な視点を得られるよう期待する。

第5章は、その強さと弱さ、およびそれが直面する好機や脅威に注目すること——周知のSWOT分析［訳者注—企業や組織をその強さと弱さ、機会と脅威に着目して分析する手法］——で現在の地域機構としてのASEANの評価を試みる。複雑な生体がそうであるように、ASEANも遺棄や身勝手な行為のために死亡しかねない。現在のASEAN指導者は重大な責任を負っており、ASEAN創設の父たちの労苦を台なしにすることを許し得ない。彼らは、ASEANを人類に対する希望の灯台となって役立ち続ける強力な地域機構として存続させることを自らの責任とみなさざるを得ない。もし現在のASEAN指導者らが、地域機構の——したがってこの地域の——維持・強化に成功すれば、彼らは域内の6億2500万の人々に利益をもたらすことになるだろう。しかし、私たちは本書で、彼らはASEANを（米国と並ぶ）第二の希望の灯台として仰ぎ見る、地球という惑星の76億の人々にも利益を与えることになると論じる。

最後に第6章は、ASEANの将来展望に注目する。それはまた、ASEANが自らを強化するために取り得るいくつかの具体的な措置を示唆する。幸いにも、これらの作業はいずれもさほど困難ではあるまい。それらのいくつかは明らかに着手しやすい。明らかにASEANは、より強力な事務局を必要とする。1540億米ドルというEU事務局予算と対照的にASEAN事務局の予算はわずか1900万米ドルである。ASEAN諸国全体のGDPが、1970年の950億米ドルから2014年の2兆5000億米ドルへと上昇したのだから、ASEAN事務局を深刻な資金不足で飢えさせておくことは、安物買いの銭失いというものだろう。

いったん ASEAN 指導者がこの機構がいかに貴重なものになっているかを認識すれば、より豊かな資金を提供することが彼ら自身の国益にかなうと知るべきである。

ASEAN 事務局が強化され、ASEAN がより実効的な機構となれば、長期的には域内の人々により強固な ASEAN 当事者意識を育てる結果となろう。創設以来最初の 50 年間、ASEAN は域内の政府によって保有され管理されてきた。ASEAN の多くの欠陥や弱点にもかかわらず、加盟諸国は刮目すべき仕事を成し遂げてきた。しかし、この地域の継続的な成長と成功を確保するためには ASEAN の所有権は政府から人々に引き渡されねばならない。そうなれば、ASEAN は世界随一の地域機構となるだろう。

現況では、これは野心的な展望のように見えるだろう。しかし、私たちがこの機構の 1967 年の出発点を想起すれば、ASEAN の業績はこれ以上ないほど見事なものである。ASEAN が現在の機運を維持できればそこには限界がない。より高く飛翔すればするほど、ASEAN はより高い人類の灯台となるだろう。

注　　　　　　　　　　　　　　　　　　[　　]内は著者による閲覧日

＊1　Kim, Jim Yong, "Lessons from Vietnam in a Slowing Global Economy", *Straits Times*, 24 Feb. 2016, http://www.straitstimes.com/opinion/lessons-from-vietnam-in-a-slowing-global-economy, [2016/10/14].

＊2　Mila Lubis, "Indonesia Remains the 2nd Most OptimisticCountry Globally", Nielsen, 30 May 2015, http://www.nielsen.com/id/en/press-room/2015/indonesia remains-the2nd-optimistic-country-globally.html/, [2016/10/12].

＊3　"More Hat than Cattle", *The Economist*, 2 Jan. 2016, http://www.economist.com/news/finance-and-economics/21684811-seamless-regional-economic-bloc-just-around-corneras-always-more-hat/, [2016/10/12].

＊4　筆者らによるジョージ・ヨーとのインタビュー。2016 年 2 月 5 日。

＊5　Bilahari Kausikan, "The Ages of ASEAN", in *The Inclusive Regionalist: A Festschrift Dedicated to Jusuf Wanandi*, ed. Hadi Soesastro and Clara Joewono (Jakarta: Centre for Strategic and International Studies, 2007).

＊6　Philip Warren Thayer, ed., *Southeast Asia in the Coming World* (Baltimore: Johns Hopkins Press, 1971).

＊7　Nathaniel Peffer, "Regional Security in Southeast Asia", *International*

Organization, 8-3 (1954), pp.311-315.

＊8　Charles A. Fisher, "Southeast Asia: The Balkans of the Orient? A Study in Continuity and Change", *Geography*, 47-4 (1962).

＊9　Thanat Khoman, "Which Road for Southeast Asia?" *Foreign Affairs*, 42-4 (1964), p.629.

＊10　"Remarks of President Obama to the People of Laos", White House, 6 Sept. 2016, https://www.whitehouse.gov/the-press-office/2016/09/06/remarks-president-obama-people-laos, [2016/10/12].

＊11　"Donald J. Trump Statement on Preventing Muslim Immigration", Donald J. Trump for President, 7 Dec. 2015, https://www.donaldjtrump.com/pressreleases/donald-j.-trump-atatement-on-preventing-,uslim-immigration/, [2016/10/12].

＊12　Fareed Zakaria, "America's Self-destructiv Whites", *Washington Post*, 31 Dec. 2015, https://www.washingtonpost.com/opinions/americas-self-destructive-whites/2015/12/31/5017f958-afdc-11e5-9ab0-884d1cc4b33e_story.html/, [2016/10/12].

＊13　Martin Wolf, "Donald Trump Embodies How Great Republics Meet Their End", *Financial Times*, 2 Mar. 2016, http://www.ft.com/cms/s/2/743d91b8-df8d-11e-b67f-a61732c1d025.html#axzz4Kxj87a3R/, [2016/10/12].

＊14　Thanat Khoman, "ASEAN Conception and Evolution", *ASEAN*, 1 sept. 1992 http://asean.org/?static_post=asean-conception-and-evolution-by-thanat-khoman/, [2016/10/12].

＊15　Sanjay Subramanyam, *The Career and Legend of Vasco Da Gama* (Cambridge: Cambridge University Press 1997), pp.206-207.

第1章　四つの波

　東南アジアはなぜ地球上でもっとも文化的に多様な地域なのであろうか。一つの単純な回答は、この地域のみが顕著に異なる四つの外来文化の波に影響された地域だからである。東南アジアは、世界の主要な四つの全地球的な文化・文明——インド・中華・イスラム・西欧——と緊密に結びつき、これに巻き込まれてきた。これらの遭遇を波と見なすことは過小評価かもしれない。その長期持続的な衝撃に鑑みれば、それらは津波と呼ばれるべきである。ただ、これらとの接触は、西欧の波を例外として、おおむね平和的であったから、「波」という語の方がより適切であろう。ジョージ・ヨーがいうように、「ASEANは東南アジア史の延長にほかならない[*1]」。

　我々はまず、「波」という語が比喩的な意味で用いられていることを強調しておかねばならない。これら四つの異なる文明の東南アジアへの到来と影響は、この上もなく異なっている。しかし、東南アジアが真に例外的なのは、東南アジアのみがこれほど多くの異なる文明を吸収したという点にある。「四つの波」という表現は、この特異性に光を当てたものである。それはまた、東南アジアを歴史研究の特殊な人間的実験室たらしめている。本章の目的は、この地域が歴史的な意味で、なぜかくも魅力的なのかを概説することにある。

　まず答えられねばならないのは、これら四つの波以前に東南アジアに何があったかという問題である。20世紀の初頭には、歴史家たちは「大したものはなかった」と語りがちであった。インドのナショナリスト歴史家のR・C・マジュムダールは次のように明言した。「ヒンズーの植民地主義者は、彼らの文化・文明を丸ごと携えて行き、原始的野蛮の段階から脱しきっていない人々の間にそっくりそのまま植え付けた[*2]」。彼がこれを書いたのは1941年のことであった。フランス人科学者ジョルジュ・セデスなら、ほぼ同時期に同じことを書

こうとしたかもしれない。

　より最近の歴史家は、マジュムダールやセデスが描いた古い絵画を、全面的に描き変えた。こうした修正の中には、東南アジアが全アジアにまたがる遠距離海洋貿易において、いかに活動的であったかを示し[*3]、ヒンズー教やサンスクリット語が人口に膾炙する以前に、東南アジアの船がインド洋をわたって貿易に従事していたことを伝えている[*4]。

　近年では、歴史家は域外の巨大文明がもたらした宗教・宮廷儀礼などへの影響に先立つ、東南アジア全域にわたる共通点を強調するにいたった。著名な歴史家アンソニー・リードはこれを次のように観察している。

　東南アジアの言語・文化・宗教上の驚くべき多様性は、域外からの海洋貿易への歴史的な開放性と相まって、一見したところ一般化の試みを阻害するように見える。しかし、我々が、宮廷政治や宗教的な「偉大な伝統」から東南アジア一般民衆の大衆的信条や社会的生活に視点を移せば、その共通基盤が次第に顕著となる[*5]。

　東南アジアの深遠な文化的多様性は、その言語地図にも反映される。そこは、世界でも言語的にもっとも多様な地域である。しかし、数百におよぶ東南アジアの諸言語や方言は、共通のルーツを有する広義の関連言語グループからなる言語系に包摂される。これらの言語系とは、オーストロネシア語族（インドネシア語・マレーシア語・フィリピン語・あるいはハワイやニュージーランドで話されるポリネシア系諸言語グループを含む）、オーストロアジア系語族（クメール語やベトナム語を含む）、タイ語族（タイ語・ラオス語）、およびチベット・ビルマ系語族（ビルマ語）などである[*6]。

　地理と文化を結びつけて考えると、この地域を大陸部東南アジア（オーストロアジア系・タイ系・ビルマ系諸語を話す）と、海洋部多島嶼アジア（オーストロアジア系諸語を話す）との基本的乖離が強調される。これらすべての諸言語は、サンスクリット語その他インド系言語・アラビア語・中国語・ポルトガル語・オランダ語および英語などから語彙を取り入れ、四つの波の影響を受けつつ変容し受容されてきた。

紀元前の数百年にわたってオーストロネシア諸語を話す人々が、水に係わる文化をともなう海岸と太洋の主人公であった。オーストロネシア語を話す人々は、東アジア、インド洋、さらには太平洋における海洋貿易の推進者であり、探検者であり、開拓者であった。彼らは、地中海における伝説のフェニキア人よりも広く開拓を行った。危険に満ちた外洋に恐れ知らずに立ち向かった練達の航海者たるオーストロネシア語を話す人々は、（アフリカ沿岸の）マダガスカルから、（太平洋深奥部の）ニュージーランド、ハワイまでの海辺に居住した。

　さらに下って、マラッカ海峡からジャワ海にいたるオーストロネシア語の話し手たちは、中国人旅行者たちがモンスーンの終結地と呼んだ地域の利点を活用した。古インドネシア人たちは広域海上通商上の戦略地点を押さえたことで利益を得た。北東および南西モンスーンの交錯する地点に位置するマラッカ海峡は、これを経由してヒト・アイデア・貿易品が通過する通商上の交差点として機能した。南シナ海とインド洋の主要な風向パターンは、商船が南西風に乗って中国から、南東風に乗ってインドやペルシャから航海し、マラッカ海峡やマレー半島で合流するのを許し、そこで彼らは商品を交換した。彼らは風向きが逆転すると本国に帰帆した。マラッカ海峡という戦略的位置から、古マレー・インドネシア人航海者たちは中国貿易やインド洋貿易の双方を支配した。インドネシア人は紀元前 500 年までにはインドと、同 400 年までには中国との貿易を行い、紀元初頭ころには中印間で物品を運搬した。[*7] 3 世紀ころの中国人観察者は、全長 50 メートル余で、600 〜 700 人もの人間と 600 トンもの貨物を輸送できる多帆船に強く印象づけられた。[*8]

　中国とインドが世界の二大経済大国としての伝統的な位置に復帰すれば、数世紀におよぶ西欧植民地による占領で中断された東南アジアと中国・インド間の関係が復活するのは当然であろう。これが、現代の東南アジアが同地域とヨーロッパ・南アジア・中東および東アジアとの連携に関する深遠な歴史を理解せねばならない理由の一つである。これらの波のインパクトを理解せねばならないとはいえ、我々は東南アジアが海外の影響の単なる受け身の受容者ではなかったことを念頭におかねばならない。彼らは外部世界を探索し、海外のアイデアを自らの目的のために活用してきた。こうしたことは、ラビンドラナート・タゴールが 1927 年に東南アジアを訪問した際の謎めいた論評を説明する

ことになるだろう。彼は、東南アジアのいたるところでインドを見たが、その
ことに気づかなかったといっている。

インドの波

　タゴールがいたるところでインドを見たのは驚くべきことではない。いくつ
かの記録は、インドと東南アジアとの接触は3000年も遡るとしている。数千
年にわたる文化的接触は東南アジアにはっきりと深い痕跡を残している。重要
なことは、インドの文化的影響が大陸部と海洋部東南アジアの双方に浸透して
いるということである。このことに疑いを持つものは、カンボジアのアンコー
ル・ワットやジャワのボロブドゥールの荘厳な遺跡群を訪ねてみるべきである。
英人歴史家ウイリアム・ダーリンプルはアンコール遺跡群の一部のタ・プロー
ム寺院を次のように描いている。

　　木々の幹は、仏教寺院のアーチ型こけら葺き屋根からゴチック様式の大寺院
　　の飛梁のごとく突き出していた。木の枝がインド・ライオンや象、神や小神、
　　精霊や木霊などのレリーフを取り巻き、完璧な正字法と文法にしたがって綴
　　られたサンスクリット語の刻字に覆いかぶさっていた。樹根は絡まった蜘蛛
　　の巣状に広がり、裸の胸をさらしたアプサラサス（天女の舞）やサドゥ（蓬
　　髪の苦行者）が刻まれた壁面にしがみついていた。[*9]

　この地域へのインド高等文化の影響の痕跡は、命のない遺跡のみに限定され
てはおらず、東南アジア宮廷の儀式の中にも生き生きと見事に残っている。今
日でも、例えば、バラモンはタイ王室儀礼において特殊な役割を有している。
同様に中国の存在もタイ国内に深く根を下ろしている。チャクリ王朝の創始者
ラーマ1世（1782年に治世開始）は中国系であった。実際、彼の後継者の一人
モンクット王（1851～68年の治世）は、きわめて誇らしげに中国系の血統であ
ることを宣明していた。今日では中国人は完璧にタイ文化に同化されたため、
タイ社会では誰がタイ人で誰が華人であるかをいえないほどである。しかし、
華人がタイ社会に同化されたとき、彼らはタイの芸術、哲学、書記体系あるい

は宗教に根づいたインド文化を受け入れた。中国系タイ人はそれゆえ、中国文化およびインド文化の双方にしっくりと馴染み得るのである。

インド系および中国系文化の波にともにしっくりと同化するタイの能力は東南アジア社会の秘められた文化的資質——異質なものを受容し共存する——を如実に物語っている。インドおよび中国の文化的な波が円満に重複し得たのは、東南アジアがほぼ同時に二つの文明と交流し始めたのと同じ理由である。

新たな千年紀の初頭、インド洋をまたぐ交易活動が活発化した。社会はより複雑に階層化され、支配層は彼らの権力を血縁と宮廷に制度的に具現した。そして時がくると、彼らはインドから新たなアイデアや言語を採用した。シェルドン・ポラックの壮大な著書『人々の世界における神々の言葉』は、サンスクリット語がいかにしてインド洋全域のカシミールからマレーシアのクランタンにいたる世界での権力者の言語として採用されていったかを描いている[10]。ヒンドゥ教や仏教は同時期に、ポラックがサンスクリット世界と呼んだ広範なアジア地域にわたって宮廷に庇護され、推奨された。ヒンズー的王権観と宮廷・宗教儀礼用の聖なる言語としてのサンスクリット語は、間もなく東南アジア全域で見られるようになった[11]。とりわけ大陸部東南アジアにおいては、まったく異なる言語——モン・クメール語、タイ語やマレー語——を話し、異なる文化世界に住む現地エリートは、突然、サンスクリット語やそれに付随する政治哲学、文学的美学を受け入れるにいたった[12]（こうした過程は、インドの各地方でもほぼ同時期に進行した）。大陸部東南アジアの平原やデルタ地域の諸社会は、儀礼・大寺院・王宮などによってますます組織化されていった。そしてそのシンボリズムや名称あるいはテキストはインド語であった。インドにおいて東南アジア人もそうであったが、インドからの旅行者たち——職人・バラモン・専門家たち——は、これらの宮廷における全世界的な情景の一部であった。しかし、歴史家たちは依然としてその数・役割あるいは東南アジア社会における正確な位置づけを解明することが困難であるとみなしている[13]。

最古のクメール語碑文は、現在のラオスにあたる地域の５世紀の支配者がいかにしてデバニカというインド系の名やマハラジ・アディラジャ（王の中の王）というサンスクリットの称号を名乗るにいたったかを記している。その儀式に際して王は、チャンパサックの首都を見下ろす男根状の山岳の麓にシヴァ神の

男根像——ヒンズーのシヴァ神を象徴する男根像——を設置した。さらに王は、サンスクリットの伝説のマハーバーラタの偉大な戦が戦われたインドの平原にちなんでクルシェトラの名をもつ水槽を奉納した。[*14]

　インド文明に熱心に帰依したのは主としてエリート層であったが、インドの影響は、古来の物語や考え方と入り交じった新しい宗教観、神秘主義、あるいは民話の導入を通じて東南アジア各地の民俗文化をも豊かにした。インドとの関係を通じてヒンドゥ教や仏教はこれら古代国家に伝播し、複雑な接触の中で何世紀にもわたって現地に定着した。最終的には、大陸部の諸国は圧倒的に仏教系となった。

　重要なことは、このインド化は大陸部・海洋部東南アジアの双方で見られたということである。インド化された最初の国家は大陸部、メコン川下流に沿った地域やカンボジアおよびベトナム南部沿岸に現れ、インドや中国との海洋貿易から利益を得ていた。インドネシアの港湾国家が勃興する前には、これらがもっとも繁栄した諸国であった。これら最初のインド化された諸国で歴史的に著名なのは扶南で、メコン川で今日のプノンペンの近辺、およびメコン・デルタに位置した。扶南の現地人は、今日のカンボジア人のようにクメール語を話していたと思われる。実際、今日のカンボジア人は、その血統を扶南王国の住民にまでたどることができる。扶南のヒンズー・クメール帝国はおよそ500年ほど繁栄した。

　扶南の勃興は、インドの波と中国の波の間の関係について何事かを明らかにする。それは、世界貿易の第1期に、アジアを横断して漢代中国とローマ帝国とを結びつけたシルクロードが開かれた時期に勃興した。シルクロードの陸路はキャラバンやオアシスの光景で我々のイマジネーションをかき立てるが、近年では我々は東南アジアの海を経由する海路について学ぶにいたった。全盛期の扶南はムルンダ朝インドや三国時代の中国との利益の多い貿易を行っていた。この貿易の最初期に南シナ海を往来して中国からの貿易船で運ばれた貨物は、マラッカ海峡を経由するのでなく、南部タイのクラ地峡を経由して陸路運搬されていた。アンダマン海岸——例えばケダーの港——に到着すると、貨物は小船に積み替えられてベンガル湾を経てインドあるいはペルシャ湾に運ばれた後、再びヨーロッパへの陸路を取ったのだった。四方から集積された貨物は陸路ク

ラ地峡を経由して南シナ海沿岸へと転送された。商人はそこで船に乗り換え、扶南に達するまでタイ湾に沿って帆走したのである。扶南の貿易ネットワーク支配という状況は、やがて海洋部東南アジア、とくにマラッカ海峡周辺に勃興したライバル貿易勢力によって挑戦されるにいたった。これは、シルクロードの両端における変化、つまり、ローマ帝国が衰退し、漢王朝がシルクロードの陸路を維持し得なくなったことの結果でもあった。扶南の衰退は東南アジアのインド化における初期段階の終わりの始まりとなった。大陸部インドシナにおける扶南のパワーが衰微するにつれて、インド化の焦点は大陸部東南アジアから海洋部インドネシア群島に移っていった。

　ボロブドゥールは7世紀以降、インドから東南アジア、中国から日本にかけて伝播した大乗仏教を具現化したものとなった。それは、仏教やバラモン教信仰がきびすを接し、絡み合いながら時には敵対する政治的党派を巻き込みつつ併存するという、壮大な知的・宗教的高揚の時代であったに違いない。ヒンドゥ教や仏教はともに、わずか数十キロほどの距離にあるプランバナン遺跡やボロブドゥール遺跡という記念碑的遺構に示されるごとく、中部ジャワで繁栄した。まもなく、スマトラにパレンバンを中心とする新たな仏教王国が興った。大型の外洋航海可能な船舶も接岸できる天然の良港を擁し、マラッカ海峡の戦略的地点に位置した新興シュリウィジャヤ王国は、南シナ海とインド洋の間の貿易が海峡を経由するのにつれてより有力な集積地となっていった。

　シュリウィジャヤは急速に繁栄し、インドネシア群島の他の小港湾を圧倒する商業的支配権を維持し、7世紀から11世紀まで海洋貿易を支配した。シュリウィジャヤは、マラッカ、アチェ、ペナン、シンガポールなどマラッカ海峡沿岸という利点を占めることで力を獲得した歴代の巨大港湾都市の嚆矢であった。

　扶南がそうであったように、東南アジアの港湾都市の盛衰は世界的な貿易パターンと直結していた。シュリウィジャヤの勃興はまた、中国の再興した唐王朝の下で海路および陸路のシルクロードが復活したのと時を同じくしていた。パレンバンはまもなく北東モンスーンに乗って中国から渡来する船舶に人気の港湾となった。しかし、シュリウィジャヤの優勢は単に貿易のみに関連したものではなかった。王家に連なるベンガル人家庭に生まれた僧アティーシャは、

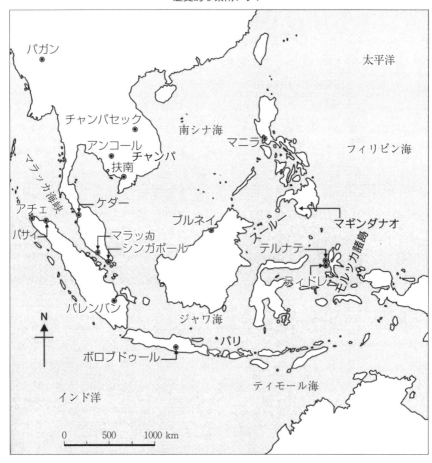

歴史的な東南アジア

仏教の高名な僧に学ぼうとシュリウィジャヤを訪れた。スマトラで12年を過ごした後、アティーシャは南アジアに帰国し、1043年にはチベットを旅した。彼は彼の地で今もカダム派仏教の創始者として記憶されている。[*15]

　唐が倒れ、宋王朝が興った11世紀までには、中国からの新たな需要が生まれ、東南アジアにおけるシュリウィジャヤの支配は意外な場所からの挑戦に直面した。インドである。インド南部タンジョールのチョーラ朝は強大な海軍を育成し、その商業的影響を東方のマラッカ海峡に向かう海路に広げた。チョー

ラとシュリウィジャヤは一時的に友好関係を持ったように見えた。シュリウィジャヤは、1005年頃、コロマンデル海岸のナガパッティナムに仏教寺院を建立した。[*16]

　しかしこの後、両王朝の商業上のライバル関係が激化した。シュリウィジャヤは、マラッカ海峡を経由したチョーラの貿易を制限あるいは阻止しようと試みたようだ。あるいは、シュリウィジャヤが法外な通過料および港湾税の支払いを要求したのかもしれない。要するに、商業上の独占は、マラッカ海峡の長い歴史の一部をなしている。中国貿易を独占しようとする熱意のゆえに、シュリウィジャヤはインド洋における地域覇権国家であるかのように粗暴に振る舞った。1017年、タミールから中国への朝貢使節は、中国から見てチョーラがシュリウィジャヤの属国であるかのようにみなされていると報告している。王位に上ったばかりで自らの力を試すことに熱心なラジェンドラ王は、このような侮辱を容認する気にはなれなかった。[*17]このことは、チョーラとシュリウィジャヤとの数次にわたる戦闘をもたらした。この後、シュリウィジャヤから中国への朝貢は劇的に減少した。

　シュリウィジャヤの衰退につれて、大陸部東南アジアのアンコールにもう一つのインド化された強大な王国が興った。インド文化の影響は、アンコール・ワットやアンコール・トムの偉大な記念碑的建造物をもたらした建築エネルギーの爆発に見られる。アンコール・ワットは12世紀の前半、スルヤヴァルマン2世王によって建立された。ジャヤヴァルマン7世王は12世紀後半にアンコール・トムを建造した。

　こうした扶南、シュリウィジャヤ、およびアンコールの手短な描写は、東南アジアの数世紀に及ぶインドの影響やインドと同地域の交流の豊富な記録を、忠実に反映してはいない。ほぼ1400年前、中国の伝説的仏教僧侶・三蔵は次のように書いている。「様々な習慣をもつ遠来の各地から到来した人々は通常、インドとしてあがめる土地を目的地とした[*18]」。東南アジアがインド文化の影響を歴史上ずっと進んで受け入れたことがこれを証している。

　我々はこうした歴史に、なぜ東南アジア文化が、「硬質」な北東アジア文化とは対照的に、「柔軟」であるのかの理由をみるのである。これが文化に対する筆者の個人的で主観的な見解であることは認めるが、それは長い経験に基づ

第1章　四つの波　33

いたものでもある。もしその証拠を求めるというならば、人は、タイと韓国という二つの社会の文化を比較すべきである。双方とも中国文化の影響下にあり、現にタイのエスタブリッシュメントの多くは中国系の血統である。しかし、タイは1000年に及ぶインド文化の影響を有するが、韓国はそうではなく、韓国社会が「硬質」なのと対照的に、タイ社会は「柔軟」な側面をもつ。こうした枠組みが東南アジア社会の底辺をなす文化的論理を説明するに役立つのである。

中国の波

東南アジアへインド文化が数世紀にわたって奥深く浸透する間に、東南アジアにおける中国の存在感も、また同様に強く感じられた。ただし、東南アジアがサンスクリット文化という宇宙の一部であったのに対し、中国のインパクトは政治・経済的枠組みにおいてさらに顕著であった。中国と東南アジアの陸の国境は山岳地帯で往来困難で、今日まで国境地帯は小規模な国家、高地部族、および各自の自立性を尊ぶ多様な人種グループの支配するところである。

海洋とモンスーン貿易路は、貿易や寄留者・入植者にとっての容易な航路であったが、歴史上しばしば、中国沿岸とその貿易能力は周辺的でとるに足りないものと見られてきた。しかし、中国＝東南アジア関係には常に一つの特徴が存在した。東南アジアのインド化された諸王国は、数世紀にわたり中国の歴代皇帝に朝貢を行ってきた。我々は、いかに、そしていつ、この朝貢システムが始まったかを正確には知っていない。しかし我々は、扶南王国が早くも紀元500年、つまり1500年も前に中国に朝貢を行ったことを知っている。

人は、中国の朝貢強要は、東南アジアに対する覇権を唱えたいという願望であったことの証であると考えるかもしれない。実際には、東南アジアの支配者たちは、それがきわめて利益あるものであると知っていたから、中国に朝貢を送りたがったのである。中国人は諸外国の使節との関係はすべて「朝貢」であるとみなしていた。[19] 中国人は冊封儀式をとりおこない、これを政治的認証とみなし、中国の覇権への服従の象徴と位置づけた。[20] 東南アジアの支配者たちが中国に朝貢使を遣わすと、その貢ぎ物はより高価な贈り物となって返ってきた。外国使節団はまた中国市場で彼らの物産を市場価格で売ることができた。かく

して、東南アジアの諸王国は中国との朝貢関係で巨大な利益を引き出したのである。

　これら諸王国は朝貢を行う見返りとして、よい金儲けになる対中貿易に従事しえたのである。彼らはスズ、スパイス、あるいは多様な森林物産を中国に輸出し、現地で垂涎（すいぜん）の的であった中国の贅沢品（磁器・茶・絹など）や金属（鉄・銅など）を輸入した。抜け目のない中国の指導者たちは市場へのアクセスを制約し、垂涎の中国産高級品の供給を制限することは中国に外国の諸王朝への梃（て）子を提供することになることを理解していた。中国の支配者たちは時として、対外政策目標を達成すべく貿易を規制したり、私的貿易を制限したりした。

　朝貢貿易の性格は時代と共に変化したが、D・ミッチェルやC・マクジッファートらは、「中国はこれら使節から受け取ったものより多くのものを与え、貧しい隣人たちは中国という偉大な国家に対して与えるようなものをほとんど持たないという態度を示し、中国の寛大さを誇示するために受け取ったものより多くを与えたのである[*21]」と長期的なパターンを見いだしている。中国からの「惜しみない贈り物」は強固な文化的負担を伴ってはおらず、朝貢使たちも実用性に注目していた。

　　結果的に、朝貢システムは主として貿易促進という朝貢国家の側の実用的目的……にかなっていたことになる。欠陥はあっても、朝貢システムは朝貢国家にとっても中国にとっても同様に、経済的・安全保障的観点からみた実用的目的にかなっていた。朝貢国家は貿易上の利益、ときには安全保障上の保証を享受し、他方中国は戦略的な平和感を獲得し、その自負心を再確認し、その国境地帯全域を警備する大規模な軍隊を維持するコストを節約する効果的手段を入手しえたのである。[*22]

　双方向的貿易の相互利益と、東南アジア支配者たちが少なくともシンボリックな意味では進んで中国に服従したことは、数世紀にわたって中国＝東南アジア間に武力紛争がほとんどなかったことの説明にもなろう。その主要な例外は、中国の武帝が（今日の広州地方や北部ベトナムにあたる）南越国を征服した紀元前111年から、ディン・ボ・リンが北部ベトナムに中国から独立した王国を樹

立した紀元963～979年までのほぼ1000年にわたって中国に占領されたベトナムの事例である。ビルマもまた中国の侵攻に苦しんだが、ベトナムが直面したような長期にわたる存亡に係わるほどの脅威は体験しなかった。モンゴル人は13世紀末、ビルマのパガンを略奪し、清王朝は18世紀央にビルマへの侵攻を計画し、今日の国境線が画定された。

　しかし、ベトナムは1000年余りも前に独立を達成したが、依然として中国文化の影響下にある。タイに同化した中国人は儒教や祖先崇拝を放棄し、インド宮廷の儀式を受け入れた。これと対照的にベトナム人は、中国からの政治的独立を獲得し維持するために激しく戦いはしたが、文化的には中国化され、儒教を受け入れ、中国の政治哲学や中国流の集権的政府を採用した。ベトナム人のアイデンティティは中国に反対する中で形成されたが、意識の深部は親和性に基礎をおいている。

　皇帝の宮廷への朝貢や保護要請は、必ずしも中国の側の影響力保持をもたらしたわけではない。例えばワン・グンウーはチャンパについて「ベトナムの永遠の宿敵で、ベトナム奪還のため中国に依存する中国の属国であった。中国当局は強大な軍事力に支えられていたから、ベトナム人は決してこれを試そうとはしなかった。明朝皇帝からの警告は友好な抑止力であった[23]」。悲劇的にも「明朝の軍隊がベトナム人反徒の掃討に幾度も失敗したとき、その抑止力は失われた」。こうしてチャンパはついにベトナム人の手で滅ぼされたのである。

　東南アジアに派遣された最大の海軍遠征部隊についての物語は、実現はしなかったものの中国によるさらに活発な南方関与の可能性を例証する。数次にわたる海洋遠征で著名なイスラム系中国人提督鄭和は、明朝からの皇帝使節として300隻余りの船舶と、2万7000人余りの人員を引き連れて1405年に初めて東南アジアに登場した。このうち62隻もの船が「宝船」（いわゆるbaochuan）で、全長122m、全幅52mもあった。鄭和は、1405年から1433年の間に7回の航海に加わった[24]。ワン・グンウーによれば、「鄭和の航海は中国の海洋史でも異例であった。その航海は海洋を支配したり海洋帝国を建設したりする力量を持ちながら、その野心は持たなかった。その航海は、海洋から中国を脅かす敵は存在しないことが証明された時点で中止された[25]」。

　鄭和遠征の外交的努力の一部として、永楽皇帝は、14世紀の末期にシンガ

ポールの略奪を逃れた王子たちによって築かれたマラッカの貿易港に特別の承認を与え、鄭和はこれを基地として利用した。1405 年 11 月に、皇帝はマラッカ西方の山々に同州の聖山として位置づける碑文を与えた。ワン・グンウーは次のように指摘する。

　注目すべきは、マラッカが皇帝の碑文を賜った最初の外国であったという事実である。他にこのような儀式が挙行されたのは、1406 年（マラッカの 3 ヵ月後）に日本、1408 年にブルネイ、1416 年に交趾という三つの国家においてのみであった。ただ、マラッカは、その最初の使節に対して碑文を賜った唯一の国である。[*26]

　このように中国からの恩寵が得られ、その後、支配者がイスラムに改宗したため、アジアの指導的な商業中心としてのマラッカの役割はしっかりと確立された。
　隣接国が利益に富む対中貿易を維持した千年紀の状況は、中国の習近平国家主席がなにゆえ「一帯一路」構想を提唱したかの理由の説明になる。同構想の目的は中国が他のアジア諸国と有名なシルクロード貿易を陸路・海路で復興させることにあった。2013 年 9 月のナザルバエフ大学での演説で彼は、シルクロード経済ベルト・プロジェクトを提案した。習近平主席は次のようにいう。

　千年紀の間、古代シルクロード沿いの諸国人民は力を合わせ、まさに今日まで引き継がれた友好の一章を綴ってきたのである。2000 年余におよぶ交流の歴史は、連帯、相互信頼、平等、包括性、相互学習および「ウィン・ウィン」の協力に基づいて異なる人種・信仰・文化的背景の諸国が平和と発展を十分に分かち合うことができることを示している。これは、我々が古代のシルクロードから導き出し得る貴重な着想である。[*27]

　中国が大国として再起するにつれて、東南アジア諸国が直面する巨大な疑問は、両者間の関係は、東南アジア諸国が中国に朝貢する古来のパターンに回帰することになるのだろうかということである。近年では、古来封建時代のよう

第 1 章　四つの波　37

な叩頭［訳者注—皇帝に対し臣下が3回ひざまずき9回床に額を打ち付ける儀礼］の復活を想像することは困難である。とはいえ、中国と東南アジア諸国の間で1000年余にわたって確立された関係が何らの象徴的パワーも持たないと信じるのは賢明ではない。だからこそ東南アジア諸国は中国が中国の波の長期的なインパクトをどう見ているかについてしっかりとした理解を育てる必要があるのである。

イスラムの波

　我々は、イスラムが貿易商人を通じて平和裏に東南アジアに到来したことを学校で学んだ。今日の歴史家は、貿易商人、旅人、巡礼、あるいは教師と結びついた全地球的なイスラム世界が、7世紀から16世紀にかけて、スペインのアル・アンダルスから中国の広州にまで拡散したと書いている。アラブ人やインド人に加えて、中国人イスラムはこうした状況において重要であり、東南アジアへのイスラムの導入という物語の一部をなしている。

　しかし、誰がという疑問のほかにも、いかに、そして何故という疑問がある。イスラムの東南アジア到来は依然として謎である。紀元674年までにはスマトラ西岸に外国人イスラム教徒の小規模なコロニーがあった。このほかのイスラム居留地は紀元878年以後に登場し始めた。しかし、我々が改宗の証拠を見いだすのは、ようやく12世紀から13世紀にいたってからのことである。

　12世紀から13世紀に始まり、次の数世紀に増進したイスラムへの関心を増幅したのは何であったのか。これに先行するインド化の時代についてと同様、我々はイスラムが政治・権力あるいは貿易と関係するところがあることを知っている。一つの通常のパターンは、支配者や首長がおそらくは商人の関心を引こうとして、マムルク・エジプトやオスマン・トルコ、あるいはムガール朝インドのような強力なイスラム王国と提携しようとして、またはイスラムの教えに魅せられてイスラムを受け入れたというものである。瞑想や忘我を用いる導師の助けを借りてアラーとの直接接触を目指す神秘主義イスラム（スーフィズム）は、彼らのカリスマを高めようとする支配者にとって非常に魅力的であった。

イスラムの影響の加速は、東南アジアにおける革命的変化の冒頭に実現した。東南アジア貿易は、14世紀末から17世紀中ごろまで急速に拡大し始めた。こうした状況の新たな要素は十字軍後、地中海への紅海＝スエズ・ルートの開通とともに始まった「スパイス熱」によって生じた、ヨーロッパの東南アジア産品への需要であった。

　かくして、多数の東南アジア人がイスラムを受容し始めた時期と、国際的貿易環境の革命的変容によってもたらされた経済・社会的変化とは軌を一にしていた。域内の諸都市が驚異的な速さで発展し始めたのもこの時期においてであった。マラッカ、グリセック、マカッサル、アチェ、バンテン、およびパタニなどの諸都市はすべてこの時期に成長した。これらは商品の市場であるとともにアイデアの市場でもあった。

　グジェラート、ベンガル、あるいはインド南部のイスラム地域は東南アジアとの貿易上の強い結びつきを持っていた。16世紀のポルトガル貿易商で作家でもあったトメ・ピレスによれば、ベンガル人貿易商は長い間スマトラ北部のパサイの港湾都市に頻繁に寄港し、13世紀後半には「ベンガル・カーストのムーア人の王」をパサイの王座につかせた。[28]イスラムはパサイから隣接するアチェへと拡大した。アチェは14世紀中ごろにイスラムを受け入れ、急速にイスラム貿易の中心地へと発展した。アチェ人支配者たちはイスラム教庇護で知られ、彼らの運動によってイスラム信仰はスマトラの東西両岸に沿って拡大した。

　マラッカの支配者がイスラムを受容したことで転換点が生まれた。トメ・ピレスは、彼の著名な年代記の中で、マラッカの支配者たちは、インド人イスラム貿易商への庇護で利益を得たイスラム系パサイのやり方に鼓舞されたと述べている。（キリスト教徒の）ピレスは、イスラムの成功は精神的な動機によるというより実用的な理由で成功したのであると主張していた。

　15世紀に、イスラム商人のネットワークはヨーロッパから中国、さらには香辛料諸島たる東インドネシアのマルクにまで延びる東西貿易路を支配・管理した。[29]15世紀の最初の30年に東南アジアの海洋を支配してきた偉大な中国艦隊の指導者であった鄭和は、彼の主要な腹心の多くがそうであったようにイスラム教徒であった。[30]政治と通商の間に矛盾が生じた。つまり、東南アジア島嶼

第1章　四つの波　39

部の港湾都市では、商人はムーア人だが王は異教徒という状況が生まれた。王侯のイスラムへの改宗が、政治権力と商業勢力のあいだの矛盾を解消した。マラッカはイスラム軌道に乗ることであらゆる利益を得た。そればかりか、イスラムは巨大な潜在的価値のある政治制度を提供した。公式にイスラムを受容することによってマラッカは、オランダ人学者ジェイコブ・コーネリウス・ファン・ルールが強大な同盟者を約束する「イスラムの統一体」と呼んだ陣営に迎え入れられた。[31]

　この地域全域のイスラム化の速度に拍車がかかったのは、ようやく16世紀から17世紀においてであった。15世紀後にいくつかの要素がイスラム化を早めるのを助けたが、マラッカの陥落でポルトガルに逃れた王子らの影響もこれを助けた。

　イスラムの拡散におけるもう一つの重要な港湾が、ボルネオ島のブルネイであった。200年も前にブルネイを統治したイスラム系首長らの錯綜した記録もあるが、ブルネイの支配家族がイスラムに改宗したのは1520年ころのことであった。[32]ブルネイは、フィリピン群島におけるイスラム宣教師の活動を庇護したことで急速に評価が高まった。1565年にスペイン人がフィリピンに到達した時までに、スールーやマギンダナオの宮廷はすでにイスラム支配者の統治下にあった。マニラはブルネイのスルタンの縁者によって統治されていた。[33]

　マレー・インドネシア群島の海洋世界は最終的にはイスラム商人たちとコーラン学者によって支配されたが、イスラムの進展に対する抵抗も存在した。マラッカから香辛料諸島の間の主要な通商路の多くにはイスラム貿易商人の集落があったものの、長期にわたりイスラム教徒に接してきた沿岸の支配者がすべてイスラム信仰を受け入れたわけではない。

　そればかりか、イスラムの拡散はほぼ島嶼部東南アジアに封じ込められ、チャンパを例外として、大陸部東南アジアへの浸透にはほとんど成功しなかった。東南アジア島嶼部においてさえ、イスラム教信仰は徐々に拡散したのであり、ジャワ東岸や香辛料諸島にまで浸透するには数世紀を要した。1597年ころ、オランダが最初にジャワに到達した時、内陸部は依然としてほとんど「異端者」であった。

　1630年にマタラムのスルタン・アグンによってその王子たちと人民に対す

る聖戦が宣せられた時点でさえ、バリはイスラム教導入のあらゆる画策を排除するのに成功した。バリはヒンドゥ教＝仏教諸国との緊密な連携を保ち続け、イスラムの浸透によってジャワその他から消滅させられるまでジャワ文化と文学の貯蔵庫となっていた。

最後に、東南アジアへのイスラムの進出は強固な地方アニミズムやヒンドゥ＝仏教文化の伝統による執拗な抵抗に直面した。海洋部東南アジアの随所において、原住民のアダット（慣習法）への堅固な忠誠心は、彼らはイスラム教のより厳格で教条主義的な側面には関心をもたなかったことを意味する。東南アジアでかなり受け入れられ成功したのは、非正統的で神秘主義的なイスラム教——すなわちスーフィズム——であったとしても驚くにあたらない。

クリフォード・ギアーツのような人類学者が書いているように、東南アジアにおけるイスラム教は非常に多様で、場所ごとに異なり、同じ地方あるいは村落内でも異なる住民同士では異なることがある。

スマトラ北端のアチェは、敬虔（けいけん）なイスラム・アイデンティティで有名で、今日でも東南アジア地域でもっとも保守的なイスラム法を有している。アチェは峻烈な刑罰を含むシャリーア法を施行してきた。

これと対照的に、ジャワ人のアイデンティティにとってイスラム教はさほど中心的ではない[34]。ギアーツは次のように指摘している。何世紀もの間、

インド的な儀式主義を失ったが、インド的な汎神論は失わなかった上流階級は、ますます主観主義的となり、基本的に神への啓蒙主義的なアプローチ——神秘主義的な思索や心霊研究の実践を備えたある種の極東グノーシス派——を身につけていった。農民層は、彼らの理解するイスラムの諸概念や実践を受け入れ、かつて彼らをインド的宗教へと導いたように東南アジア全域の国民的宗教へと導き、亡霊、神々、霊魔、あるいは予言者を驚くほど隠者風の、哲学的ですらあるアニミズムに閉じ込めたのである。さらに貿易商階層は、彼らのイスラム教的世界への生命線としてのメッカ巡礼に依存しつつ、中東人となるほどには禁欲的ではなく、しかし東南アジア人となるには十分に霊妙な宗教システムを作り上げるために、この生命線に沿って（そして外島にいるさらに単純な同胞たちから）流入したものとジャワにおいて敵対した

ものとの間の妥協を図ったのである。*35

　イスラム教がジャワの土地に定着したことの証拠を求めるものは誰でも、ジャカルタのインドネシア独立記念塔に行ってみるだけでよい。この周回道路で人はしばしば等身大の、戦士を乗せ手綱をつけた馬たちに引かれた偉大な戦車の影像——アルジュナ・ウィジャヤ戦車像——に出会う。この像はマハーバーラタの一場面を描いている。

　この影像は 1945 年にインドネシアが独立してほぼ 40 年後の 1987 年に建立された。要するに、この偉大なヒンズー叙事詩への崇敬はジャワの人々がイスラムに改宗してから数世紀を経て建立されたのでる。この巨大な影像を受け入れたに違いないスハルト大統領はイスラム教徒であった。にもかかわらずスハルトは偉大なヒンズー叙事詩からの一場面のコンクリート製の影像がジャワの人々の心胆を揺さぶると信じたということである。

　ヒンズー教的神話はその他の方法でもジャワの人々の意識の中に生き続けている。　ジャワ文化は伝統的な影絵芝居（ワヤン・クリット）でもよく知られている。ワヤン・クリットで演じられる光景の多くはヒンズー叙事詩から来たものである。物語は通例、ラーマヤーナやマハーバーラタ、あるいはスラット・メナックというヒンドゥ叙事詩から取られている。とりわけ敬慕されているのは有名なヒンズーの猿神、ハヌマーンである。

　イスラム教とヒンズー神話の共存というこの文化は、インドネシア社会が培ってきた異質の許容という文化の一部である。スカルノ大統領のパンチャシラ 5 原則はこの許容の文化をうまく取り込んでいる。その 5 原則とは、唯一神への信仰、公正で開かれた人道主義、インドネシアの統一、民主主義、そして社会正義である。この寛容の文化はまた、独立以来のインドネシア国民の強靭性を説明している。その地理、歴史、および文化からしてインドネシアは世界で最も異質的な国家であり、かつてのユーゴスラビアよりも異質的である。

　それにもかかわらず、インドネシアは 1997 〜 98 年のアジア通貨危機や、1965 年の恐るべき暴力など、旧ユーゴスラビアより深刻な危機を体験してきたが、一国家として分裂することはなかった。寛容の文化は常に人種間の暴力を阻止したわけではなかったが、それは勝ち残ってきた。そのような文化は一

朝一夕にして形成されるものではなく、数世紀を要するのである。

　ジャワのイスラムの数世紀にわたる異質な緊張との共存は、この許容という文化の一部である。この許容の文化は、またバリの耐久性についての説明にもなる。イスラム隣人の海の真っただ中で小さなヒンズー文化の小孤島が存続できたことはやはり例外的である。歴史上こうした状況は稀である。例えば、進歩的とみなされるヨーロッパのキリスト教社会が、彼らのただなかに文化的に同質なユダヤ社会を許容しえなかったという事実は、人類社会が異なる文化を持つ人々を許容することの一般的な困難さを示している。興味深いことに、インドネシアのイスラム教社会がバリのヒンズーイズムというポケットを許容し庇護してきたように、スペインやトルコのイスラム教社会は、ヨーロッパにおけるキリスト教徒迫害から逃れてきたユダヤ人の飛び地を庇護しえた。

　多くのキリスト教社会は今日、イスラム教社会が本来非妥協的であると信じているが、彼らは世界における多くのイスラム教社会が孕む許容性についての長い歴史に思いをいたさねばなるまい。1556 ～ 1605 年にインドを統治したムガール皇帝アクバールは史上もっとも啓明な支配者であった。アマルティア・センが『議論好きなインド人』の中で書いているように、「『伝統への依存』よりも『理性の追求』をとるアクバールの最大の命題は、理性ある対話を強力に支える社会的調和という困難な課題に近づく道である」。彼は次のようにいう。

　　400 年も前に、アクバールの宣明の中で国家における宗教的中立の必要が論じられているという事実の中に、いまだインドや、この分野に関する限りでは世界のどこにも実現していない、非宗派的で世俗的な国家の基礎を見いだすことが出来るということを思い起こしてみる価値がある。したがって、1591 ～ 1592 年に成文化された理性ある結論は普遍的な意義を有するのである。[36]

　これと対照的に、インドが寛容で心の広いイスラム教支配者の統治を享受していた時期に、スペインは宗教裁判（1478 ～ 1834 年）という苦悩に直面していたのである。

西洋の波

　西洋の波が東南アジアに及ぼした衝撃の巨大な逆説は、それがこの地域をある意味では根底から変容させたものの、他の部分は手つかずのまま残したということである。とりわけ最後の150年間、域内の政治・経済システムは完全に変容させられた。とはいえ、フィリピン——スペインの統治下にキリスト教化した——を例外として、この地域の文化的仕組みの根底にある宗教は西洋の波をかぶることはなかった。

　なぜ他の東南アジア諸国はフィリピンのようにキリスト教化されなかったのだろうか。明確な回答は難しいが、西洋の波には二つの主要な特色があったということを念頭に置く必要がある。商業主義と暴力である。東南アジアに到達したヨーロッパ人にとって、宗教的目標は優先リストのはるか下の方におかれていたといっても過言ではあるまい。もっとも、ポルトガル人は十字軍を口実としてイスラム教徒殺害を正当化しようとしたけれども。ヨーロッパ人は16～17世紀に当時の「ゴールド・ラッシュ」に匹敵するものによって東南アジアに惹きつけられ、東南アジアの貴重な香辛料への直接的航路を求めた。19世紀央から世紀末の産業革命以前には、茶・香辛料・磁器および絹のような産品への需要がヨーロッパの帝国主義を駆り立てた。

　香辛料探しはポルトガル人の主要目標だった。最初に東南アジアに到着したのが彼らだった。実際、驚くべきことに、彼らは500年以上も前に東南アジアに上陸している。14～15世紀に中東の変革が東南アジアとヨーロッパの間の香辛料貿易を妨害した。この事態を克服するため、ポルトガル人は代替路の探索に着手した。1497年、ヴァスコ・ダ・ガマ率いる艦隊がアフリカ最南端の難所たる喜望峰をかろうじて回って航海しえたことで、突破口が開かれた。この結果、ダ・ガマは1498年、インドのマラバール海岸［訳者注—カリカット］に到着することができた。

　ポルトガル人がインドから当時もっとも繁栄していた港マラッカへの到達を目指したのは当然であった。1511年7月1日、マラッカのスルタンが娘の結婚を祝っているとき、アフォンソ・デ・アルブケルケ総督が「ポルトガル領イ

ンドの全軍——船舶 19 隻、ヨーロッパ人兵士 600 人、インド土民兵 800 人——を率い、トランペットを吹き鳴らし、旗を振りつつ、銃を発砲し、港内の帆船や市内の戦士にパニックを引き起こすほどの多様な示威を伴って大路に登場した」[37]。1511 年 8 月 24 日までにマラッカはポルトガル人の手に落ちた。リードによれば、とりわけ、「ポルトガル人は天下に先例のないほどの火力のゆえに市を掌握し得たのである」[38]。

　マラッカを征服するのにポルトガルが過剰な暴力をふるったことは、東南アジアに対する西洋の波とその影響の証明となった。時がたつにつれ、西洋の波はこの地域に多くの利益をもたらしたともいえる。実際、この地域の近代化はそれなしには生じなかったであろう。しかし、西洋の歴史家は西洋の影響の本来あるべき文明化の側面を強調しがちであるが、最初に東南アジアに現れた西洋人は現地を文明化する願望は持ち合わせなかったと強調することが決定的に重要である。むしろ、彼らは純粋な利益を求めてやってきたのであり、その商業目的を達成するためにはどんな手段も行使する用意があった。暴力的手段の行使には際限がなかった。

　ブライアン・ハリソンは、見事にも次のようにいう。

　　ポルトガル人が持ち込んだ商業戦争と宗教的十字軍の特殊な結合は、この地域がかつて直面したことのないものであった。ポルトガル人にとって、東方進出はアジア貿易への主要航路に沿った侵攻であったのみならず、文明とイスラムの間の聖戦における偉大な迂回的進軍でもあった。ポルトガルの商業目的や、これを実現するための手段——イスラム教徒に対する暴力行為やイスラム船舶への略奪——はそれゆえ、都合よく正当化されたのである[39]。

　言い換えれば、キリスト教の目的は暴力の正当化にあったのである。

　現地の支配者や貿易商人の視点から見れば、ヨーロッパ人の暴力と優勢な火器は、東南アジア世界の基本的な姿や、貿易秩序さえ変えはしなかった。ヨーロッパ人は単に薄く広がりすぎていた。アジア人は速やかに武器の使い方、さらに製造法を学び、少なくとも 19 世紀までにはヨーロッパ人の軍事的優位を

狭めていった。*40 ヨーロッパ人は、優位を保っている間はその使用をためらわなかった。ポルトガル人とスペイン人は、英国人、オランダ人、フランス人も同様に、暴力的手段の使用を制御しなかった。しかし、西洋の波がゆっくりと出発し、時間をかけて確立されていったという事実は重要である。ヨーロッパ人は、その存在の最初の300年ほどは、アジアにとって周辺的な重要さ以上のものを持ち合わせなかった。彼らはこの時期、東南アジア地域を支配する努力をほとんど払わなかった。

　入植者の主要な目的は商業にあったから、各入植者の目標は主要な商業拠点の獲得と支配権の保持であった。入植者たちはこうした拠点をめぐって、アジアの貿易勢力とよりも彼ら同士で戦うことの方が多かった。東南アジアにおける入植者勢力間の敵対は、基本的にヨーロッパにおける戦争や敵対の延長であった。ポルトガル人は1511年にマラッカを征服したが、1641年にはより優勢なオランダの兵力に敗れてそれを失った。オランダ人は1824年の条約［訳者注―ロンドン条約］の一部として英国人に譲渡するまでほとんど2世紀にわたってマラッカを支配した。

　同様に、ポルトガル人とスペイン人は有名な香辛料諸島モルッカ諸島の支配をめぐっても戦った。両国は、ティドレ島とテルナテ島という二つの島の支配者がいつ果てるともない不和にあったことに助けられた。重要なことに、スペイン人とポルトガル人は非常に異なる航路を経て香辛料諸島に到達した。スペイン人は大西洋を経て南米を周回して西航路をとり、他方ポルトガル人はインド洋を経由し、アフリカを回る東航路をとった。16世紀初頭、ポルトガル人が戦いに勝利し、スペイン人は1527年、香辛料諸島から駆逐された。このため、スペイン人はフィリピンの植民地化に焦点を当てた。4世紀におよぶスペイン支配の順調な進展が続き、フィリピンの人々の精神に深い刻印をもたらした。

　他の勃興する植民者の誰も東南アジアに領土的帝国を樹立しようとはしなかった。ポルトガルのみがマラッカ、ティモール、ニューギニア、あるいはマルク諸島など若干の商業拠点を支配しようという意欲を示した。同様に、オランダ人が東南アジアに到来した時、彼らは香辛料貿易の支配を確立できるような若干の戦略的地点に焦点をあてるというおなじみのパターンに従った。彼らは、

400 年以上もの時間をかけてゆっくりと、ジャワの大部分、スマトラ、ボルネオ、小スンダ列島、スラウェシ島、マルクの一部、そしてパパアで巨大な領土を支配するにいたった。

　英国人とフランス人は比較的遅れて東南アジアに渡来した。英国人は 17 〜 18 世紀にインドに専念しており、1762 〜 1764 年の 2 年間、マニラを占領するまでは、東南アジアになんら物理的プレゼンスを持たなかった。ジョホールのスルタンは、域内のライバルとの闘いに際して英国の支持を得ようとし、60 年以前の 1703 年にアレグザンダー・ハミルトンと名乗る英国人貿易商にシンガポールを差し出していた。ハミルトンは、彼がジョホール割譲案を拒絶した理由を次のように説明している。

　1703 年、私は中国への途上ジョホールに立ち寄り、そこで彼（サルタン・アブドゥル・ジャリル・リアヤット・シャー）は、私を非常に厚遇してくれ、シンガポール島を贈り物にくれた。私は、この土地が貿易の中心地に位置し、よい河川と安全な港を備えており、非常に好都合な場所で、吹く風は河川を遡上しあるいは下降して入港するのに役立つから、会社が植民を定住させるには適切な場所だとしても、私人には使いようもないとお答えした。土壌は黒く肥沃で、周囲の森は帆走によい帆柱や建築のための木材を豊富に備えており、森には味も見た目もヨーロッパの最善の豆にも劣らない巨大な豆類が生えているのが見え、そして周囲には 5 〜 6 インチの野生のサトウキビが生えていた。[41]

　1600 年代に英国人は香辛料諸島を占拠しようと躍起になったが、オランダはこれを阻止し、1623 年にはアンボンで英国人を虐殺した。真の対決は 150 年後にやってくることになった。1780 年 12 月、当時オランダが、蜂起していたアメリカ人居留地と衝突していたことを見いだした英国は、オランダに対し戦争を宣言した。スマトラのパダンにあったオランダの工場は 1781 年に英国人に奪取された。興味深いことに、英国が最終的にはアメリカ人居留地を失ったことが、東南アジアを含むアジアにおける英国の存在をさらに強化した。

　産業革命の進行がすべてを変化させた。東南アジアの原材料へのヨーロッパ

第 1 章　四つの波　47

の需要は飛躍的に増大した。農業——砂糖、インディゴ、綿花やコーヒー——のプランテーション化という新方式は、労働力への接近や住民支配、およびこれを強制するための暴力的手段への要請を高めた。18世紀、ヨーロッパ人は新世界に注目していたが、19世紀までには英国人、フランス人、およびオランダ人たちはその経済を東南アジアに持ち込み始めた。西洋の波は今や全面的に、荒々しく東南アジアに到達するにいたった。この植民地の時代は19世紀半ばから20世紀半ばまでのおよそ100年間続いた。

　現代の東南アジア地図は、ヨーロッパ諸国間の地政学的衝突や紛争の結果を反映している。スマトラがオランダの手に、マレー半島が英国の手に残されたのは、純粋にナポレオン戦争における反フランスでの両国の協力や1824年の英蘭協定の結果であった。植民地諸国が、域内の状況ではなく対外地政学的動向の影響を受けて東南アジアにおける近代の境界を決定したから、東南アジアは錯綜し、政治的に機能不全の国境線を持ち続ける結果となった。

　今日の東南アジアが機能不全の国境線をそのまま維持していることは、地政学的な奇跡である。ある明瞭な対比が、問題の要点を明らかにする手助けとなる。中東においては1916年、英国人外交官サー・マーク・サイクスとフランス人外交官フランソア・ジョルジュ＝ピコが砂漠地帯に完全に人工的な国境線を引いた。この人工的な地図は、1世紀以上も中東に呪いをもたらした。ロビン・ライトは、「サイクス＝ピコ協定は9年間の想定——その他の取引、宣言、および条約——を発動させ、オスマン帝国の残骸から近代中東諸国を創設した。最終的な新地図は元のサイクス＝ピコ協定の地図とはほとんど似るところがなかったが、その地図はそれ以来生じた多くの事態の根源とみなされている[42]」と語った。彼はまた次のようにもいう。「植民地分割はつねに不安定である。その地図は現地のアイデンティティや政治的選好を無視しており、国境線は支配者によって恣意的に決定された」。最近の論者もサイクス＝ピコ協定がもたらした害悪を確認している。イラクのエルビル州知事ナウザド・ハディ・マウルードが、ライトに語ったところによれば、「サイクス＝ピコ協定ゆえに数十万人が殺害され、すべての問題が生じた。それは歴史の流れを、そして自然をも変えた」。クルディスタンのマスード・バルザニ大統領の顧問であったジクリ・モサは「サイクス＝ピコ協定が過ちだったことは明らかだ。それは強制結

48

婚に似ていた。それはそもそもの初めから破綻する運命にあった。それは人々に問うことなしに人々の将来を決定したという意味で不道徳でもあった[*43]」。

　東南アジアも中東におけるサイクス＝ピコ協定のように、いくつかの人工的で不自然な政治的国境が持ち込まれるところだった。驚くべきことに、大陸部東南アジアは伝統的歴史的実体をよく反映したものとなっている。英国のビルマ（現在のミャンマー）支配やフランスのインドシナ（現在のベトナム、ラオス、ミャンマーを含む）支配は、脱植民地化後に活力ある国家をもたらした。タイは一度も植民地化されず、賢明にもフランスを英国に対抗させることでその領土を保持し得たが、幸運によっても助けられた。

　西洋の影響はまた、いくつかの脆弱な小国を助けた。カンボジアはベトナムの占領に直面して独立国としては消滅しかねないところだった。フランスの支配がカンボジアをベトナムやタイから救った。実際、今日も東南アジアで激しく争われている唯一の国境紛争は、プレア・ビヒア寺院をめぐるカンボジア＝タイ紛争だけである。タイ人とカンボジア人はごく最近の2011年、危うく全面軍事戦争に突入するところだった。この事件は厄介ではあったが、そもそもそれが勃発したという事実そのものが、東南アジアでは国境がほぼ画定していることを物語っている。

　大陸部東南アジアの国境は、ビルマ、タイ、ラオス、カンボジアおよびベトナムという相対的に安定した国家の周辺を取り巻いているが、海洋部東南アジアの国境は、上記で示唆したように、必ずしもさほど容易には正当化されない。現代の第一および第二千年紀のほとんどの間、この地域で生起した王国や帝国はマラッカ海峡をまたいでいる。

　海洋部東南アジアの脱西洋化後にマレーシアとインドネシアという二つの（もしブルネイを加えれば三つの）別々の「マレー」国家に分割されたこともやや人工的な分割である。しかし、この分割はよく機能し、少なくとも、1963〜66年のマレーシアに対するスカルノ大統領の短い「対決外交」の期間を例外として、平和裏に受け入れられた。当時マレーシア首相トゥンク・アブドゥル・ラーマンはその回想録で、スカルノ大統領が独立マレーシアの創設はスマトラのインドネシアからの独立宣言とマレーシアへの参入をもたらしかねないと懸念していたと説明している。彼は次のように述べている。

第1章　四つの波　49

スカルノは心の陰で、私が思うに、我々とスマトラ人の間にある強いマレー人感情に疑念を抱いていたから、常に我々を粉砕したいと望んでいたのである。疑いもなく、スマトラには我々に対する強い好感があった。彼は、スマトラの人々がジャワに対してより我々に近いと感じていたのだった。スマトラのマレー人の多くは、我々と結びつくべきだと感じていた。[*44]

東南アジアにおけるヨーロッパ人の植民地支配を寛容と特徴づけることは正確ではないが、彼らがその植民地を去る前の最後の世紀にはヨーロッパ人植民地支配者はこの地域の各方面に近代化をもたらした。1869年のスエズ運河開通は、

東南アジアで活動する多くの蒸気船を急速に増大させ、この地域の海運の新たな機械化の時代をもたらした。……紅海を経由して地中海とインド洋とを結ぶこの新航路は、ヨーロッパからアジアに到達する蒸気船にとって航海時間を3分の1ほど短縮した。……シンガポールではその貿易額が1868年の5800万ポンドから1873年の9000万ポンドへと跳ね上がったことでその利益はただちに実感された。[*45]

20世紀後半にこの地域でゴムの生産が急増したことは、この地域の天然ゴムへの西洋の新たな需要を如実に物語る。1905年には東南アジアは200トンのゴムを輸出していた。1920年までにはこの数字は19万6000トンにまで増加し、1948年までにはその量は70万トンにまで達した。[*46]

19世紀末から20世紀初頭のヨーロッパの植民地支配の期間におけるこの経済活動や東南アジアからの資源輸出の相当の増加は、東南アジアにおける西洋の波の主要なインパクトの一つに加えることができるようなもう一つの展開——中国やインドからの経済移民の到来——をもたらした。彼らは大挙して到来し、東南アジア諸国の政治・経済状況を変化させた。

英国がインドとビルマとを支配して以来、19世紀中葉には多数のインド移民がビルマに到来した。彼らは、

未熟練あるいは熟練労働者、事務員、教師、技術者その他あらゆる分野で働くために到来した。鉄道、川船、郵便局、米脱穀、炭鉱、油田、銀行および店舗などがとりわけ人員を必要としていた。ビルマでは新たな公共機関、軍、警察あるいは役所などがインド人なしには開設できなかった。彼らに次いで、その仕事がヨーロッパ人やインド人に求められた働き手がやってきた。彼らは、召使い、洗濯人（インドでのドービスという特別なカースト）、靴職人、時計職人（やはり特殊なカースト）、両替商、レストラン経営者、ホテル業者など、これまでビルマではまったく知られてこなかったあらゆる業種の人々であった。[47]

　同様に、1907〜1957年、多くのインド人がゴム農園で働くためにマレーシアに向かった。マラヤではインドからの募集と監視がタミール人監督の手にゆだねられる「カンガニ制度」があって、マラヤやビルマの諸都市にはタミール人労働者が各種の資格で働いた。その後、20世紀には、日本の東南アジア進出がタミール人農園労働者に壊滅的な結果をもたらした。およそ10万人もがタイ＝ミャンマー間の「死の鉄道」を敷設するために日本人によって徴募された。[48]

　戦後、マラヤのインド人農園労働者は、東南アジアの他の地域、とりわけビルマ——1962年にはインド人は追放された——で同胞が直面したようなレベルの「土地っ子」の反対には出くわさなかった。マレーシアおよびシンガポールでは、法曹界、経営、政治などの多様の職種で働くインド人でインド人コミュニティが繁栄した。マラヤにおけるインド人の顕著な成功例は前シンガポール大統領のS・R・ナザンである。彼の父親はマラヤに移民し、ゴム農園を管理する法律事務所の事務員としての地位についた。同様に、トゥンク・アブドゥル・ラーマンやタン・チェン・ロックらと並ぶマレーシア建国の父の一人たるV・T・サンバナザンも、スンガイ・シプットのゴム農園開拓者の息子だった。

　中国人ははるかに多数で到来し、東南アジアの経済・社会にはるかに巨大なインパクトを与えた。もっとも多数を受け入れたのはタイで、数世紀にわたっ

第1章　四つの波　*51*

て中国人移民を受け入れた。ほとんどの場合、彼らは幸福のうちにタイに同化していった。ジェフェリーとピムの夫妻はこのことを記録した書物を著している。[*49]

インドネシア、マレーシア、およびフィリピンも19世紀から20世紀初頭にかけて、多数の中国人を受け入れた。中国人たちはこの時期、経済的にはこれら3ヵ国で非常な成功を収めたが、政治的受け入れという点では歓迎されたとはいえなかった。

キリスト教国家たるフィリピンは、中国人移民の多数がカトリックに改宗したり、スペイン系の名を名乗ったりしたから、移民の同化は容易だとみていた。10世紀にまでさかのぼる中国移民のフィリピン到来の歴史がこれを助けたのである。1879年、スペインの作家カルロス・レクールは、「商業的観点からいうと、フィリピンはスペイン国旗の下の英系中国人の居留地である」と述べている。[*50]ヨーロッパ植民地諸国は中間商人としての中国人を歓迎し、同国内には多数の中国系フィリピン人企業家がいた。フィリピン最大のコングロマリットは中国系フィリピン人によって所有され、小企業から成長したものである。

これと対照的に、中国人はマレーシアやインドネシアには容易に同化されてこなかった。両国において、20世紀に中国人は経済的には繁栄したが、深刻な政治的挑戦に対処せねばならなかった。相対的にいえばマレーシアが圧倒的に多数の中国人を受け入れた。彼らは主として19世紀に到来し、最初はスズ鉱山で、のちには農園でも働いた。チャールス・ヒルシュマンは次のようにいう。

1840年代と1950年代は、人類学的・経済的に過去との決別の始まりを告げた。とりわけ西洋における産業革命の進行による貿易の拡大は、経済活動と労働移民の飛躍的増大をもたらした。スズの需要が最初の要因だったが、その後、農業（コーヒー、砂糖など）への商業の参入が、躍進する輸出部門向けの大量の安価な労働力を必要とした。マラヤの住民は少なく労働力は不足していた。マレー人農民は、容易に理解できることだが、初期の鉱山や農園でのほとんど奴隷めいた条件で雇用されようとはしなかった。他のアジア系

の人々には選択の余地がなく、契約労働者としてマラヤに行くように勧誘された[51]。

マラヤが独立を達成した1957年までには、中国人の数は全人口の38%ほどにまで増大していた。マラヤ、その後マレーシアのマレー人たちは当初、彼らの政治的運命をコントロールできなくなることを恐れ、中国人の政治的権利を制限するのに腐心した。マラヤとマレーシアの初代首相で比較的寛容で心の広かったトゥンク・アブドル・ラーマンでさえ、こうした懸念を表明していた。彼は、シンガポールとの分離の決定は「完全に私の決断であり、非難するものがあれば受け入れるが、私の心中、奥深い思惟の中ではそれは正しい政策だった。さもなければ、マレー人よりも200万人も多い中国人がわが国を支配することになる」というものだった。それよりかなり前、彼が学生だった頃、彼は次のように書いている。「結局、マラヤが独立したら、シンガポールは分離されざるを得まい。我々は、中国人が優位を占め、マレー人よりもはるかに強い位置につくようならばそれを一個の国家として受け入れ難い。それゆえ、選択の余地はない。患部を持つ脚は切断されねばならない[52]」。

フィリピンにおけると同様、インドネシアへの中国人移民には長い歴史がある。19世紀に始まった移民はその影響力が桁違いだった。デヴィ・スサンティは次のように観察している。

1945年のインドネシア独立から1998年まで、オランダによって設定された中国系インドネシア人の地位とアイデンティティは、政治的理由で維持されてきた。新体制期（1966〜1998年）［訳者注—スハルト政権時代］には、中国系インドネシア人は政治的・文化的に疎外されてきた。彼らはその経済的力量ゆえに、そして、政府に政治的脅威を与えないように、実業に従事するよう「指定されていた」。社会的そして居住的に彼らは他のインドネシア人から隔離されることを選んだ[53]。

中国人はその経済的なプレゼンスからして、またスサンティがいうような社会的距離のゆえに、1946年のタンゲランで、1950年代にスマトラで、1965年

にはインドネシア全土における野蛮な殺戮（さつりく）の一部として、そして 1998 年 5 月の暴動におけるような混乱期には自らが暴力的な虐殺の目標となると知っていた。

　中国人は ASEAN 諸国のすべてに移住してきた。しかし、上述の諸国およびシンガポールを除いて、重要なのはその数ではなかった。にもかかわらず、中国人コミュニティは「竹のネットワーク」を形成して東南アジア間貿易を促進する上で中心的な役割を果たした。ミュレイ・ウェイデンバウムによれば、「この『竹のカーテン』は現存の国境線をまたがって存在した。それは、事業執行部、貿易商、中国系の背景をもつ資金源として日々の経済的決定を下す枢要な地点を連ねることで構築されていた」[54]。

　西洋の波が東南アジア史の流れに重大なインパクトを持ったことには疑問の余地がない。ニック・ナイトはいう。

　　東および東南アジアでのヨーロッパ植民地主義の影響は不均等かつ散発的であったが、総体としては非常に巨大だった。現地の歴史や文化は現地の歴史的結果を形作る上で重要であった。しかし、西洋は植民地支配の機関を通じて東および東南アジアに——資本主義・産業化・商業化された農業産品、国民国家、およびナショナリズムなどの——域内の人々と社会にとって劇的な結果を及ぼす異質な諸力を解き放った[55]。

　東南アジアにおける近代的国境の策定は西洋の波の結果であった。リードは次のように指摘する。

　　東南アジア人が歴史的、文化的、あるいはイデオロギー的要求の名の下に帝国主義的国境を変更する試みに挫折したことは、［帝国主義の］錬金術の力を物語る。戦時（1941 〜 45）におけるタイによるカンボジア西部、ビルマ東部、およびマラヤ北部の併合、1975 〜 99 年のインドネシアによる（ポルトガル領）東ティモール併合、1954 〜 75 年のベトナム分断（植民地以前の分断と一致してはいたが）、インドネシアの地方反乱（1956 〜 62 年）、1978 年のカンボジアの南東部国境への触手、そしてその後のベトナムによるカンボジア侵略

などすべては帝国主義期の国境を覆すのに結局は失敗している。マレー世界における英国の整合性に欠ける帝国を継承したマレーシアに対しては、1962〜66年にインドネシアが争い、（1962年にサバ州への領有権を主張した）フィリピンにも反対された。しかし、最終的に、帝国主義の遺産を削減したのは、小国ブルネイ（1962年）およびシンガポールの離反（1965年）であった。[56]

　幸いにも、これらの国境は、東南アジア社会の底流をなす政治的・社会的構成とぴったり合致しており、少なくとも中東で描かれた地図上の国境線や、インド゠パキスタン間の国境よりも現地社会へのショックは少なかった。

　東南アジアに見られる近代的なインフラストラクチャー——代表例としては道路や鉄道、学校や病院など——は植民地期に始まり、幸いにも維持されてきた。1975〜1978年のポル・ポトのジェノサイド政権下のカンボジアの短い経験を除けば、東南アジア諸国が完全な失敗に近づいたことはほとんどない。植民地時代によって残された各種の近代的行政システムは維持され、植民地化されなかったタイを含めて、多くの東南アジア諸国の行政上の中核を提供し続けている。独立以来のシンガポールの例外的成功は、英国によって残された統治制度を構築し強化する上での能力など多くの要因によっている。
　これらはいずれも、西欧植民地主義者が決して今日の東南アジア諸国からの謝辞に値することを意味するものではない。ヨーロッパ植民地支配は同様に、軍事的に弱体な社会に対する残酷な暴力や、農民や都市労働者への無慈悲な搾取など、強い消極的な遺産をも残している。たとえば1840年代には、オランダの強制栽培方式（cultuurstelsel）は、換金作物たるコーヒーやサトウキビ、インディゴなどの栽培のため村落に過大な賦役労働力を課したことで、ジャワにおける飢饉や伝染病をもたらした。[57]正式な独立以後においてさえ、東南アジア人が精神的な植民地主義を脱するには数十年を要した。このことは東南アジア社会の若返りを遅らせた。要するに、現代の東南アジアに対する西洋の波のインパクトは、将来の世代の東南アジア歴史家によってさらに深く研究さるべき錯綜したものなのである。

第1章　四つの波　55

注 [ ]内は著者による閲覧日

＊1 筆者らとジョージ・ヨーとのインタビュー。2016 年 2 月 5 日。

＊2 Pierre Yves Manguin, A. Mani and Geoff Wade, eds., *Early Interactions between South and Southeast Asia: Reflections on Cross-cultural Exchange* (Singapore: Institute of Southeast Asian Studies, 2011), p.xv.

＊3 Craig R. Lockard, *Southeast Asia in World History* (Oxford: Oxford University Press, 2009), p.15.

＊4 Kenneth R. Hall, "Review: 'Borderless' Southeast Asia Historiography: New Scholarship on the Interactions between Southeast Asia and Its South Asian and Chinese Neighbours in the Pre-1500 Era," *Bijdragen tot de Taal-, Land-en Volkenkrande*, 167-4 (2011), pp.527-542.

＊5 Anthony Reid, *Southeast Asia in the Age of Commerce: 1450-1680* (New Haven: Yale University Press), p.3.

＊6 Lockard, *Southeast Asia*, p.13.

＊7 *Ibid.*, p.15.

＊8 "*Nan-fang Ts'ao-mu Chuang*" [A Fourth Century Flora of South-East Asia], trans. Li Hui-Lin (Hong Kong: Chinese University Press, 1979).

＊9 William Dalrymple, "The Great & Beautiful Lost Kingdoms," *New York Review of Books*, 21 May 2015, http://www.mybooks.com/articles/2015/05/21/great-and-beautiful-lost-kingdoms/, [2016/10/12].

＊10 Sheldon I. Pollock, *The Language of the Gods in the World of Men: Sanskrit, Culture and Power in Premodern India* (Berkeley: University of California Press, 2006), p.257.

＊11 George Cœdes, *The Indianized States of Southeast Asia* (Honolulu: East-West Center Press, 1968), p.15.

＊12 Pollock, *Languages of the Gods*, p.124.

＊13 Charles Higham, "The Long and Winding Road That Leads to Angkor," *Cambridge Archaeological Journal*, 22-2 (2012), p.265.

＊14 Dalrymple, "The Great & Beautiful Lost Kingdoms".

＊15 John N. Miksic, *Historical Dictionaries of Ancient Civilizations and Historical Eras*, No.18 (Lanham: Scarecrow Press, 2007), p.33; Damien Keown, *A Dictionary of Buddhism* (Oxford: Oxford University Press, 2004).

＊16 Brian Harrison, *South-East Asia, a Short History* (London: Macmillan, 1963), p.30.

＊17 Arthur Cotterell, *A History of Southeast Asia* (Singapore: Marshall Cavendish,

2014), p.114.

*18　Xuanzang, *The Great Tang Dynasty of the Western Regions*, transl. Li Rongi (Berkley: Numanta Center for Buddhist Translation and Research, 1995), p.49.

*19　Martin Stuart-Fox, *A Short History of China and Southeast Asia: Tribute, Trade and Influence* (Crows Nest: Allen & Unwin, 2003), p.30.

*20　*Ibid.*, p.31.

*21　Derek Michell and Carola McGiffert, "Expanding the 'Strategic Periphery': A History of China's Interaction with the Developing World", in *China and the Developing World: Beijing's Strategy for Twenty-first Century*, ed. Joshua Eisenman, Eric Heginbotham and Derek Mitchell (Armonk: M.E. Sharpe, 2007), pp.3–28.

*22　Joshua Eisenman, Eric Heginbotham and Derek Mitchell, eds, *China and the Developing World: Beijing's Strategy for Twenty-first Century* (Armonk: M.E. Sharpe, 2007), pp.8–9.

*23　Wang Gungwu, "Ming Foreign Relations: Southeast Asia", in *The Cambridge History of China*, ed. Denis Twitchett (Cambridge: Cambridge University Press, 1998), pp.317–318.

*24　Frank Viviano, "China's Great Armada, Admiral Zheng He", *National Geographic*, July 2015, http://ngm.nationalgeographic.com/features/world/asia/china/zhengh-he-text/, [2016/10/12].

*25　Wang Gungwu, "Singapore's 'Chinese Dilemma' as China Rises", *Straits Times*, 1 June 2015.

*26　Wang Gungwu, "The Opening of Relations Between China and Malacca, 1403–05", in *Admiral Zheng He & Southeast Asia*, ed. Leo Suryadinata (Singapore: Institute of Southeast Asian Studies, 2005).

*27　Xi Jinping, "Promote Friendship between Our People and Work Together to Build a Bright Future", 7 Sept. 2013, http://www.fmprc.gov.cn/ce/cebe/cebel/eng/zxxx/t1078088.htm, [2016/11/9].

*28　Tome Pires, *Suma Oriental of Tome Pires: An Account of the East, from the Red Sea to China*, Written in Malacca and India in 1512–1515, ed. and trans. Armando Cortesao (New Delhi: Aaian Educational Service, 2015), p.143.

*29　G. D. H. Hall, A *History of South-East Asia* (London: Macmillan, 1955), p.180.

*30　マラッカと東南アジアのイスラム化における中国ファクターに関する論議については以下を参照のこと。Geoff Wade, "Early Muslim Expantion in South-East Asia, Eighth to Fifteenth Centuries", in *The New Cambridge History of Islam, Vol.3: The Eastern Islamic World, Eleventh to Eighteenth Centuries*, ed. David O. Morgan and Anthony Reid (Cambridge: Cambridge University Press, 2010), pp.395–397.

*31 Jacob Cornelis van Leur, *Indonesian Trade and Society: Essays in Asian Social and Economic History* (The Hague: W. Van Horve, 1967).

*32 Wade, "Early Muslim Expantion", p.369.

*33 Nicholas Tarling, ed. *The Cambridge History of Southeast Asia*, Vol.1: From early Times to c. 1800 (Cambridge: Cambridge University Press, 1992), p.519.

*34 Clifford Geertz, *Islam Observed: Religious Development in Morocco and Indonesia* (Chicago; University of Chicago Press, 1971), p.15.

*35 *Ibid.*, p.13.

*36 Amartya Sen, *The Argumentative Indian: Weritings on Indian History, Culture, and Identity* (New York: Straus and Giroux, 2005).

*37 R. J. Wilkinson, "The Capture of Malacca, D.D. 1511", *Journal of the Straits Branch of the Royal Asiatic Society* 61 (1912), pp.71–76.

*38 Anthony Reid, *Southeast Asia in the Age of Commerce 1450–1680*, Vol.2: Expantion and Crisis (New Haven and London: Yale University Press, 1993), p.271.

*39 Harrison, *South-East Asia*, p.70.

*40 Tonio Andrade, *The Gunpowder Age: China, Military Innovation, and the Rise of the West in World History* (Princeton: Princeton University Press, 2016).

*41 Alexander Hamilton, *A New Account of the East Indies*, Vol.2 (Edinburgh: Jphn Mosman, 1727), p.97.

*42 Robin Wright, "How the Curse of Sykes-Picot Still Haunts the Middle East", *New Yorker*, 20 Apr. 2016, http://www.newyorker.com/news/news-desk/how-the-curse-of-sykes-picot-still-haunts-the-middle-east/, [2016/10/12].

*43 *Ibid.*

*44 Tan Sri Abdullah Ahmad, *Conversations with Tunku Abdul Rahman* (Singapore: Marshall Cavendish, 2016), p.68.

*45 S. Dobbs, *The Singapore River: A Social Histroy, 1819–2002* (Singapore: Singapore University Press), p.10.

*46 Harrison, *South-East Asia*, p.121.

*47 Moshe Yegar, *The Muslims of Burma: A Study of a Minority Group* (Wiesbaden: Otto Harrasso-witz, 1972).

*48 Ravindra K. Jain, *South Indians on the Plantation Frontier in Malaya* (New Haven and London: Yale University Press, 1970), in Christophe Z. Guilmoto, "The Tamil Migration Cycle, 1830–1950" *Economic and Political Weekly* (16–23 Jan. 1993): pp.111–120.

*49 Sng and Bisalputra, *A History of the Thai-Chinese*.

＊50 Carlos Recur y Carazo, Filipinas: studios administativos y comerciales (Madrid: Imprenta de Ramon Morenoy Richardo Rojas, 1879), in E. Wichberg, *Early Chinese Economic Influence in the Philippines, 1850-1898* (Lawrence: Center for East Asian Studies, University of Kansas, 1962), p.110.

＊51 Charles Hirschman, "The Meaning and Measurement of Ethnicity in Malaysia: An Analysis of Census Classification", *Journal of Asian Studies* 46-3 (1987), pp.555-582.

＊52 Tan Sri Abdullah Ahmad, Conversations with Tunku Abdul Rahman.

＊53 Dewi Susanti, "Paradoxes of Discriminatory Policies and Educational Attainment: Chinese Indonesians in Contemporary Indonesia", in *Equity, Opportunity and Education in Postcolonial Southeast Asia*, ed. C. Jpseph and J. Matthews (New York: Routledge, 2014), p.135.

＊54 Murray Weidenbaum, *One-Armed Economist: On the Intersection of Business and Government* (New Brunswick and London: Transaction Publishers, 2005), pp.264-265.

＊55 Nick Knight, *Understanding Australia's Neighbours: An Introduction to East and Southeast Asia* (New York: Cambridge University Press, 2011), pp.61-62.

＊56 Anthony Reid, *Imperial Alchemy: Nationalism and Political Identity in Southeast Asia* (Cambridge: Cambridge University Press, 2010), p.2.

＊57 Siddharth Chandra and Timothy Vogelsang, "Change and Innovation in Ugar Production in Cultivation System Java, 1840-1870" *Journal of Economic History* 59-4 (1998), pp.885-911.

第1章 四つの波 *59*

第2章　ASEANの平和生態学

　この地球のいかなる場所にも、ASEANほど歴史上の様々に異なる波に対して開かれた地域はない。このことが、なぜ地球上でASEANほど多様で異質な地域はないかの説明にもなる。端的にいって、地球上のいかなる地域も野心的な地域協力に着手するのにASEANほど不向きな地域はなかったということである。

　歴史の論理は、ASEANの失敗を求めているはずのものであった。では、ASEANはなぜ、またいかにして「アジアのバルカン」に平和をもたらしたのであろうか。ある聡明な指導者が、戦争の原因については1000冊もの書物が書かれたのに対して、平和の原因について書いたものはわずか1冊のみであると述べたことがある。実際、戦争が勃発すると、それがコソボであれ、ジョージア、シリア、あるいはリビアであれ、我々はすぐそのことに思い至る。数千もの論文が紛争の原因を説明しようと尽力してきた。しかし、持続的な平和の生態学が登場した時には、注目する人は少ない。それを説明する人はさらに少ない。かつて混乱に満ちたASEAN地域において持続的な平和が実現されたという現実は、誰も説明しようとはしなかった巨大な謎である。

　悲しむべきことに、西欧の国際関係理論研究者がこの空間を埋め得るとは思われない。これらの学者は学問的分析に際して――コソボ爆撃のような――「事件」についての経験的なデータとして、新聞切り抜きや報道に依存する。しかし、平和は事件ではない。誰もこのことを報道しようとしない。何年にもわたる平和は注目もされないが、小さな事件でも紛争ならニュースになる。このことが、なぜASEANの平和が学問的注目を浴びないのかの説明になる。

　本章の目的は、この重大な歴史の謎を解明することである。つまり、この地上でもっとも定かならず不毛な一角たる東南アジアで、いかにして持続的な平

和の生態系が培われたかである。話は錯綜し、紆余曲折に富んでいる。ほとんどの現実の過程がそうであるように、ASEAN の発展にも、折々の幸運と不運とがないまぜになっている。

この生態系の発展を導いた要素を詳述するに先立って、時系列的な推移を理解することが肝要である。ASEAN の発展の、最初のそして最も重要な局面は、1967 ～ 1990 年の冷戦期に進行した。ただし、この決定的な局面は二つの部分をもつ。1967 ～ 75 年、共産主義者がインドシナを席巻したとき、ASEAN 原加盟国（インドネシア、マレーシア、フィリピン、シンガポール、タイ）は共産主義の波が彼らを圧倒する恐怖に囚われて暮らしていた。しかし、やがて、共産主義陣営が二つに分裂していること——ソ連と中国との深刻な分裂（ベトナムとカンボジアの分裂に並行する）——が明らかになるにつれ、ASEAN の恐怖感は沈静していった。実際、1978 年 12 月のベトナムによるカンボジア侵攻とベトナムのカンボジア占領を覆そうとする国際的な協働運動は、ASEAN 5 ヵ国（1984 年にブルネイが加わり 6 ヵ国）の間に強い共同体意識をもたらした。ベトナムのカンボジア占領に対する緊密な協力の 10 年がなければ、ASEAN は持続的な平和の生態学を創造することに成功しなかったかもしれない。

第二の局面は、ほとんど 1990 年代いっぱい続いた。それは、冷戦の終焉で始まり、1997 ～ 98 年のアジア財政危機の幾つかの ASEAN 諸国に対する壊滅的なインパクトで終わった。ASEAN はこの 10 年間、これに先立つ 20 年間にリー・クアンユー、マハティール、スハルトといった主要指導者が ASEAN 協力の習慣を定着させたことで培われた連帯という政治的資産に立脚して活動してきた。同時に、ASEAN 共同体の性格は、ベトナム（1995 年）、ラオス（1997 年）、ミャンマー（1997 年）、およびカンボジア（1999 年）の加盟によって変化した。驚くべきことに、多くの旧敵国が相次いで ASEAN に加盟した。この結果、より包括的な東南アジア共同体が浮上した。

第三の局面は、21 世紀初頭の数年間に始まった。この局面においては、ASEAN は重要な制度的発展を見た。1993 年に始まった ASEAN 自由貿易地帯（AFTA）は、2003 年には全面施行されることになっていた（2006 年にはベトナム、2008 年にはラオスとミャンマー、2010 年にはカンボジアにも適用）。もっとも重要なことは、ASEAN 憲章が論議され、2007 年 1 月から 11 月までの 11

ヵ月という記録的な早さで採択されたことである。過去30年間に蓄積された政治的連帯の確固たる基礎の上に築かれたこの制度的発展によって、世界が今日見られる強力な地域機構としてのASEANが構築された。

　本章で我々が答えようとする重大な疑問は、ASEANが現在享受している平和の生態学の実現をもたらした鍵となる要因は何かということである。どう数えようと、次のような要因は含まれるだろう。第一に、ASEAN創設期の5ヵ国を結束させた主要な要素は恐怖だった。これら創始国は、共産主義の拡大によって倒される「ドミノ」となることを恐れた。第二に、ASEAN諸国は比較的優れた指導者に恵まれた。国際問題においてはリーダーシップは常に決定的な要因である。第三に、幸運も重要な要因であった。ASEANは、20世紀後半の主要な地政学的対決としての米ソ冷戦において最終的には勝者の側にあった。このほかにも中ソ対立のような地政学的出来事もあったが、これもASEANを助けた。第四に、国際貿易が伸張する時期にASEAN諸国は繁栄する東アジア経済生態学に自らを織り込むことに成功した。ASEAN諸国は、日本や「4匹の小竜」から経済的教訓を学び、自らの国家開発政策として東アジア諸国の最善の施策に倣うことでこの潮流に乗り得たのである。自由貿易や開かれた市場を取り入れることはあらかじめ決定されていた訳ではない。ASEAN諸国はすべて、ラウル・プレビッシュに推奨された民族主義的イデオロギーに鼓舞された民族主義的かつ保護主義的政策を奉じる国連77ヵ国グループのメンバーであった[*1]。ASEAN諸国はこれら第三世界の紋切り型の政策を拒絶した。第五に、ASEANの動向が上昇機運に乗り、年間数百もの会合を持つようになると、東南アジア地域はより緊密に結びつき、他地域における蜘蛛の巣状のネットワークとも連動した。これらのネットワークが平和をもたらした役割については十分には分析されてこなかった。

　もう一つ重要な要因がある。キショールはしばしば、半ば冗談めかして、東南アジアは4文字の故に平和であった。この4文字とはG・O・L・Fである。キショールは、友好と仲間意識を生む幸せなゴルフ・ラウンドを通じてASEANの同僚たちとの間で少なからぬ難題を解決した。シンガポールの前外相ウォン・カンセンは、「ゴルフは重要な要因だった。それは障害を取り除き仲間意識を高める。我々は国連総会の人事会議に参加した週末にASEANゴ

第2章　ASEANの平和生態学　63

ルフ大会をさえ開催したことがある[*2]」と認めており、さらに次のようにいう。

国連における年次晩餐会は連帯の舞台だった。大臣の夫人らも参加し、多数の人々と握手した。こうしたことは、他の地域機構では見られないことだった。思い出深いが簡素な贈り物も交わされた。レセプションの終わりには蘭の花が贈られた。国連事務総長を含む多くの人々も姿を見せたものだ。

要するに、国連では全世界がASEANの平和的協力モデルを直接に見聞できたのである。ASEANが構築した平和の生態学はASEANの隣接諸国にも利益をもたらしたことで、一層強化されていった。日本、韓国、オーストラリアやニュージーランドなどのASEANダイアローグ・パートナーは、ASEANの諸会議に参加することに価値を見いだし、より広域の東アジアやアジア太平洋地域に協力のエトスを拡散するASEAN生態学から利益を得てきたのである。

第一の要因：共産主義への恐怖

ASEANの最初から始めよう。ASEANを結束させた決定的要因は共産主義に対するむき出しの恐怖であった。この生の恐怖感は、1960年代の政治的文脈についての深い理解がなければ今日では理解し得ない。今日では、ソ連に率いられた共産主義に対する敵対において米国にリードされた非共産主義の勝利は不可避であり、そもそもの初めから容易に予言できるかのように見える。しかし、我々は1960年代に東南アジアで生まれ育ったから、我々は、当時その勝利は不可避とはほど遠いものであったことを知っている。実際、共産主義は抵抗しがたいほどの潮流だった。

ASEANを結成した5ヵ国は、また、それぞれ国内に共産主義者の反乱を抱えていたからこそ共産主義を恐れたのである。マレーシアとシンガポールは、1940〜1950年代に、マラヤ共産党が主導したテロリスト攻撃に苦しめられた。スハルト大統領の率いるインドネシアはインドネシア共産党（PKI）が企図したクーデター未遂事件のトラウマを抱えていた。首謀者らは、数人［訳者注—6名］のインドネシア将軍を殺害し、時の戦略予備軍司令官であったスハルト

を標的にしていた。タイは、国内ではタイ共産党が主導する共産主義的反乱に悩み、インドシナが共産主義の手に落ちれば前線国家となる懸念があった。フィリピンは1942〜1954年、フクバラハップ［訳者注―第2次世界大戦中に活動した「抗日人民軍」。フィリピン共産党の武装勢力］の反乱を体験している。

　1949年に中国が共産主義者の支配に屈した後、これに次いで、韓国とインドシナで共産主義者との戦闘が勃発した。朝鮮情勢は、1953年7月27日、朝鮮休戦協定で戦闘が終わり安定を迎えた。砲声は止んだが、朝鮮半島は分断された。しかし、最初はベトナムとラオスで、後にはカンボジアで、とりわけ1970年3月18日、CIAがシアヌークを失脚させた後、より大規模な戦火が交えられるにいたった。キショールは、1973年7月から1974年6月までの1年間、カンボジアのプノンペンで過ごし、連日のようにクメール・ルージュ勢力による砲撃を身をもって体験した。彼は、榴散弾が破裂し、家中のガラスが砕け散った自宅での体験を決して忘れられないだろう。ベトナム、ラオス、カンボジア共産党の決意は恐るべきものだった。彼らは、歴史が彼らの側にあると確信していた。

　これと対照的に、ASEAN創設5ヵ国の非共産主義指導者らは、彼らの生命と国家への恐怖を感じていた。当時国連安保理事会の書記長であったジェームズ・レイは、1952年の報告で次のように予言していた。

　　東南アジアのいかなる国であれ、共産主義者の公然あるいは非公然の侵略で共産主義の支配下に陥れば、重大な心理的、政治的、経済的結果をもたらすだろう。効果的かつ時機を得た対抗措置がなければ、ある一国の失陥があれば、この77ヵ国グループの残る諸国は比較的速やかに共産主義者に屈するかこれとの同盟を結ぶことになろう。[*3]

　こうした考えは強い牽引力を発揮した。1954年、米大統領ドワイト・アイゼンハワーは「一列のドミノがセットされ、あなたが最初の一駒を弾けば最後の一駒まで速やかに倒れてしまうのは間違いない。そこでもっとも重大な影響をもつ崩壊の始点を掌中にしていたことになる[*4]」がゆえにインドシナは戦略的な重要性を持つと語った。

この理論の心理的インパクトはいかに強調してもしすぎることはない。1975年5月、マレーシアのガザリ・シャフィエ内相は次のように語っている。「ドミノ理論は理論上も経験的な有効性の視点からも明らかに疑わしい。……現下の状況は、多くの暗くて不確かな未来の前兆として浮上した。意気消沈の雰囲気の下では、ドミノ理論は――皮肉にも――自己充足型予言となり得る[*5]」。こうした恐怖の雰囲気が蔓延<ruby>蔓延<rt>まんえん</rt></ruby>していることに鑑み、1967年8月のバンコクにおけるASEAN創設会合でシンガポールのS・ラジャラトナム外相は、ASEANの同僚に向けて「我々が結束（hang together）しなければ、ASEAN諸国は個別に吊るされる（hang separately）ことになろう[*6]」と語った。この言葉の意味はほとんどの英語話者には正確に理解されたが、タイ代表団に滑稽な誤解をもたらした。ラジャラトナムが語った後、あるタイ代表は「仏教徒としてわれらは絞首には反対である。貴殿はなぜわれらに二つの異なる絞首方法だけしか与えてくれないのか？」と語った。幸い、この文章の意味が同僚に説明されると、タイ代表団はラジャラトナムに同意した。

　恐怖の要素が重要なのはこうした理由による。それは、5ヵ国を結束させる決定的な接着剤だった。この恐怖感は、ASEAN諸国が共産主義勢力がカンボジア、ラオス、および南ベトナムで順調に地歩を築くのを目にするに及んでますます顕著になった。実際、キショールがプノンペンで暮らしていた時、同市は完全に包囲されており、陸路で辺境まで到着することは不可能だった。同時に、1972年のウォーターゲートの政治的危機と1974年のリチャード・ニクソンの辞職によってASEAN諸国には彼らが安全保障を依存する米国は国内問題に没頭し、混乱させられていることが明らかになった。時間の経過とともに、この認識は――ラジャラトナムの言葉を用いれば――ASEANは「結束するか個別に吊るされるか」（hang together or hang separately）しかないことを十分に理解させることになった。1968年8月7日、当時のマレーシア首相アブドル・ラザクはASEAN代表団に向けて、先見の明をもって、ASEANの将来を危うくしかねないことを決してしてはならない――現になされていないことを確認する――ことが我ら共通の関心事項であると警告した。

　ASEAN指導者の心中もっとも悲惨な瞬間は、1975年4月30日のサイゴン陥落であった。米国の外交官や兵士が、サイゴンの米大使館の屋根から脱出す

る劇的な光景は、共産主義の波が東南アジア全域を圧倒しつつあるという指導
者らの恐怖心を強め、さらに8年前の1967年10月19日、リー・クアンユー
は米副大統領ヒューバート・ハンフリーに、もし米国がベトナムから撤退する
ようなことがあれば、「1年半か2年のうちにタイで、マレーシアではその後
間もなく戦闘が生じ、3年以内には私が公開の場所で吊るし首にあうだろう[*7]」
と語った。サイゴンが陥落したとき、こうした暗黒の日は差し迫っているよう
に思われた。1975年5月8日、リーは米大統領ジェラルド・フォードに対し
て、「事態が壊滅的になる速度に対する私の直接の反応は驚きと警戒であった[*8]」
と語っている。東南アジアの混乱を説明してリーは、タイ人が「米国にはモラ
ルがない。報道はどんちゃん騒ぎをしており、ラオスは敗残者扱いだ。カンボ
ジアは中国とハノイの間の戦場となっている」と信じていると語った。

　こうした共産主義の膨張への恐怖が、インドシナ陥落の1年後の1976年2
月23〜24日、バリにおける初のASEAN首脳会議をもたらした。キショー
ルは、この会合に参加していた。ドナルド・ウェザービーがいうように、

　　1975年のインドシナにおける共産主義者の勝利は、ASEAN諸国を安全保
　　障面での協力拡大に向けた努力への触媒となった。1976年2月には、
　　ASEAN諸国首脳はインドネシアのバリで初のASEAN首脳会議で顔を合わ
　　せた。そこで彼らは、インドシナ諸国との和解のドアを閉じることなく、
　　ASEAN域内の政治・経済協力の強化への基礎を築いた[*9]。

　バリでASEAN指導者たちの胸中を占めた恐怖とは対照的に、ベトナムの
指導者らは非常に傲慢な心境になっていた。彼らは、東南アジアにおける歴史
は彼らの側にあると確信していた。シンガポールのS・R・ナザン前大統領は、
1976年8月、スリランカでの非同盟諸国首脳会議への代表として参加した時、
ベトナム人の圧倒的な確信を垣間見た。ナザンは、たまたまベトナムのファ
ム・ヴァンドン首相のシリマボ・バンダラナイケ宛てのメモを読んだ。そのメ
モでファム・ヴァンドンは、「米国の敗北とベトナムの統一の後に革命が始ま
った。共産主義者が東南アジアを席巻するだろう[*10]」と論じていたという。
　このベトナム指導者らの傲慢さは、彼らが戦略的にベトナムの歴史でもっと

第2章　ASEANの平和生態学　67

も破壊的な決定をする方向に導いた。1975年に共産主義者がインドシナを奪取した時、カンボジア、ラオス、ベトナムの共産党は協力してこれら3ヵ国において米国が支援する勢力と戦ってきたのだから、緊密なブロックとして活動するだろうと広く予測されていた。しかし、逆のことが起こった。3ヵ国の共産党が実権を掌握した後、間もなく、数世紀も遡ったカンボジアとベトナムの伝統的敵対が浮上したのである。ジェノサイドの独裁者ポル・ポトに率いられたカンボジアのクメール・ルージュ政権は、ベトナムと決別した。ポル・ポトはベトナムの緊密な対ソ同盟に対抗すべく、中国の側についた。インドシナで中ソ対立が浮上した。

この分裂とともに、ベトナムはカンボジアに侵攻し占領する計画を立て始めた。ベトナム指導者らは、依然として世界の超大国を打ち破った後の確信を抱き続けており、中国からベトナムを守るのにソ連の軍事力に頼り得ると信じていたから、中国の警告を無視し、1978年12月、カンボジア侵攻と占領に歩を進めた。

その際、ベトナムはいくつか重大な誤算をしていた。第一に、これに対抗して中国は1979年2月ベトナムへの大規模な侵攻を敢行した。数十万の中越軍が戦った。ベトナム軍は勇敢に戦い、多くの戦闘に勝利を収めたが、最終的にはベトナム領を中国侵略軍に割譲せざるを得なかった。中国指導部は、ベトナムに「教訓」を与えた後、賢明にも兵を引いた。しかし彼らは、ベトナムのカンボジア占領には、非妥協的に敵対するという明白なシグナルを送った。最高指導者鄧小平の記憶に残る言葉に「大小の石をとって擦り合わせれば、小さい石は最後にはなくなってしまう」というのがある。

ベトナムがなした第二の重要な誤算は、ASEANの反対を過小評価したことである。インドシナの非共産主義勢力を打倒した後、ベトナム指導部はASEAN諸国の非共産主義指導者も無気力かつ弱体であると考えたのである。この信念は必ずしも正当化できなくもない。ヨーロッパ植民地主義時代にタイが一度も植民地化されなかった理由の一つは、彼らの戸口に登場した国家に順応する文化を培ってきたからである。かくして、ベトナムの戦車が迅速にカンボジアを突っ切りタイ=カンボジア国境に到達した時、タイ政治家の一部には、ベトナムのカンボジア占領に順応しこれを受け入れようとする傾向も見られた。

ベトナムのタイ奪取を阻止し得る唯一の勢力は、ベトナム軍戦車の進路を塞ぎ止めるバンコクの交通渋滞であろうという茶化したコメントもあったほどである。ベトナムにとって非常な驚きだったのは、ASEAN指導者らがベトナムのカンボジア占領に反対する確固として結束した姿勢をとったことであった。1992年のエッセイでラジャラトナムが説明したところによれば、「最終的に共産主義ベトナムの破綻をもたらしたのは、地域主義への信頼ではなく、共通の恐怖から生まれた決意であった[11]」。ASEANの完全な通史が書かれる際には、これがASEANによってなされたもっとも重要な決定の一つであったと記録されるだろう。堅固なASEAN結束を生み、育てるのを助けたのはベトナムのカンボジア占領との10年余のASEANのたたかいであった。リー・クアンユーがいうように、「他の選択肢が恐るべきものであるというショックによってのみ確固たる決意が生まれる。発展を促進し、貧困を減じ、共産主義ゲリラ勢力の動員を減らすには、より積極的な経済協力を急ぐ必要がある。新たな問題に対処するため、結束する政治的意思が見いだされたのである[12]」。

　ベトナムの占領とのASEANの主要な闘いは、様々な場所、とりわけ国連でなされ、キショールは1984～1989年にシンガポールの国連代表を務めたとき、身をもってこのことを体験した。彼はインドネシアのアリ・アラタス、マレーシアのザイン・アズラーイ、タイのニチャ・ピブンソンクラームを含むASEANの指導的な外交官と、ベトナムとのたたかいの後も長年続いた緊密な個人的友好を築いた。協力と協調が社会・政治的な資産を存分に蓄積させた。この資産の蓄積は、その後数十年間、ASEANが不可避的な摩擦や緊張を克服するにあたって、ASEANを結束させることになった。重要なことに、ASEANの友愛は1980～1990年代に構築されたのだが、その積極的効果はASEAN諸国がASEAN憲章を起草するための21世紀初頭の数年にわたる協働をもたらした。ASEAN憲章起草のため組織されたASEAN賢人グループ（EPG）のメンバーであったS・ジャヤクマール教授はいう。

　　多くの問題を抱えていたが、EPGメンバーは全会一致の報告にたどりつくことが出来た。その重要な理由は、EPGのほとんどのメンバーが長年におよぶASEAN関連の交流を通じて互いに顔見知りであったことにある。私

は、EPG議長のマレーシアのムサ・ヒタムと学生自治会時代から知己であった。わたしは、インドネシア代表のアリ・アラタス外相もよく知っていた。同様に、タイとベトナムのメンバーも前外務大臣であった。フィリピンの前大統領フィデル・ラモスやブルネイ代表のリム・ジョクセンとも旧知の間柄だった。ほとんどのEPGメンバーとのこうした個人的相性のよさが、見解の相違を乗り越える一助となったのである。[*13]

さらに驚くべきは、ASEAN域内の社会的・政治的資産の蓄積から最大の利益を享受したのが、この資産を無意識的にかつ意図することもなく産み出してしまった国——すなわちベトナム——だったということである。冷戦が終わり、ソ連が破綻した後、ベトナムの指導者は、彼らが保護者を失い、伝統的な敵対国家たる中国に対する安全保障という国民的意識を高揚するため、新たな友好国や同盟者を見いださねばならないと悟った。1990年代に彼らの安全保障を高める新たな方途を求めて四囲を探るうちに、ベトナム指導者はASEANが安全保障上のパートナーであり得ると気づいた。しかし、ASEANがベトナムのためにこういう役割を果たしうる唯一の理由は、過去10年間にわたり、ベトナムと敵対した結果の緊密な連帯感を培ってきたことだけだった。1995年7月にベトナムがASEAN加盟を決定したことは、歴史上最大のアイロニーの一つとして記憶に残るだろう。

1995年ベトナムのASEAN加盟という決定がいかに驚くべきことだったかを理解するには、ほんの10年ほど前にベトナムがASEANに対して発した声明を見れば足りる。ベトナム人はASEAN非難にあたって粗暴だった。1977年末、ファム・バン・ドン首相は「東南アジアでASEANのような軍事ブロックを構築する政策は失敗し、永遠に破棄されよう」と語っている。アリス・バーはその瞬間を次のように記述している。

たとえば、「純粋な中立」や「真の独立」についての頻繁な言及は、ハノイがASEANは真に中立でも真に独立でもないとみなしていることを示唆するものであった。同様に、1976年2月のASEANバリ・サミットの時点でベトナムおよびラオスの指導者は、ASEANがSEATOと同様に帝国主義者

に支援されたもう一つの産物に過ぎないと非難していた。

……「新植民地主義に対する東南アジア人民の闘争」への支援を非同盟運動に呼びかけるに際して、彼らは、ASEAN 諸国政府の正当性を疑問視したばかりか、ASEAN 諸国の反乱活動に対する（物質的でないとしても）政治的な支持を示唆していた。実際、ASEAN 加盟の各国に対する和解にもかかわらず、ハノイは機構としての ASEAN との交渉には抵抗し続け、ASEAN とその目標の容認も正当化も拒み続けた。

……一国民としてのタナット・コーマンは 1976 年の情勢について「ASEAN 諸国はベトナムおよびその他のインドシナ新政権に友好の手をさしのべたが、これら諸国の指導者は彼らの拳を突き上げるという反応を示した[*14]」と語っている。

こうした激しい非難の記憶がまだ新しいにもかかわらず、ASEAN は 1995 年 7 月、ベトナムを加盟国として容認したのである。この決定は、ASEAN が歳月をかけて獲得した地政学的英知を物語っている。

これを理解する最善の方法は、ASEAN のアプローチを、ヨーロッパがその旧敵たるソ連との冷戦的分断を克服する際のアプローチと比較することである。EU は当初、1990 年代にロシアを受け止める上で偉大な見識を示した。1996 年 2 月にロシアを欧州理事会に、1997 年 6 月に G8 に受け入れたことは、EU が旧敵を受け入れる包容力を物語るかのように見えた。しかし、EU の指導的諸国、とりわけフランスとドイツは、NATO をロシア国境まで拡大するという賢明とはいいがたい実態を暴露した。さらにショッキングなのは、2008 年、ウクライナを NATO に受け入れるよう呼びかけたジョージ・W・ブッシュ政権が推進した NATO 声明を採択したことである。このロシアへの意図的な挑発は、明らかに雄牛の眼前で赤旗を振るようなものだった。旧敵ベトナムを受け入れた ASEAN と対照的に、EU 諸国は地政学的な英知の欠如を露呈した。

これが ASEAN の物語が驚くべきものであることの理由である。ASEAN 結束と連帯を最初に産み出したのは恐怖であった。恐怖は消極的な感情であるが、この消極的な感情が積極的なエネルギーを生み、時の経過とともに ASEAN を動かしたのである。ASEAN 諸国は、1970 年代の共産主義諸国の前進にす

くみ上がる代わりに、彼らの地域への挑戦を解決し、とくに1980年代には、徐々にASEANの結束と連帯を高めるため、協力して努力したのであった。

第二の要因：強力なリーダーの役割

これらのことはすべて、ASEANがその歴史上もっとも建設的な期間たる1980年代に強力なリーダーに恵まれたために生じ得たのである。とりわけ傑出していたのは、インドネシアのスハルト大統領、シンガポールのリー・クアンユー首相、マレーシアのマハティール・モハマド首相、タイのシディ・サベツィラなどの諸氏であった。性格や個性という点で見れば、彼らはこの上もなく異なっており、ASEAN独自の文化的多様性を反映するように非常に異なった文化的なルーツの出自であった。しかし彼らは強固な気骨という一つの決定的な特性を共有していた。

ラジャラトナムのお気に入りの言い回しの一つは、レーニンの有名なセリフとされるもので、「銃剣で探りを入れよ。鋼に突き当たったらそこで止まれ。しかし、やわなものに当たったら突きさせ」。ベトナムの指導者もレーニンから多くの教訓を学んだ。彼らは1978年12月にカンボジアに侵攻した時、彼らは「軟弱な」ASEAN指導者に出くわすだろうと予期していた。実際には、彼らは鋼の気骨に直面して驚愕したのである。

これら4名のASEAN指導者に関する簡略なメモ書きでも、彼らのもつ鋼の気骨を描写できるだろう。同様に重要なことは、彼らが政治的英知の蓄積を秘めていたという事実である。初期ASEANの歴史においてもっとも重要なリーダーは明らかにスハルト大統領であった、ASEANを結束させたのは他のASEAN指導者の誰よりも彼の業績であったとすることができよう。シンガポールの前外相ウォン・カンセンはいう。「ASEAN成功のもっとも重要な部分は、スハルトが寛大でASEANを支持する意欲をもったということに帰する[*15]」と。

スハルトのリーダーシップがなぜ決定的だったかという理由を理解するためには、米州機構や南アジア地域協力機構のようなASEANと同様の地域協力機構の問題を見てみればよい。前者は、その最強のメンバーである米国が常に

これを支配しようとしたために挫折した。これを支配することで、米国は共同体の地域意識が育つのを阻止したのである。同様に南アジア地域協力機構は、最強メンバーたるインドがこれを支配しようとしたために破綻した。このことが地域的結束という意識を阻んだのである。米国やインドと同様、インドネシアは ASEAN で最大・最強のメンバーであった。インドネシアは、ASEAN を支配しようとしないという例外的な英知を示した。それどころかスハルトは、タイ、マレーシア、シンガポールのようなより弱小なメンバーが ASEAN 内でのリーダーシップを行使するのを容認した。S・R・ナザン大統領は、我々とのインタビューで次のように答えた。「スハルトの成熟度は、ASEAN における黒子の役割を果たし、他の加盟国が彼らの間の関係を取り仕切るのを許すことを決意したところに見て取ることができる[16]」。このことが、ASEAN が真のそして系統的な共同体意識を育てるのを助けたのである。

　自らは脇に退き、他の指導者が ASEAN を動かすのを許容するというスハルトの自発性は、彼が国内的には強硬かつ圧倒的な支配者であったことを思えば、実に注目すべき事態であった。彼は決して引っ込みがちな指導者ではなかった。彼はインドネシアにおける指導者としては候補に上ってはいなかったが、インドネシアの強者として浮上した。彼の前任者スカルノ大統領は、その雄弁でインドネシア民衆を魅了しうるカリスマ的指導者であった。彼の経済的リーダーシップは大失敗であったとはいえ、多様なインドネシア民衆の「魂」を形作ったのがスカルノのカリスマ的リーダーシップであったことは疑問の余地がない。スハルトほどスカルノとかけ離れた人物はあり得まい。スハルトはかろうじて公開演説をこなしてきた。彼は国民を結集させる力を発揮してはこなかった。彼がこれまでに獲得した訓練や教育は軍事に限られてきた。彼のインドネシア統治は、イラクのサダム・フセイン、シリアのハフェズ・アル・アサド、ミャンマーのネ・ウィン将軍など他の強硬な軍部指導者の統治と同様に大失敗になりかねなかった。が、実に驚くべきことに、スハルトはそれと反対の実績を成し遂げた。彼のリーダーシップの下、インドネシア経済は繁栄した。インドネシア経済の規模は、1965 年（スハルトが実権を掌握した年）の 260 億ドルから 1995 年（彼の辞任の 3 年前）の 2020 億ドルへと飛躍した。さらに重要なことに、インドネシアの貧困層は彼のリーダーシップから利益を得た。国連の

食糧農業機構（FAO）は、1985年、インドネシアのコメ自給を達成したとして、彼にゴールド・メダルを贈呈した。アダム・シュワーツは、スハルトの貢献を次のように見事に描いている。

　スハルト政権下に、数千万人のインドネシア人が貧困から救われた。ジャカルタ、スラバヤ、およびメダンなどの都市中間層は素晴らしい新築アパートに居住し、光り輝くショッピング・モールで買い物を楽しんでいる。海外の投資家は毎年、新たな工場群に数十億ドルも注入し、リーボックのスニーカーからソニーのテレビジョンにいたるまでを生産する職場に貧しい農家の子女を送り込んだ。安定し、ますます繁栄するインドネシアはスハルトが域内の長老政治家の役割を果たすことで、ASEAN に安定感とリーダーシップを提供した。[17]

　彼の統治期に腐敗があったことには疑問の余地がない。彼の直接の親族は裕福になった。しかし、インドネシアの人々も巨大な利益を享受した。同様にASEAN の人々も利益を得た。スハルトは ASEAN を支配したり、圧迫したりしないという例外的な地政学的英知を発揮した。彼は ASEAN の隣国の願いに耳を傾けた。たとえば、ベトナムのカンボジア占領に反対する ASEAN 諸国に従った。スハルトが中国に対して非常に猜疑的であったことを思えば、これは実に驚くべき態度であった。中国共産党は、1965年の流血のクーデター事件でスハルトを目標とした PKI［訳者注—インドネシア共産党］を支持してきた。時の国家安全保障アドバイザーたるベニ・ムルダニを含む彼の政権内の影響力のある声は、スハルトが中国に反対すべくベトナムを支持するよう望んでいた。

　インドネシアのもっとも著名な知識人の一人たるユスフ・ワナンディは、インドネシア政府内のベニ・ムルダニの率いる親ベトナム派と、時の外相モフタル・クスマアトマジャ教授の率いる反ベトナム派との闘争について記述している。その結末についてユスフ・ワナンディは次のように述べている。

　結局はスハルトの手にゆだねられた。そして彼はモフタルにイエスと答えた。

ASEANが我々の優先順位にあるということだ。ベトナムに公然たる支持を表明し、ASEANを混乱させてきたベニは、やや後退を強いられた。国際社会全体がベトナムのカンボジア侵攻に反対だったから、他の選択はあり得なかった。[18]

　ASEANの結束と協力を当然視するものは、それがASEANの歴史における危機的な時点でなされた決定の成果であることを理解しなければならない。その強い対中不信感からすれば、スハルトがモフタルよりもベニの側に立ったとしても十分に理解できる。そうなれば、ASEANの結束を損ないかねなかった。スハルトがインドネシアを逆方向に導いたならば、東南アジアの運命は相当に異なったものとなったろう。これが、ASEANの成功を理解するのにリーダーの役割が決定的であることの理由である。

　ASEANの歴史におけるもう一つの驚くべき展開は、1980年代におけるスハルトとリー・クアンユーの間に非常に深い友情が育ったことである。これら二人の指導者の精神世界は、これ以上ないほど異なっていた。スハルトが訓練を受けたのはもっぱら軍事問題であった。彼は伝統的なジャワ文化にどっぷりと漬かっていた。リー・クアンユーは英国の法律家としての訓練を受けた。彼は中国とプラナカン文化［訳者注―シンガポール現地人と結婚した中国系移民の文化］の遺産を継承しつつ英国で教育を受け、現代のアングロ・サクソン的世界観に強く影響されていた。これほどに親密には協力できそうにない二人を想像することは困難である。

　しかし両者は、1980年代にこれを実現し得たのである。両指導者は定期的に会合した。リー・クアンユーは書いている。「1970〜1980年代に我々はほとんど毎年のように会合して連絡を保ち、折から浮上した諸問題につき意見を交換し、協議した」[19]。彼らの会合は、私的な「四ツ目の」［訳者注―両首脳だけで、通訳を交えない］対話であった。こうした私的な会合を通じて両者は、相互の信頼感と確信を確立していった。両指導者間のこの信頼と確信は、ASEANが結束するための基盤を提供する手助けとなった。リー・クアンユーはスハルトについて「彼が言葉を守る人物だと分かった。彼は多くを約束しはしなかったが、何であれ約束したことは必ず実現した。彼の長所は言行一致で

ある」。リーは、1986年、オーストラリア人記者に対して次のように語った。

　振り返ってみれば、インドネシアのスハルト大統領の性格と立ち居振る舞い
ほど重大な影響をもたらした要素はなかった。過去20年間、インドネシア
の経済開発と社会発展への専心は、スハルトがスカルノを継承しなければ実
現しなかった。彼の政策はASEANが加盟国間の建設的かつ協力的関係の
ための機構となることを可能にし、また、域外問題に対処するに際しての加
盟国間の連帯を可能にした。1990年代にもインドネシア経済発展と社会開
発に献身する同様な性向をもった人物がスハルト大統領の後を継げば、
ASEANの発展は2000年以降も確約されることになろう。[20]

　ASEAN域内のもう一つの例外的なパートナーシップは、リー・クアンユー
とマハティールの間に培われたものである。この二人は、1963～65年にシン
ガポールがマレーシアの一部であった時期には厳しい政治的敵対者となった。
リーはマレーシアにおける全人種の対等な処遇を提唱したが、マハティール
[訳者注―当時、与党・統一マレー人国民機構（UMNO）副総裁]はマレー人の特
別扱いを主張した。1965年5月26日、マハティールはリー・クアンユーの立
場を「自らをマレーシア初の中国人首相とみなす狂気じみた野望」とこき下ろ
し、「島国根性の、利己的で傲慢な中国的排外主義の好例[21]」と決めつけた。他
方、リー・クアンユーはいう。「では、（マハティールに）こう言わせてもらお
う。我々がマレーシアに参画したとき、我々は決してマレー人の支配に同意し
てはいなかった。我々が同意したのはマレーシアによる支配であって、決して
マレー人による支配ではない。これは全くのたわごとだ。我々がマレー人の支
配に同意したと信じるとすれば誰かが重大な判断ミスをしたからだ[22]」。
　しかし、1976年3月5日、マハティールがマレーシアの副首相に指名され
ると、両者は過去の対立を克服し、協力することを決意した。マハティールが
副首相に就任して最初にリー・クアンユーと会合した際、キショールも同席し
た。それは、当時のマレーシア駐在シンガポール高等弁務官ウィー・キムウィ
ーが主催したクアラルンプールでの小規模な晩餐会であった。両者は互いの初
対面時の応接に慎重で警戒的ではあったが、あからさまな悪意は示さなかった。

1980 年代には、過去の政治的な反感にもかかわらず、両者は互いに協働することができた。双方とも二国間軍事演習に同意したが、「当初、それはゲスト国の治安部隊にホスト国の『地理を熟知させる』ことになるとして異を唱えられていた[23]」。それが、1989 年に開始された陸軍演習「スマンガット・ブルサトウ」［訳者注—マレー語で「団結精神」の意］であり、1984 年に開始された海軍演習「マラプラ」［訳者注—マレーシア・シンガポール両国名の略記］であった。さらに統合軍事訓練プログラムも存在した。シンガポールは、1981 〜 1990 年にジョホール州への最大の投資国家——もっともマレーシア全体に対しては日本が最大の投資国——であった。この地域の経済的な潜在力を認識して、シンガポールの時の副首相ゴー・チョクトンは、1989 年、「シンガポール＝ジョホール＝リアウ成長の三角形」を提唱し、これら地域の経済的結びつきの強化と補完関係の促進を目指した。これは後により多くのインドネシア・マレーシアの諸州が参画してインドネシア＝マレーシア＝シンガポール成長の三角形となった。

　1980 年代にベトナムのカンボジア占領という事態に直面した重要な危機にあたり強固な気骨と決意とを誇示した第四のリーダーがタイのシディ・サベッィラ空軍大将であった。タイは、例によってセニ・プラモート、クークリット・プラモート、タニン・クライビチエン、クリアンサック・チョマナン将軍、プレーム・ティンスラノンダ、チャティチャイ・チューンハワンおよびアナン・パンヤラチュンなど幾多の首相が登場した。幸いにも、シディ・サベッィラは 1980 〜 1990 年まで外相の職にとどまり得た。彼はタイ国王やバンコク政権の枢要メンバーの信任を得ていた。彼はベトナムのカンボジア占領に対するタイの政策に継続性をもたらし、タイのエスタブリッシュメント内部には、例のごとく、ベトナムとの和解を呼びかける有力な声もあったが、政府の政策に変化がないことを確約するのを助けた。

　フィリピンは大陸部東南アジアから地理的に離れていたから、その指導者はベトナムのカンボジア占領に対して同一レベルの懸念を共有してはいなかった。しかし、フィリピンはこの占領に反対する ASEAN のキャンペーンに積極的に加わった。1968 〜 84 年までのフィリピン外相は伝説のカルロス・ロムロであった。1980 年代までに彼は、1945 年に国連憲章に署名した数少ない存命の

第 2 章　ASEAN の平和生態学　77

署名者の一人となった。彼はまた話すたびに素晴らしいジョークを飛ばす非常に魅力的かつカリスマ的な人物であった。彼はベトナムの占領への反対に国際的支持を動員するのに決定的な役割を果たした。

1980年代を回顧すると、ASEANは、国際社会の眼に、強いASEANのイメージを植え付けるのを助けた様々のレベルにおける傑出した外交官の支持に恵まれたことが分かる。とりわけ言及に値するのは、シンガポールのトミー・コー教授、インドネシアのアリ・アラタス、マレーシアのザイン・アズラーイ、およびタイのニチャ・ピブンソンクラームらである。当時の多くの外相は、同時に強力な政治的リーダーでもあった。タイのシディ・サベツィラ、フィリピンのカルロス・ロムロに加えて、シンガポールのR・ラジャラトナム、インドネシアのモフタル・クスマアトマジャらがこれに入る。これらの綺羅星のごとき個性的人物の貢献なしにはASEANが1980年代に決定的な連帯意識を醸成することは不可能だったろう。

1967年のASEAN創設期に、その20年後にイスラムのマレーシア、インドネシア、仏教のタイ、クリスチャンのフィリピン、および世俗国家シンガポールの指導者間に深い友好と同志的連帯が形成されると予言するものがあれば、その人物は愚か者として切り捨てられたであろう。しかし、とてもありそうもないことが起こったのである。恐怖の意識と強力な指導者の登場とが相まって、ASEAN同胞愛の精神が培われたのであった。

第三の要因：地政学的幸運

リーダーシップは重要であるが、幸運もまた重要である。ASEANは幸運であった。1980年代に一連の地政学的事件がその幸運をもたらした。第一に、ASEANは米ソ冷戦における勝者の側にあった。それはまた、世界の二つの指導的共産主義大国である中ソの対立からも利益を得られた。実際、もしこの分裂が生じなかったら、東南アジア全域が共産主義者あるいは親共産主義政権によって支配されることになったと思われる。

ASEANは中国国内における出来事のタイミングからも利益を得られた。中国における——鄧小平の功利主義的な統治が毛沢東の教条主義的・イデオロギ

一的な支配にとって代わるという——反革命は、ASEAN の発展に幸運な影響
を及ぼした。1967 年 8 月に ASEAN が創設されたとき、毛の政府はそれを
「新帝国主義」の産物だと非難した。『北京週報』は ASEAN 創設メンバーを
「東南アジアにおける米帝国主義者の一握りの走狗」と呼び、ASEAN は「中
国、共産主義、および人民に反対するために急造された徹頭徹尾反革命的な同
盟であり、米帝国主義者とソ連修正主義者がアジアにおける新植民地主義目的
を追求すべくでっちあげたもう一つの道具である[*24]」と非難した。これと対照的
に、鄧が中国の指導者として浮上すると、彼が最初に着手したのは 1978 年 11
月、ASEAN 3 ヵ国の首都を訪問することであった。こうした歴訪は鄧に、
ASEAN 諸国と比しても中国がいかに立ち遅れてしまったかを気づかせた。
1992 年、中国南部を旅した鄧は、「シンガポールの社会秩序はなかなか結構だ。
その指導者は厳格な統治を行っている。我々は彼らの経験から学ばねばならず、
我々は彼らより良い仕事を成し遂げねばならない」と語った。鄧はまた、広東
省に対し、来る 20 年間で「4 匹の小竜」に追いつくよう呼びかけ、「単に経済
発展においてだけでなく、社会秩序や公衆行動においても彼らに追いつかねば
ならない[*25]」と語った。その結果として、中国政府は ASEAN を非難する代わ
りに、それから学び始めたのである。

　マルクス主義者が考えるように、我々は、マルクス主義指導者が「力の相
関」を語るのが得意で、歴史が革命の側にあるとみなし、異なる国々の革命的
大衆が彼らの少数の資本主義的搾取者を打倒すべくともに蜂起することが期待
しうるとみなしてきたのに気づく。中ソ対立の皮肉な結末は、力の相関が共産
主義ベトナムに反対する非共産主義 ASEAN の側に有利に傾いたことである。

　ベトナムの孤立は所与の現実ではない。1970 年代後半にはベトナムは、近
年脱植民地化したアジア・アフリカおよびラテン・アメリカの第三世界諸国の
眼に光り輝いて見えたものである。なんといってもベトナムは——世界最強の
西側国家たる——米国を華々しく打ち破ったのである。それゆえ、1978 年に
ベトナムがカンボジアに侵攻したとき、ベトナム指導者らは第三世界諸国の多
数が彼らに同調するものと期待していた。実際には、彼らが驚いたことに、ベ
トナムは第三世界で孤立するところとなった。

　1979 年 8 月、キショールがキューバのハバナにいたとき、ベトナムとその

第 2 章　ASEAN の平和生態学　79

後援者ソ連は、キューバが非同盟運動（NAM）首脳会議の議長であったのを利用して、旧クメール・ルージュ政権が非同盟運動での正当な代表権を主張するのを阻止することでベトナムに有利な結果をもたらそうと画策した。キューバはすべての手続き的ルールを破ってこれを強行した。親ソ派グループに有利な結果を引き出そうと、フィデル・カストロは——ポル・ポトの旧「合法」政権か、ベトナムが設立した売国奴政権かの——いずれがカンボジアの NAM 代表権を保有すべきかを決定する小規模な会合を招集した。小さな会場は、フィデル・カストロ（キューバ）、サダム・フセイン（イラク）、ハフェズ・アル・アサド（シリア）など、ソ連に近い諸国政府首脳で満たされた。会議の席で唯一の反対票を投じたのはシンガポールのラジャラトナム外相であった。圧倒的な圧力の下で、彼が屈服する恐れはあった。しかし彼は、ライオンのごとく反撃し、シンガポール草創世代の指導者としての気概を誇示してみせたのである。

　第三世界の感情を乗っ取ろうとしたキューバの粗野な企図は完全な逆効果となった。会合の１ヵ月後、第三世界諸国の多数がベトナムのカンボジア撤退を求める決議に賛成して、キューバを牽制したのである。国連総会による強硬な譴責はベトナムのカンボジア占領の終わりの始まりとなった。ASEAN 外交は国連総会での地歩を維持し、ASEAN の決議案は 1979 年の 91 票から 1989 年の 124 票へと支持を伸ばした。ASEAN の卓越した外交は、ベトナム孤立化の重要な理由の一つであった。

　同じく重要なもう一つの理由は、二つの超大国たる米中両国が ASEAN の大義を支持したことである。理論的には、両国は ASEAN の立場が国際法に合致していたという理由で支持したのである。実際的には、米中両国は、ソ連を困惑させ屈辱を与えるという一つの最重要目標を共有していたのである。ASEAN は、1981 年 7 月、国連でカンボジアに関する国際会議が開催された際にこのことをたまたま発見した。ソ連とその友好国はこの会議をボイコットした。この会議が決定すべき主要な問題は、ベトナムの占領が終了した後、いずれの政府がカンボジアを掌握するかであった。

　中国政府は、国際法的に適正な態度を守り、旧ポル・ポト政権が権力回復の権利を持つと主張した。ASEAN 諸国は、これについて中国に反対した。彼らは、1975 〜 1978 年のポル・ポトの恐るべきジェノサイドの記録からして、国

際社会はポル・ポトの復権という呼びかけには容認することはあるまいと論じた。ASEANと中国の論争が白熱すると、米代表が介入を決意した。人権の擁護者としての米国の真正な記録に鑑みてASEAN諸国は米国が彼らの道義的立場を支持すると期待した。ASEAN諸国にとってまったくのショックだったのは、米国が中国を支持し、ASEANに中国の態度を受け入れるよう圧力をかけたことであった。端的にいって、世界の人権の灯台たる米国は中国に加担し、ポル・ポトのジェノサイド政権の復権を提唱したのである。キショールは、彼がこの出来事を自ら目撃していなければ、こんなことが実際に起こり得たとは信じなかったろうと語った。

　しかし、それは現に起こった。そしてこれは、地政学の最古のルールの一つを再確認しただけのことであった。大国たる米中両国は、ASEANが国際法的に正当だから、あるいは友好的な非共産主義政権を代表しているからといってこれを支持することはなかった。そうではなく米中両国は、ASEANを彼ら両国がソ連を妨害し、弱体化するという主要な闘いに利用し得る有効な道具とみなしていた。ASEANは明らかにこれら両大国に利用されていた。こうした避けがたい現実にもかかわらず、ASEANが利用されたことは「幸運」であった。両大国の支持はASEANが最終的にはベトナムのカンボジア占領を覆すのを成功させたのである。この成功がひいてはASEANの国際的位置を高め、同様に重要なことに、ASEAN諸国の自信を増進した。すべてのASEAN加盟国は、彼らが勝利チームの一員であることを実感した。彼らの相互信頼は強化された。1980年代の出来事は、ASEANが将来におけるさらなる成功に満ちた地域協力機構となる基盤を提供した。米国の強力なASEAN支持は、ASEANにEU、日本、韓国、カナダ、オーストラリア、ニュージーランドを含む米国の多くの主要同盟国からの支持をもたらした。実際、これら諸国はすべてASEANのダイアローグ・パートナー［訳者注―広範な分野にわたって恒常的な協力関係を有する国家］となった。1974年にはオーストラリア、1975年にはニュージーランド、1977年にはカナダ、日本、EU、および米国、1991年には韓国がASEANのダイアローグ・パートナーとなった。当時ASEANは名声を得ていたから、これら各国はASEAN会合に参加する際、手土産を持参する義務を感じたのである。

第2章　ASEANの平和生態学　*81*

第四の要因：市場志向の経済政策

ASEAN 諸国に向けて多くの親西欧先進国がもたらした海外援助は有効ではあったが、それが 1980 ～ 1990 年代における ASEAN の相対的経済成功の主要な理由ではなかった。さらに重要だったのは、ASEAN が日本および「4 匹の小竜」（韓国、台湾、香港、シンガポール）など東アジアの主要経済群から経済発展の最善の営為を学んだことにあった。つまり、ASEAN 創設国——インドネシア、マレーシア、フィリピン、シンガポール、およびタイ——は東アジアにまたがって発展し繁栄する経済生態系に自らを組み込み、拡大する国際貿易を活用し、みずからもその増進を助けたのである。フィリピンは国内政治混乱で阻害されたが、インドネシア、マレーシア、シンガポール、およびタイは、1980 年代に急速な経済成長を享受した。1980 ～ 1990 年にインドネシアが 6.6％、マレーシアが 6.2％、シンガポールが 7.6％、タイが 7.7％で ASEAN-5 経済の加重平均成長率は 6.1％であった（不幸なことに、フィリピンの成長率は同時期にわずか 2.1％であった[26]）。

1981 年 7 月 16 日にマレーシアの首相に就任したマハティール博士は彼の「ルック・イースト政策」で見事に時代の精神を捉えた。彼は次のようにいう。

「マレーシアは日本の成功をもたらしたと信じられる要因を見いだした。それは、愛国主義、規律、よき労働倫理、競争力のある経営システム、そしてなかんずく政府と民間部門の緊密な協力である。そこで我々もこれらの実践を取り入れ、これらの文化をわが国民に浸透させたのである。今では、誰もがマレーシアは他のほとんどの発展途上諸国よりうまく発展を遂げたことを知っている。最近 20 年間におけるマレーシアの進歩と発展が最速ペースを保ったのはマレーシアのルック・イースト政策と軌を一にしている[27]」。

ASEAN と東アジア経済生態系との段階的統合という過程で、地域の体質自体も変容していった。第二次世界大戦勃発後の 1940 年代から、1950 年代の共産主義者の反乱へ、1975 年にサイゴンの陥落をもたらしたインドシナにおけ

る破滅的な戦闘から1979年の中越戦争にいたるまで、この地域は40年にわたって持続的な紛争を体験してきた。こうした戦争と紛争の持続的パターンが継続したとしても無理のないことであったといえる。が、異常なことが舞台に登場したのである。戦争の論理は経済発展と成長の論理に取って代わられた。

　ASEAN創設メンバー5ヵ国が米国主導の自由経済の生態系に参入するという決定は、他の方向にねじ曲がっていくこともあり得た。1970～1980年代に、ASEAN5ヵ国はすべて発展途上国ブロックの「77ヵ国グループ」（G77）のメンバーだった。G77ブロックの支配的なイデオロギーは、反資本主義的で反自由市場的であった。海外投資は忌避された。実際、海外投資家はしばしば第三世界の貧しい農民や労働者の血を吸う資本主義的蛭として描かれた。

　キショールは、1984～1989年の間、シンガポールの国連大使を務めた時、身をもってG77イデオロギーを経験した。国連第二委員会は米国主導型の自由市場派とラテン・アメリカ諸国主導の反対派との激烈な論争の場となった。インド、ナイジェリア、エジプトなどを含む第三世界経済の主要諸国は反自由主義市場という曲を歌いあげた。この状況においてシンガポールは、しばしば孤立した声を上げた。幸いにも我々は、G77会合というライオンの巣に歩み寄り、しばしば孤立しつつ、海外投資の長所を擁護するに足る勇気を持っていた。キショールは、同僚のリム・ケンフアがG77会合で自由主義企業寄りの演説ゆえに攻撃されるというエピソードを鮮明に記憶している。

　第三世界の支配的な潮流に逆らって泳ぐという勇敢で素早い決定——およびその戦略の初期的成功——はASEANの隣国に対する触媒としての効果を持ったといえるだろう。シンガポールの海外投資政策推進と輸出促進政策の経済的利益は間もなく明白となった。シンガポール経済は1970～1980年代には平均8％ほどの成長率で安定的に成長した。このことは、なぜマレーシアが、1965年の無情な分離以来のシンガポールへの執拗な悪感情にもかかわらず、シンガポールの政策を模倣するよう決定したかの説明になり得よう。マレーシア当局が行ったもっとも賢明なことは、シンガポール経済開発庁が発行した「なぜシンガポールに投資すべきか」というパンフレットを完全に模写したことである。その結果、マレーシアへの海外投資も増進した。マレーシアにおける海外直接投資の流入は、1970年の9400万米ドルから1990年の26億米ドル

第2章　ASEANの平和生態学　*83*

へと増加した。シンガポールでは、海外直接投資の流入は1970年の9300万米ドルから1990年の56億米ドルへと増加した。[28] 1990年までには、海外直接投資はマレーシアGDPの23％、シンガポールの83％を占めた。[29]

　ほぼ同時期に、タイはその経済の開放を決定し、とりわけ日本の投資から利益を享受した。これまでのところ、日本がなぜかくもタイを優遇したかの理由は見いだせていない。確かに、タイはコスト面で有利であった。キショールは、日本はタイが「文化的に甘美な香り」を有するがゆえにタイを優遇したという日本人学者の説明を記憶している。タイの支配的な仏教文化とその相対的に開放的な文化が日本人に歓迎されているという感覚を植えつけた。日本は1970年代にタイへの投資を開始しており、1985年のプラザ合意以後の急速な円高以後、日本の製造業者が海外生産拠点への移転を強いられたことは驚くに当たらないが、多くの業者はタイへの投資を増加した。K・テチャカノン博士は次のように述べている。

　1990年代に自動車生産は二つの主たる要因の故に急速に成長した。一方では、1985年の円高が日本とその部品メーカーにタイでの生産を拡大するよう鼓舞した。他方では、タイ政府が自動車産業の自由化にコミットし、2000年にローカル・コンテンツ要件を規制緩和した。[30]

　インドネシアとフィリピンは、シンガポール、マレーシア、タイほどには海外投資に対して開放的ではなかった。フレデリック・シェホルムは、ASEAN諸国間の市場開放のタイミングやアプローチの相違を次のように指摘している。「たとえばマレーシアは1970年代には政策を転換したが、インドネシアは1980年代末～1990年代初頭に、（かつての）中央計画経済諸国は開放がさらに遅れた」。[31]

　インドネシアでスハルト大統領はよく知られた「バークレー・マフィア」［訳者注―ウィジョヨ・ニティサストロ国家開発企画庁長官、アリ・ワルダナ蔵相らに代表される米カリフォルニア大学バークレー校出身のインドネシア人経済テクノクラート］グループの経済顧問からの助言を得ていた。しかし、スハルトは自由主義陣営とよりもナショナリスト陣営との間で動揺していた。彼は、1960

年代末〜1980年代央にインドネシア経済が後退期にあった時期にバークレー・マフィアの助言を入れたようで、自由化と規制緩和を推進した。しかし彼は、1970年代中葉にインドネシア経済が高揚した時期には経済ナショナリストや保護主義者に耳を傾けた[32]。バークレー・マフィアはインドネシア論壇の強力なナショナリスト派によって制約されていた。インドネシアの政策決定者らは当時——そして多くのものは現在もなお——インドネシアは巨大な国内市場を擁するからシンガポール、マレーシア、タイのように市場を開放する必要はないと信じていた。

　ある識者（ジョン・ページ）は、ASEANの経済成功に貢献した要因について見事に説明している。彼は、シンガポール、マレーシア、タイ、およびインドネシアを結びつける「共通の政策文脈」と呼ぶものに注目した。

　マクロ経済の管理は非常に良好で、マクロ経済の実績は非常に安定しており、民間投資にとって不可欠な枠組みを提供していた。銀行システムの統合促進政策とその非伝統的な貯蓄者によるアクセスを容易にしたことが財政蓄積レベルを向上させた。初等・中等教育に焦点を当てた教育政策は急速な労働力の増加を生み出した。農業政策では生産性の変化を強調し、地方経済に過重な税を課すことはなかった[33]。

　残念なことに、フィリピンは1980年代に、フェルディナンド・マルコス大統領の腐敗した統治によって抑え込まれていた。1965年に彼が大統領に就任した時期には上々のスタートを切ったが、彼と彼の妻は、時が経つに連れてますます貪欲になっていった。ある評論家は当時の体制を次のように論じている。

　彼らは、クローニー独占資本からの賄賂や見返りを取り、政府借款や契約の流用を通じ、資材や建設の価格上積みを通じて、通常税金で賄われ、会計監査を逃れた政府予算を通じて、政令による企業の没収を通じた私利や、政府管掌機関からの資金横流しを通じて自らの富を蓄積していった。何の遠慮会釈もなかった。アイミー、イレーヌ、フェルディナンド・マルコス・ジュニア［訳者注—それぞれマルコスの長女、次女、および長男］らの自宅に日々配達

される生花の支払いさえ、政府資金で賄われた。イメルダとマルコスおよびその取り巻き（クローニー）は、1972年の戒厳令宣言以後の絶対的権力の行使を通じて、資金獲得のために考えられるあらゆる手段を考案したようにみえる。[34]

もう一人の識者、ウィリアム・オーバーホルトは、フィリピンへの海外直接投資（FDI）を抑制する諸要因について次のように詳述している。

海外投資法の文面上はまっとうな改定にもかかわらず、お役所仕事や腐敗が海外投資を阻害し続けた……。かつてフィリピンはアジア太平洋地域における海外投資の焦点地域であったが、マルコス時代にフィリピンはアジア太平洋地域の市場志向経済群のうち、海外投資でもっとも歓迎されざる地域となってしまった。海外投資への刺激策は、国家経済のあらゆる局面におよぶ独占・準独占を生み出した幾多の大統領令や制限的施策によって相殺された……。輸出力をもたない大統領の友人らを保護するため、輸出能力に富んだ効率的な製造者はビジネスから締め出された。数十億ドルに達する腐敗は、輸入業者（これによって輸出業者の出費が上積みされた）、輸出業者、および海外投資家を萎縮させるほどの関税となって課せられた。[35]

フィリピンは、その経済、とりわけ土地所有制度がその経済姿勢において閉鎖的で保護主義的な少数のファミリーによって支配されたという事実によって深刻な不利に陥った。フィリピンはアジアにおけるラテン・アメリカの一片として大衆の口に上った。

しかし、インドネシアとフィリピンは、その経済開放において消極的だったとはいえ、それでも1970〜1980年代に強化された東アジアの経済生態系から利益を得た。この成長は、いくつかの要素に派生していた。米国という巨大な消費市場の開放性、日本・韓国・台湾の活発で有力な製造業が常に新たな供給源を模索していたこと、中国による経済開放の決定、東アジアの主要諸国やASEANの政策決定者の間に「閉鎖的」な経済より「開放的」な経済の方が実績が良いという政策コンセンサスが醸成されたこと、そして、ほとんどの

ASEAN諸国が東アジア経済との統合に積極的だったことなどがこれである（これと対照的に、インドにおいては経済開放への消極性が同国をさらに下位に押し下げた）。さらに、全アジアにまたがって中国系の背景をもち、ともに米国で教育を受けた実業界および政策決定者間のネットワークが増幅されたことを追加する必要があろう。

この結果、マスター・プランがあったわけではなく、（ジャン・モネのような）先見の明がある単一のリーダーもいなかったが、東アジア地域全域は——成長のエンジンとしての米国経済に依存しつつ——域内での統合を深めていったのである。この巨大な経済生態系への統合こそASEAN経済発展が成功した決定的な原因であった。敵対的な共産主義の波に圧倒されるかもしれないことへの恐怖ゆえに設立された機構は、ASEAN創設5ヵ国メンバーが成長し繁栄することを可能にする非常に良好な環境の下にあることを見いだすことになったのである。

第五の要因：ASEANを基盤とする地域ネットワーク

前節は、ASEANが広域東アジア地域との統合からいかに経済的に利益を得たかに焦点を当てた。本節では、ASEANがこの寛容さに対して、広域東アジアに政治的な利益をもたらす一連の地域的・地域外的ネットワークの創設を通じて恩返しをした経緯に光を当てる。

「ASEANの中心性」とは、ASEANの外交上の役割の論議に際し、しばしば耳にする用語である。それは何を意味するか。それは、広く東アジア地域、さらに広くはアジア太平洋地域が近年結びつけられてきた状況を端的に表現するものである。その大要は、ASEANが地域協力への舞台を創設し、鼓舞し、提供してきたことで出現した。現在では、東アジアを含む地域協力の過程を記述する文字通りアルファベット・スープといわれるほどの用語が存在する。ASEANはこうした過程の成功に直接、間接の責任を有する。これが、いつの日かASEANがノーベル平和賞に指名される必要があるとすることの理由である。それは、地域平和をもたらす上で他の地域機構のいずれよりも多くを成し遂げた。

第2章　ASEANの平和生態学　87

それは1978年、ASEANがその年次会合（AMM）にダイアローグ・パートナーや友好国を招待したとき、実にさりげない形で始まった。各AMMに次いで拡大閣僚会議（PMC）が開催された。初期のPMCには、米国とその冷戦上の同盟国たるオーストラリア、ニュージーランド、カナダ、EUそして日本などが参加した。PMC会合に次いで、ASEANプラス・ワン会合とも名づけ得るものがもたれた。中国とインドはやや遅れて、それぞれ1991年および1996年にPMCに参加するにいたった。

　時の経過に連れて、PMCを通じた過程は、ASEAN加盟諸国の間に形成された共同体意識にまでは至らないがこれにならった共同体の形成に導いた。1980年代に、これら参加国はすべて冷戦の同じ側に立ち、ベトナムのカンボジア占領に反対する点でも結束した。AMMおよびPMC参加国の間で培われた初歩的な共同体意識はその後、域外諸国をも巻き込んだ動きに必要な基盤を提供するところとなった。これらに含まれるのは、APEC（1989年のアジア太平洋経済協力）、ARF（1994年のASEAN地域フォーラム）、ASEM（1996年のアジア・欧州会議）、そして最後にはASEANプラス3（1997年の中国、日本、韓国）、ASEANプラス6（2005年のASEAN+3およびオーストラリア、ニュージーランド、インド）、そしてEAS（2005年の東アジア首脳会議）――これは、2011年、ASEAN+6に米露を加えて開始された――などがある。

　端的にいって、ASEANが機能的な地域機構（および平和の生態系）となることに成功したことが、翻って、ASEANが作り上げた協力方式（および協議とコンセンサスという方法）に立脚したその他多くの地域的過程や機構の輩出に導いたのである。これら域外諸国との関係のいずれも完璧なものではない。それぞれ、当然のように上昇も下降も体験してきた。しかし、これらはすべて一つの重大かつ圧倒的な基準に照らして判断されるべきものである。つまり、ASEANによって創出されたこれら域外過程が、この地域における2ヵ国間の戦争勃発を阻止する助けになったか否かである。単純かつ決定的な回答は、その通り、そのように機能した、というものである。

　ASEANが東南アジアにつくり上げた平和の生態系はより広い地域に影響を与え、その体質を変え、より積極的な方向へと動かしてきた。ほとんど全世界の人口の半分がASEANの気風に影響された地域に居住している。ASEANの

平和創造努力の利益は、世界史の方向性に影響を与えてきた。正しくこのゆえ
に、世界はよりよく ASEAN を理解し評価する必要があるのである。

注 [ ] 内は著者による閲覧日

＊1 "Establishment of the Group of 77", G77, http://www.g77.org/paris/history/ establishment-of-g77.html/, [2016/10/12].

＊2 筆者らのウォン・カンセンとのインタビュー。2015 年 7 月 24 日。

＊3 "Report to the National Security Council by the Executive Secretary (Lay)", 25 June 1952, *Foreign relations of the United States, 1952-1954*, East Asia and the Pacific (in two parts) Vol. 12, part 1, https://www.history.state.gov/ histricaldocuments/frus1952-54v12p1/d36/, [2016/10/12].

＊4 "President Eisenhower's News Conference, April 7, 1954", *The Pentagon Papers*, Gravel Edition, Vol. 1 (Boston: Beacon Press, 1971), pp. 597-598. http:// www.mtholyoke.edu/acad/intel/pentagon/ps11.html/, [2016/10/13].

＊5 "Vietnam: The End of the War: Broadcast by Malaysia's Minister of Home Affairs, Tan Sri M/ Gazali Shafie 6 May 1975", *Survival* 17-4 (1975): pp. 186-188.

＊6 Tun Razak, "Our Destiny", Straits Times, 7 Aug. 1968, http://eresources.nlb. gov.sg/newspapers/Digitized/Article/straitstimes19680807-1.2.3.aspx/, [2016/10/12].

＊7 "*Foreign Relations 1964-1968, Volume VVVI, Indonesia, Malaysia-Singapore ; Philippines*", U.S. Department of State Archive, 10 Dec. 1966, http://2001-2009.state.gov/r/pa/ho/frus/johnsonlb/xxvi/4432.htm, [2016/10/12].

＊8 "Memorandum of Conversation, Washington, May 8, 1975, noon-1 p. m.", *Foreign Relations of the United States, 1969-1976, Volume E-12, Documents on East and Southeast Asia, 1973-1976*, 8 May 1975, https://history.state.gov/ historicaldocuments/frus1969-76ve12/, [2016/10/12].

＊9 Donals Weatherbee, *International Relations in Southeast Asia: The Struggle for Autonomy*, 2nd ed. (Plymouth: Rowman & Littlefield, 2009), p. 76.

＊10 Timothy Auger, *S. R. Nathan in Converstion* (Singapore: Editions Didier Miller, 2015), pp. 72-73.

＊11 S. Rajaratnam, "ASEAN: The Way Ahead", *ASEAN*, 1 Sept. 1992, http:// asean.org/?static_post=asean-the-way-ahead-by-s-rajaratnam/, [2016/10/12].

＊12 Lee Kuan Yew, "Speech by the Prime Minister, Mr. Lee Kuan Yew, at the Commonwealth Heads of Government Meeting in London on Wednesday, 8 June 1977: Changing Power Relations", National Archives of Singapore, 8 June

1977: http://www.nas.gov.sg/archivesonline/data/pdfdoc/lky19770608.pdf/, [2016/10/12].

＊13 S. Jayakumar, *Be at the Table or Be on the Minu: A Singapore Memoir* (Singapoare: Straits Times Press, 2015), p.90.

＊14 Alice Bar, *(Re) Negotiating East and southeast Asia: Regionalism, and the Assotiations of Southeast Asian Nations* (Singapore: NUS Press, 2009), pp.84–85.

＊15 筆者らのウォン・カンセンとのインタビュー。2015 年 7 月 24 日。

＊16 筆者らの故ナザン大統領とのインタビュー。2015 年 6 月 27 日。

＊17 Adam Schwartz, "Indonesia after Suharto", *Foreign Affairs*, July/Aug. 1997, https://www.foreignaffairs.com/articles/asia/1997-07-01/indonesia-after-suhart/, [2016/10/12].

＊18 Jusuf Wanandi, *Shades of Grey: A Political Memoir of Indonesia 1965-1998* (Singapore: Equinox Publishing, 2012), p.139.

＊19 Lee Kuan Yew, *From Third World to First: The Singapore Story, 1965-2000*, Vol.2 (Singapore: Marshall Cavendish, 2000), p.306.

＊20 "Speech by Prime Minister Lee Kuan Yew to the National Press Club in Canberra, Australia, on 16 Apr. 86", National Archives of Singapore, 16 Apr. 1986, http://www.nas.gov.sg/archivesonline/data/pdfdoc/lky19860416.pdf/, [2016/10/12].

＊21 Parliamentary Debates, Malaysia, 26 May 1965, cited in Khoo Boo Teik, *Paradoxes of Mahathirism: An Intellectual Biography of Mahathir Mohammad* (Kuala Lumpur: Oxford University Press, 1995), p.20.

＊22 "Transcript of Speech by the Prime Minister, Mr. Lee Kuan Yew, on 30th May, 1965, at the Delta Community Centre on the Occasion of Its 4th Anniversary Celebrations", National Archives of Singapore, 30 May 1965, http://www.nas.gov.sg/archivesonline/pdf/lky19650330a.pdf/, [2016/10/12].

＊23 Amitav Acharya, *Constructing a Security Community in Southeast Asia: ASEAN and the Problem of Regional Order* (London: Routledge, 2011), p.147.

＊24 Derek McDougall, *The International Politics of the New Asia Pacific* (Singapore: Institute of Southeast Asian Studies, 1997), p.221.

＊25 Nicholas D. Kristof, "China Sees Singapore as a Model for Progress", *New York Times*, 9 Aug. 1992, http://www.nytimes.com/1992/08/09/weekinreview/the-world-china-sees-singapore-as-a-model-for-progress.html/, [2016/10/12].

＊26 Theofilo C. Daquila, *The Economies of Southeast Asia: Indonesia, Malaysia, Philippines Singapore, and Thailand* (New York: Nova Publishers, 2005), p.5.

＊27 Mahathir bin Mohamad, "Look East Policy: The Challenges for Japan in a Globalized World", Ministry of Foreign Affairs of Japan, 12 Dec. 2002, http://

www.mofa.go.jp/region/asia-paci/malaysia/pmv0212/speech.html/, [2016/10/12].

＊28　United Nations Conference on Trade and Development Statistics, http://unctadstat.unctad.org/, [2015/4/9].

＊29　Ian Coxhead, ed., *Routledge Handbook of Southeast Asian Economics* (Abingdon: Routledge, 2015).

＊30　Kriengkrai Techakanont, "Thailand Automotive Parts Industry", in Intermediate Goods Trade in East Asia: Economic Deepening through FTAs/EPAs, *BRC Research Report* No.5, ed. M. Kagami (Bangkok: Bangkok Research center, IDE-JETRO, 2011).

＊31　Frederick Sjoholm, "Foreign Direct Investments in Southeast Asia", *IFN Working Paper* No.987 (Stockholm: Research Institute of Industrial Economics, 2013).

＊32　Cassey Lee and Thee Kian Wie, "Southeast Asia: Indonesia and Malaysia", in *Routledge Handbook of the History of Global Economic Thoughts*, ed. Vincent Barnett (Abingdon: Routledge, 2014), pp.310-311.

＊33　J. Page, "The East Asian Miracle", in *NBER Macroeconomics Annual 1994*, Vol.9, ed. Stanley Fisher and Julio J. Rotemberg (Cambridge: MIT Press, 1994).

＊34　Carmen Navarro Pedrosa, *Imelda Marcos: The Rise and Fall of One of the World's Most Powerful Woman* (New York: St. Martin's Press, 1987).

＊35　William H. Overholt, "The Rise and Fall of Ferdinand Marcos", *Asian Survey*, 26-11 (1986), pp.1137-1163.

第3章　ASEAN と諸大国

　ASEAN の将来は、主として ASEAN 域内での決定に依存するが、同時に域外での大国による決定にも左右される。実際、地域機構としての最大の脅威は域外勢力からやってくるから、ASEAN 指導者や政策決定者は ASEAN と大国との関係を動かすダイナミックスを十分に理解する以外に選択の余地がない。これが本章で概括しようとする内容である。

　前章で明らかにしたように、ASEAN はとりわけそれが構想され創設された冷戦期の地政学的潮流から利益を得てきた。回顧してみると、1980 年代における ASEAN の発展が、ソ連およびベトナムのカンボジア侵攻に反対する米中両国の緊密な協力によって好影響を受けたことは明らかである。米中両国が ASEAN を支持するという共通の利益がこれに大きな推進力を与えた。

　地政学的な潮流は、東南アジアのモンスーンがそうであるように、方向を変えることがある。ASEAN はそれゆえ、有利な風とともに不利な風にも備えねばならない。米中協力が ASEAN に勢いを与えたように、将来あり得る米中の協力増進は現実の挑戦ともなりうるだろう。

　本章の主たる目的は、諸大国の首都における政策決定者や論壇指導者らに ASEAN を支持することの長期的利益について深くかつ慎重に考慮するよう鼓舞することにある。これら大国、とりわけ米中両国はそれぞれ ASEAN が弱体化されるのと強化されるのとではいずれが彼らの長期的利益となるのかを熟慮する必要がある。理論的には、諸大国の政策は長期的利益の熟慮によってもたらされるが、実際にはしばしば短期的な有利を獲得しようとする希望が長期的な考慮を上回ることになる。米中両国は近年、ASEAN に対処するに際して英知の明らかな欠如を露呈してきた。中国は南シナ海において不必要に攻撃的になるという点で賢明でなかった。2012 年にプノンペンにおける ASEAN の

年次共同声明を妨害したという行動は中国外交の底辺の一つであった。同様に、米国がASEAN＝中国間の乖離(かいり)を利用しようとしたのも賢明ではなかった。この決定は、米国に若干の短期的な利益をもたらしはするが、ASEAN諸国間に分裂をもたらすことにもなる。もしこうした分裂が最終的にASEANの衰退と崩壊に導くとすれば、米国は、長期的利益を代価として短期的利得を得たことになる。よく知られた表現を用いれば、自分の顔を恨んで鼻を切り落とすことになる。

　諸大国に賢明に振る舞うよう説得することは決して容易ではない。ごくしばしば、短期的な政治的利害、とくに選挙上の短期利害は、長期的利害を打ち負かす。たとえば多くのEU政治家はミャンマーをめぐって自国選挙民に良いところを見せたがる。こうして彼らは、ASEANが1997年にミャンマーを加盟国として受け入れたことを理由として、EUにASEANとの関係を断絶するよう呼びかけた。しかしこれはASEANが、平和裏に軍事政権から離脱し始めていたミャンマーと関与しつつあったためになされたのであった。これと対照的に、シリアでは、EUや米国の制裁が戦争に導いた。こうして、ASEAN＝EU関係の担当部局はミャンマー問題をめぐる処理をめぐってASEANへの謝罪を申し出たのである。ASEANが21世紀における諸大国関係の処理をめぐる複雑さを過小評価することは誤りである。21世紀が進行するにつれて、我々が、冷戦終結後に浮上した一極構造から離脱して、より多極的世界へと移行しつつあることが明瞭になった。最終的には、多極世界はさらに安定的な勢力均衡体系へと移行することになろう。各国は、以前と異なる種類の抑制と均衡を体験することであろう。しかし、それは従来よりさらに錯綜(さくそう)したゲームとなるだろう。

　したがって、ASEAN諸国首脳らが彼らのみで一堂に会するリトリート［訳者注─参加者らの親密な協議を目指す非公式会合］で、大国間関係の現状およびそれが彼らに及ぼす影響という定例議題を論議することは有益であろう。ASEAN指導者の多くは賢明かつ知的であるから、諸大国指導者の公的声明の裏側を見て、その真の意図を読み取ることができるだろう。我々はしばしば新聞紙上で大国間の公然たる競合を目にする。我々が目にすることのないのは静かなる衝突である。たとえば、米国がイランへの厳しい制裁を課す国連安保理

決議を中国に賛成票を投ずるよう説得するのにかろうじて成功したのは、非常に目を見張らせる状況である。イランをめぐる米中両国の利害は明らかに異なっているのに、米国がいかにして中国説得に成功できたのか。この複雑な相殺の過程で東南アジアの利益が損なわれただろうか。もちろん、米中のいずれもそのような結託を否定するだろう。そのような否認を信じる ASEAN の高官があれば、彼は脳を検査してもらわねばなるまい。

　明らかなことをいえば、地政学は厄介なゲームである。多くの中小諸国は、大国間の地政学的策略の結果、痛ましい経験をしたことがあるだろう。ASEAN 諸国は等しく脆弱である。現在の事例はこの点を解明するものである。冷戦期間中、米国はタイ軍事政権との協働に安んじてきた。今日、ワシントン内部にはタイ軍事政権は中国に傾斜しつつあるという認識があり、米国はタイとの距離をとる様々な方途を模索している。ジョージ・ヨーは我々に、米国の外交官がタイ外相と並んでコンドリーザ・ライスが写真に写るのを見せないように、ASEAN の外相らの立ち位置［訳者注—ASEAN 加盟国外相はアルファベット順に並ぶ］を変更しようとした滑稽な話をしてくれた。地政学は、これほど矮小化されたレベルまで陥ることがあるのだった。

　この地域でもつれる地政学的ゲームには重大な利害が関わるため、ASEAN の側も諸大国との長期的関係について、機構として十分な理解を蓄積せねばならない。記憶の役割は重要である。たとえば冷戦期に、インドの歴代政権は、ASEAN を親米とみなしていたから、これとの距離を保ってきた。冷戦が終結し、インドが ASEAN への接近に価値を見いだすと、シンガポールはインドを ASEAN のダイアローグ・パートナーへと引き入れようと努めた。以来、歳月が流れたが、インドは依然としてシンガポールと ASEAN への感謝を抱き続けている。好意の蓄積の役割は重要である。

　我々は、ASEAN と各大国との関係について、同じ構成で記述するつもりであった。しかし諸大国はあまりにも異なっているため、それは不可能であることがわかった。彼らの対 ASEAN 政策を導く際の主要な考慮は、それぞれ大きく異なっており、彼らの行動様式も非常に異なっている。中国は、しばしば長期的な配慮に基づく長く根強い記憶を有している。これと対照的に米国は、しばしば短期的な配慮によって突き動かされ、しかも忘れやすい。冷戦末期、

米国が ASEAN から遠ざかり始めたとき、うかつにもこの機構との間で培ってきた好意の蓄積を破棄してしまった。幸いにも、米国の健忘症にもかかわらず、この好意は完全に霧消することはなかった。

　ASEAN は、これら諸大国との間で各種の緊張にも直面した。本章ではこれらについて後述する。国際問題においては、一貫して順調満帆という状況は不自然である。でこぼこ道こそ常態であり、現に ASEAN は諸大国との間で各種の障害物に出くわした。EU = ロシア関係は 2014 年、ウクライナ事件で著しく損なわれた。ASEAN は、いずれの大国との間でも、これほどのショックを経験したことはない。こうした状況の理由の一つが、ASEAN 外交官や首脳部が長年かけて蓄積した知恵であれば幸いである。とはいえ、正直なところ、そんな幸運は滅多にあるものではない。

　以下の各節で、我々は ASEAN と各大国との関係を改善する処方箋を提示する。処方箋といっても、しばしば ASEAN 年次会合（AMM）への出席で足りるほどに単純なものもある。コリン・パウエルは、すべての AMM に参加することで ASEAN における好感を維持してきた。コンドリーザ・ライスは 2005 年、国務長官として最初の AMM に出席しないことでネガティブなシグナルを与えてしまった。このことは ASEAN 諸国を当惑させた。ロドルフォ・セベリーノ元事務局長は次のように書いている。「これから相当時間が経過してからでも有識者らは、なぜコンドリーザ・ライスが 2005 年 7 月のビエンチャンにおける拡大外相会議や ASEAN 地域フォーラムに欠席したのかを解明しようと努めていた。彼女のスタッフがいうには、当時中東における関与が彼女のアジア行きを阻止したのだった[*1]」。2007 年にライスは再び AMM と ARF に欠席し、ホワイト・ハウスは予定されていた ASEAN = 米ダイアローグ 30 周年を祝う米 = ASEAN 首脳会議を延期してしまった。ジョージ・W・ブッシュはその後、彼のテキサスの牧場（兼私邸）で首脳会合をもとうと ASEAN 諸国指導者を招待したが、この度はミャンマーにおける反対派弾圧のゆえにこれもキャンセルされた。これらの出来事が示すように、安定的な米 = ASEAN 関係を維持しようとするアメリカの長期的利害は、しばしば短期的な国内・国際的配慮によって蹂躙されてしまった。幾人かの米外交官は個人的に、これらは愚かな決定であると認めたものの、彼らはライスを動かすこと

はできなかったとキショールに囁いた。長期的な関係にとって制度としての記憶が非常に重要なのはこういう次第である。大国はそれぞれ ASEAN との関係につきオーラル・ヒストリーを整備することに利益を見いだしている。このオーラル・ヒストリーは、将来 ASEAN 発展史を書こうとする ASEAN 事務局長への贈り物となり得るだろう。

　ここで深くは論じられない一つの大国はロシアである。ロシアは一大国であり、国際情勢には多大の影響をもたらすが、東南アジアにおける影響と足跡はかなり限られている。冷戦期にはモスクワの決定はとりわけベトナム戦争およびその後のベトナムのカンボジア侵攻に際して東南アジアに多大の影響を与えてきた。しかし、ソ連崩壊後、モスクワにおける決定は東南アジアにほとんど影響を及ぼすことはなくなった。

　プーチン大統領は強力で断固たる指導者で、彼の見解には重みがある。しかし、彼の主要な関心は米国、ヨーロッパ、および中東との関わりである。ロシア＝ASEAN 関係は基本的にシンボリックなもので、ほとんど実態をもたない。2016 年 5 月にプーチン大統領が個人としてソチで ASEAN 指導者らを招待したのは立派だったとはいえ、これがロシアの地における ASEAN 指導者の最初で最後の会合であった。多くの出来事が起きはした。が、それらはロシア＝ASEAN 関係の実体に何ら付け加えることはなかった。

　ある貴重な論文で[*2]、エレーナ・マルチョノバ［訳者注—マルチョノバはモスクワの国立研究大学経済高等学校（HSE）博士候補］は、ロシア＝ASEAN 関係の強化に立ちはだかる挑戦を見事に説明している。彼女は、ロシアが ASEAN にとって上位 10 ヵ国の貿易相手国にさえ入っていないと指摘する。ASEAN の対中貿易（11.7%）、対 EU（11.4%）、対日本（9.8%）、および対米国（8.3%）と対照的に、ロシアのシェアは 0.6% でしかない。2006 〜 2011 年に、ロシアから ASEAN への海外直接投資は減少している。こうしたシンボリックな関係でさえ首尾一貫しないものである。2005 年、プーチン大統領は第 1 回東アジア・サミットにオブザーバーとして出席した。彼はこのグループへの参加の希望を表明したが、その申し出は当時丁重に拒絶された。しかし、2010 年に EAS のメンバーとして認められた後、オバマ大統領は出席したが、プーチンは 2012 年の EAS 会合に出席しなかった。

マルチョノバは、ロシアと ASEAN の強固な関係の欠如は、より深刻な問題の反映であると示唆している。彼女はいう。「大統領も首相も、折に触れてアジアに注目することは必要であると指摘している。しかし、ロシアはこれまでのところ、長期的で包括的なアジア戦略を樹立していない」。つまり、ロシア = ASEAN 関係はロシアが包括的なアジア戦略を打ち出した後に開花し得るということである。これには 10 〜 20 年のうちに実現しようが、国際的な地政学の展開にもよるであろう。当面のところ、ASEAN はモスクワにおける主要関心事項ではないのである。

同様に、オーストラリアは ASEAN の主要なダイアローグ・パートナーではあるが、本章では ASEAN = オーストラリア関係を論じない。オーストラリアはいかなる意味でも大国ではなく、GNP のサイズという観点から「中進国」の位置にある。それゆえに同国は G20 の一員である。

しかしキショールは、「アジアの世紀におけるオーストラリアの運命：痛むか痛まないか？」と題するエッセーで、オーストラリアは ASEAN との対応で重大な地政学的誤りを犯したと指摘する。

オーストラリアは、図らずも貴重な ASEAN という地政学的緩衝地帯に恵まれてきた。欠点や不備はあるとしても ASEAN は東南アジアを平和に保ち（人影も疎らな大陸に難民が流出することもなく）、中国やインドのようなアジアの大国を遠ざけ、また地政学的安定を高める多国間協力網を張り巡らすことでオーストラリアの安全を高めてきた。近年オーストラリアが犯した最大の地政学的誤りの一つは、ASEAN の地政学的成功を当然視したことである。さらに悪いことは、オーストラリアはしばしばその外交努力に際し、ASEAN を弱体化したり無視したりしたことである[*3]。

オーストラリアは、ASEAN を弱体化したり無視したりするという最重要なレベルの地政学的愚挙を犯してきた。オーストラリアは ASEAN が同国上にかざしてきた地政学的な傘を突き刺し穴をあけてきた。このためにこそ、オーストラリア人はおそらくアジア太平洋地域の他のいかなる国の人々よりも ASEAN についてのさらに深い理解を必要とし、オーストラリア政府は、頻繁

な政府や首相の交替に耐える首尾一貫した長期的な戦略を樹立する必要がある。もし ASEAN が分裂したりすれば、もっとも損害を被るのはオーストラリアであろう。もし ASEAN が成功すれば、最大の受益国はオーストラリアである。これらはすべて自明のことである。だからこそ本書は現在および将来のオーストラリアの政策決定者に読まれる必要がある。

今日の ASEAN に対してオーストラリアがなしうるもっとも貴重な貢献は、同国の米国との特殊な関係を利して、ASEAN の長期的な価値と戦略的な重要性について米国を教育することである。ASEAN と米国に関する次節で明らかにするように、米国の対 ASEAN 政策は短期的な配慮によって動かされてきた。実際、もし米国が南シナ海で中国を追い詰める短期的な道具として ASEAN を利用することに固執すれば、米国は ASEAN を分裂させる結果をもたらすことになろう。そして、もし ASEAN が分裂すれば、オーストラリアは大損害を被る。この明らかな危機がオーストラリア人には理解されそうもないということが、オーストラリア人の戦略思考の悲しむべき質の低さを反映している。そしてオーストラリアは米国に（あるいは他の諸大国に）ASEAN の長期的な戦略的価値を教育する上でほとんど何もしてこなかった。

この ASEAN = 米国関係への無関心と無視という自滅的政策を逆転するため、オーストラリア人は本章の教訓を注意深く学び、より知的で賢明で ASEAN の戦略的長期的パートナーとなることで自らの長期的利益に貢献するにはどうすればよいかを自問する必要がある。

ASEAN と他の各大国との関係の概観はアルファベット順で、アメリカ、中国、EU、インド、そして日本の順に論じられる。

ASEAN とアメリカ

ASEAN は生まれついての親米であった。実際、概括すれば、ASEAN はその存続期間のほとんどについて親米基調を維持してきた。不幸なことに、首尾一貫しない米国の対 ASEAN 政策が ASEAN の対米関係の起伏をもたらしてきた。

この関係には三つの局面があった。第一局面は冷戦期で、戦略的利害の明瞭

な整合性が両者間の緊密な関係をもたらしてきた。第二局面は冷戦の終結とともに始まった。1990年代に米国は、様々な理由でASEANのような旧来の同盟者への関心を失った。ASEANは米国から遺棄されたという印象を抱いた。第三期は、2001年の悲劇的な9・11攻撃を受けて、米国がASEANの戦略的価値を再発見する形で始まった。本節ではこれら三つの局面を論じる。

　ASEANはこうした起伏の全過程を通じて一度も親米的性格を失わなかった。ASEANは米国──英国ではない──の影響ゆえに、単一の言語つまり英語で話す。冷戦期にASEANが政治的に米国に接近していったとき、同時に経済・文化的にも米国に接近していった。これが、多くの米国人がASEAN社会での市民生活において快適さを覚える理由である。すべてのASEAN社会は自由市場経済を受け入れ、米国の投資を歓迎している。ASEAN諸国の首都における商工会議所やロータリー・クラブは米国の影響を反映している。ASEAN諸国のエリートの子弟は主として米国の大学で学んできた。子どものころには、本書の著者両人とも、米国のファスト・フード・チェーンのA&Wのシンガポール出店に夢中になった。当時貧しい第三世界の社会に住んでいた我々にとって、それは新たな文明の曙のように思われた。冷戦期にはアメリカ文明はこれほど蠱惑的に見えたのである。その魅惑は、ハリウッド映画や米国TVドラマによってますます強められた。端的にいって、米国との政治関係には起伏があったが、米国はASEAN社会において一貫して好意の蓄積を維持し続けてきた。米国の、ジョー・ナイが雄弁に語った「ソフト・パワー」は多くの東南アジア人の心に織り込まれてきた。悲しむべきことに、バラク・オバマは別として、こうした好意の蓄積に配慮するアメリカ人はほとんどいないようである。米国は、長い年月をかけて醸成された好意に感謝し、ASEANに対してさらに一貫性を持たねばならない。不幸にしてASEANについて恐るべく無知なトランプが選ばれたことは、米＝ASEAN間の距離をさらに遠ざけるだろう。

第一の局面

　第一局面の緊密な関係は冷戦期を通して維持された。ASEANは1967年8月、東南アジアにおける共産主義の膨張回避を主たる目的として誕生した。米

国はこの目標を共有した。このため、ASEAN を米国の産物として非難する中国の主張が完全に正当化された。

　1967 年から冷戦終結の 1989 年まで、米国は ASEAN と緊密に協働した。1975 年のベトナムにおける無残な敗北は、米国を短期的に平常心を失った悪夢に導いたが、幸いにも対 ASEAN 政策は、東南アジアにおける強力な米国のプレゼンスを維持するためにたたかった有能な外交官リチャード・ホルブルックによってリードされた。ホルブルックが引退したとき、彼は一貫した東南アジア政策を維持した彼の力量を称賛したリー・クアンユーからの書簡をオフィスに飾っていた。

　ASEAN＝中国関係の節で説明されるように、1978 年 12 月にベトナムがカンボジアに侵攻したとき、ASEAN、米国、および中国は、ベトナム部隊を撤収させるよう協力して圧力をかけた。当時の親密さと共通利害は、ワシントンが 1985 年 10 月 9 日にリー・クアンユーを上下両院合同会議で演説するよう招待したことに象徴される。キショールは、このときワシントン D. C. 訪問に随行し、レーガン政権と東南アジアの緊密な関係を身をもって見聞した。この時期、ジョージ・シュルツ米国務長官は ASEAN 年次会議に定期的に出席し、緊密な米＝ASEAN 関係のメリットを激賞した。いささか驚くべきことに、ドナルド・レーガン大統領は 1986 年 5 月の ASEAN 閣僚会議に出席し、次のように語った。

　米国は ASEAN の結束と決断が他の自由世界国民の模範たりうるとみなしている。ASEAN の責任ある国際的な行動を結集した声は世界中に伝えられてきたが、私はそれを聞くためにここにいる。ASEAN を支援し、これと協力することは米国の太平洋政策の核心である。あなた方の指導者の言動ほどベトナムのカンボジア侵攻と占領に対する世界の対応を形作るのを鼓舞したものはない。[4]

　1980 年代に米国との緊密な絆を形成するに際し、シンガポールは孤立してはいなかった。1962 年ラスク＝タナット合意や、1964 年のマニラ協定に基づく米＝タイ関係も非常に緊密で、両国は年次軍事演習を実施してきた。1985

年、同年にベトナムがソ連パイロットの操縦する MiG-23 を入手したのに対抗して、タイは米ジェネラル・ダイナミック社から F-16 戦闘爆撃機 12 機を購入した。米国とタイは、1985 年 10 月、タイに臨戦兵器備蓄庫を設置し、米軍基地を持たずにそのような設備を備えた最初の国になった。両国間の政治関係も同様に強化された。[5]

　米国はスハルト大統領をソ連とのたたかいにおける主要な同盟者とみなした。インドネシアのインド洋における戦略的位置や、マラッカ、スンダ海峡のインドネシアによる管理が、この地域における米国の戦略・安全保障上の利害にとりわけ重要なものであった。米国はインドネシアに大規模な軍事援助を提供し、今日でもインドネシア国軍への最大の兵器提供国である。インドネシアはさらに、隣国オーストラリアやフィリピンとの米国の安全保障取り極めからも利益を得ている。[6]

　1986 年、レーガン政権から一定の支援の下にマルコスが政権を降りると、コラソン・アキノがフィリピン大統領に就任した。アキノは教育の一部を米国で受け、学士号を取得し、米国が気に入っていた。1986 年、彼女が米国を訪れたとき、米上下両院合同会議で演説し、彼女の政権への強固な支援の約束を得た。1990 年における米国の対比援助額はほとんど 5 億米ドルに達する一方、民間投資は 10 億米ドルを超えた。フィリピンはさらに、米日両国を主たるドナーとする多国間援助制度を通じて債務救済や新規借款を受けた。両国間の絆は、政治的に活発なフィリピン系米人社会によってさらに強化された。[7]

　米国と ASEAN の地政学的提携は他の分野でも緊密な絆を築いていった。1980 〜 1990 年に米 = ASEAN 間貿易は倍増し、1980 年の 226 億米ドルから 1990 年の 475 億 7000 万米ドルへと増加した。[8] 同期間中に米国の ASEAN 諸国への投資も急上昇した。1981 〜 1992 年に ASEAN 5 ヵ国への米国の海外直接投資残高は 31 億 5000 万米ドルから 146 億 7000 万米ドルへと増大した。[9]

　米国の対外投資は、経済的利益以上のものをもたらした。米国の多国籍企業（MNC）は、日本のそれと異なり、意識的に現地人材訓練に努め、米国の投資は東南アジアに新規に経営者・企業家階層を育て上げた。シンガポール航空や DBS 銀行、シンテルなどシンガポールの多数の企業の会長を務めたコー・ブーンフィーは、1980 年代におけるヒューレット = パッカード社での数年間が

彼を変え、幸運な経歴を拓いてくれたと語っている。同様に東南アジア、とりわけシンガポールの幸運な銀行家らはシティバンクで訓練され育成された。[10]

　ASEANと米国の緊密な絆は、北米の大学で学んだ若いASEAN市民の体験を通じても培われた。東アジアにおける多くの個人的なネットワークは、米国の指導的な大学での教育期間中に形成された学生の生涯を通じた絆から形作られてきた。これら多くの学生が幸運な指導者に上り詰めると、東アジアの同輩との間に出来上がった絆は同地域の平和的発展にとっての資産となる。これが、米国が他のいかなる地域よりも東南アジアを含む東アジアにおいて「ソフト・パワー」の蓄積を擁していることの理由である。

第二の局面

　しかし、冷戦の終結とともに新たな第二の局面が始まった。ソ連の崩壊を受けて米国は、共産主義の膨張に対する恐怖という強迫観念を失った。その結果、ワシントン内部では、ASEANは貴重な地政学的資産とはみなされなくなった。積極的資産でなくなった同盟国はむしろ米国がその肩に背負わねばならない政治的重荷であるかのようにみなされた。政治家も歴史家も、ASEANが冷戦期に米国に利用されたことを記録として認めなくなり、冷戦後はこれを厄介者扱いして捨て去った。キショールはその著書『無知時代の彼方』（Beyond the Age of Innocence）で、米国が多くの同盟諸国との関係においていかに完全に道具として利用されてきたかを述べている。その実際的な用途が後退するや、米国はこれら諸国における「人権」侵害に注目し、これへの同調を中止し始めた。[11]

　こうした政策変化の結果、米国はASEANとの関係をさらに協調的な高みにもたらす絶好の機会を逸した。冷戦後の米＝ASEAN関係の変化についての米国側の説明はほとんど見られないから、ここでやや詳細に検討することは有用であろう。1980年代におけるASEAN諸国と米国の関係の開花は1990年代における両者の緊密なパートナーシップを導くはずのものだった。実際には、その逆の事態がもたらされた。もし、第一局面にあたる冷戦期における米＝ASEAN関係を「蜜月」時代と表現するならば、第二局面は「拒絶」ということになる。この表現を用いるのは厳しすぎるが、正当化されると思う。米国

第3章　ASEANと諸大国　*103*

の政策決定者は、東南アジアとの関係における米国の歴史上の過酷な実態に目覚めねばなるまい。米＝ASEAN関係の拒絶期を認めないとすれば、米国の政策決定者は、彼らがASEANに対して犯した誤りを理解することにも失敗することになるだろう。過ちを認めることを拒否すれば、その誤りから教訓を学ばないというもう一つの大きな誤りを導く。つまり、誤りが繰り返されることを意味する。これを避けるためには、我々は厳しい現実に正面から取り組まねばならない。

　公正にいって、ASEANはこの拒絶期の唯一の犠牲者ではない。この時期、第三世界の多くの諸国も同様に拒絶された。では、彼らはなぜ拒絶されたのか。単純な真実は、冷戦期には米国は、ソ連との生か死かの戦いの渦中にあったと信じていたから、不快な独裁者や残酷な殺人者を含むどんな国とも協働する用意があった。たとえば、冷戦期にはオサマ・ビン・ラーディンや彼の一党が米国の主要な同盟者であったことを気にするアメリカ人はまれであった。ザイールのモブツやパキスタンのジアウル・ハクのような不快な独裁者についても同様である。

　冷戦が終結しつつある時、米国にはソ連を圧倒できたという広範な喜びと救いが溢れた。ある米国外交官は、キショールとの個人的な対話でこの心理状態を見事に表現して、朝、目覚めるとき核戦争がいつ勃発するかもしれないと恐れずにいられることは救いだったと披瀝してくれた。しかし他方、米国は冷戦期の同盟諸国を異なった視点から見始め、これら諸国の有用性を疑問視し、彼らの欠点を誇大視するようになった。こうした諸国を利用することは非倫理的であり、同盟国から排除すべきであったから、米国は何らかの正当化理由を必要とした。1980年代にジミー・カーター政権下で米国は外交政策対話に人権を持ち込み始めた。1990年代までには、人権は不都合な旧同盟諸国から遠ざかる口実として用いられるにいたった。

　表面上は従来通り進行しつつあるかのごとくであった。歴代国務長官はASEANの年次閣僚会議（AMM）に参加しつづけたが、関係の基調は顕著に変化していた。退任してからかなり経過してから（ジョージ・H・W・ブッシュ政権の）国務長官ジェームズ・ベイカーは、上院外交委員会で次のように証言した。「我々は、NATOからASEANにいたる広範な戦略的同盟関係を構築

104

した」[*12]。技術的にいえば、ASEAN は米国との間で「戦略的同盟関係」を築いてはいなかったが、ベイカーの証言における対 ASEAN 関係に対する積極姿勢は異彩を放っていた。これと対照的に、ウォーレン・クリストファーやマデレーン・オルブライトという次代の国務長官は、AMM 出席に熱心さを欠いていた。彼らは、AMM を完全に欠席したり、早退したりした。冷戦期には、これら諸国の疑わしい人権状況は障害とはならなかったが、冷戦後には、それは争点となる。1997 年、オルブライトが ASEAN 会合への出席はしないと脅したことにつき、タイのジャーナリスト、カビ・チョンキッタボーンは次のように書いている。

　直面する問題は越え難いほどである。ASEAN は、明日にもビルマを受け入れるという決定を貫けば米国との関係を危機に陥れることになる。ワシントンは、先週末のランカウィ島での ASEAN 地域フォーラム（ARF）の上級閣僚会議に際して、米国の新国務長官マデレーン・オルブライトが本年 7 月のクアラルンプールにおける ARF および拡大外相会議への出席を再検討することを明らかにしている[*13]。

　このように、米国は公然とはその戦略的転進を認めなかったが、ASEAN は資産から負担へと変容していった。クリントン政権の ASEAN への積極性の欠如は、驚くに当たらない。クリントン政権下の米国は特殊な「一極」時代を享受しており、同盟国を必要としなかった。後になって第二期政権において、クリントン大統領は国内問題に没頭し、ルウィンスキー不倫問題にも悩まされていた。

　米国にとって ASEAN の戦略的重要性が後退するにつれ、米国と ASEAN 諸国との関係ではネガティブなエピソードが支配的となり始めた。シンガポールは冷戦期には米国のもっとも信頼された友好国で、シンガポールの指導者はホワイトハウスと定期的な接触があった。1994 年 5 月、シンガポールが 10 代の米国人［訳者注─マイケル・P・フェイは、駐車中の自動車にスプレーで落書きするなどの悪戯行為と交通標識を窃取した科で］を鞭打ち刑に処してからは、米国はシンガポールとの関係を凍結してしまった。冷戦期であればこのような軽

微なエピソードは両国関係を損ないはしなかっただろう。実際、1980年代には、シンガポールは米国との間に、たとえば（1987年2月の）「ウォール・ストリート・ジャーナル」紙発禁処分や米国人外交官（1988年5月、ハンク・ヘンドリクソン）の追放などというさらに重大な紛争をかかえていた。冷戦がその他すべての配慮を圧倒してきたが、冷戦が終結すると、シンガポールのような同盟国は不要となり、些細な出来事も大問題となるにいたった。

　ある場合には米国はさらに踏み込み、旧同盟国を恫喝したこともある。米空軍機による在ベオグラード中国大使館爆撃（1999年5月7日）からあまり時間がたっていない2000年4月、ARF会合がシンガポールで開催された。この出来事は、かなりの重要性をもったから、ARFの議長国シンガポールは、この会合後の議長声明にこれへの言及を盛り込んだ。その語調については米国外交官カート・キャンベルおよびスタン・ロスと、シンガポール側のビラハリ・カウシカンの間で協議され、事態は解決されたかのようにみえた。

　しかし、オルブライトは議場に到着すると、爆撃への言及に強く反対した。シンガポール外相のS・ジャヤクマールはその著書『外交』（Diplomacy）で次のように記している。「オルブライトは傲慢で威嚇的な態度を取り、自分の言う通りにせよと強要した*14」。論議が熱くなると、オルブライトは棚上げを求めた。その部屋に同席したあるオブザーバーは、オルブライトは手を振って代表団を彼女の周りに呼び寄せ、彼らの多くは慌てふためいて集まったと述べている。彼女に公然と呼びつけられたことを侮辱と感じた韓国代表は、可能な限りゆっくりと歩み寄ったが、彼でさえ米国務長官の招集を拒絶することはできなかった。米国のパワーは圧倒的で抵抗し得ないものだった。

　1999年、時のマレーシア首相マハティール・ムハマド博士は、前副首相アンワル・イブラヒムを逮捕・告発して米国の逆鱗に触れた。アンワル前副首相が逮捕時に殴打されたことは確かに容認しがたい事態だったが、米副大統領アル・ゴアはマレーシアの国賓であった折にマハティールを公然と論難することで外交的儀礼のルールを破っている。1990年代の米国は、その外交政策における道義的高潔さを標榜し、マレーシアを疎外することに痛みを覚えなかった。

　シンガポールやマレーシアが見た悪夢は、1990年代にタイやインドネシア

が受けた苦悩と比べれば見劣りがするものだった。1997年5月、タイでアジア通貨危機が勃発し、たちまち他の諸国に波及した。1997年7月までにはインドネシアが次の犠牲者となった。1997〜1998年の間に、タイ経済は、1430億米ドルから1380億米ドルにまで縮小した。[*15] 多くの大企業が倒産し、失業率は0.9%から3％にまで上昇した。インドネシアはさらに重大な苦痛を体験した。同国のGDPは2620億米ドルから2300億米ドルにまで後退し、失業率は4.7%から6.3%へと拡大した。[*16]

　1954年以来の米国の条約上の同盟国たるタイは、例外的な友邦であった。たとえば、ベトナム戦争の渦中にも、タイは米爆撃機が同国内の空軍基地を使用することを許可した。1997年7月にアジア財政危機が勃発した時、バンコクでは事態が非常に悪化した場合には、米国が1995年にメキシコを救済したように救援に駆けつけてくれるだろうという期待が広まっていた。この危機が冷戦期に発生したのであれば、タイがすみやかに救済を受けられたことは疑問の余地がない。しかし、1997年までには、タイが米国を強力に支持したという記憶はワシントンではとっくに色あせていた。タイは孤立無援の状態で放置された。タイ指導部が重大な裏切りを感じたというだけでは言葉が足りない。1997年12月、ワシントンが韓国を救済するために駆けつけたとき、その裏切りの度合いは一段と先鋭となった。アジア財政危機をめぐって米国のタイに対する不作為と韓国に対する迅速な対応の対比はこれ以上ないほどに鮮明であり、タイがすでに不要になっていたことを明示していた。これと対照的に、中国は自国経済への痛手を甘受して人民元の切り下げを回避することでタイや他のASEAN諸国を救済しようと試みた。かくして、今日バンコクでは、中国は米国よりも頼りになる友邦であるという信念が存在する。

　これと対照的にインドネシアは、正式には非同盟であったが冷戦期には米国の緊密な友邦だったから、裏切られたとする思いは同様に強かった。ワシントンは危機に際してインドネシア救済のために介入したものの、イデオロギー的に教条主義的で社会的・経済的に苦痛をともなう解決を処方した。たとえばワシントンは、インドネシアの危機に陥った銀行は閉鎖すべきだと主張した。その後10年もしないうちに米国の銀行が同様の危機に陥ったとき、米国はこれを救済しているのである。これほど明白なダブル・スタンダードはあり得なか

ったろう。インドネシアの前貿易相マリ・パンゲスツは次のように説明する。

1997 年のアジア財政危機の際、IMF のコンディショナリティは救済資金な
しの銀行閉鎖、予算削減、緊縮措置、および金融締めつけ政策を求め、救済
を行わなかった。これと対照的に 2009 年の財政危機に際しては、米政府の
対策は自国の銀行を救済し、あれこれの分野に支援を提供し、財政刺激や緩
い通貨政策をとるというものだったのである。ヨーロッパの影響下にある
IMF は、危機に陥ったヨーロッパ諸国の経済に相当額の引き出し権という
支援を与え、その条件は、東アジアの財政危機に際して適用したのより緩や
かであった。1997 年の東アジア危機に際して IMF に助言し、計画を実施し
た中心メンバーの幾人かは、2008 年の危機における中心人物と同一であっ
たことは指摘される必要があろう。[*17]

第三の局面

　第二の ASEAN ＝米関係のネガティブな傾向という局面は、21 世紀までつ
づく可能性があった。ところが、重大な地政学的な出来事が間に入った。2001
年 9 月のテロ攻撃の後、米国は国際テロリズムとの闘いに際して米国が再び国
際的な同盟国を必要とすると理解し、ワシントンにとって ASEAN の有する
価値が変化した。

　東南アジアにおける穏健なイスラム諸国は、1990 年代には重要とは認めら
れなかったが、21 世紀の冒頭の 10 年には貴重な戦略的資産となり、米
＝ ASEAN 関係を悩ませてきた人権問題の論議は雲散霧消した。ASEAN 諸国
にとって法外な驚きであったのは、これまで ASEAN 諸国が犯しているとし
て非難してきた人権侵害（拷問や裁判なしの拘束など）を、米国が平然と実施し
始めたことであった。米国は、国益が変容するにつれて、人権の擁護者から破
壊者へと切れ目なしに移行していった。

　9・11 以後、米国が支援を求めて彼らの戸口をノックしたとき、ASEAN
諸国は臍をまげた反応をすることもあり得た。しかし ASEAN はそうはせず、
緊密な協力への米国の提案に積極的に反応した。米国といくつかの ASEAN
諸国との情報協力は強化され、2002 年 8 月、米国と ASEAN は「対国際テロ

闘争協力共同宣言」に署名した［訳者注—ASEANはその後、オーストラリア、カナダ、日本などとも同様の宣言に署名している］。9・11の危機は、ワシントンにASEANの価値を再発見させ、ついには関係強化に向けた提案をもってASEANに接近させた。米＝ASEAN関係促進への具体的な措置には次のようなものが含まれている。

- 2005年：ASEAN＝米パートナーシップ増進合同ビジョン声明
- 2006年：ASEAN＝米貿易関係強化のための貿易投資枠組み協定（TIFA）
- 2009年：第一回米＝ASEAN諸国指導者による持続的平和・繁栄のためのパートナーシップ促進会合宣言への署名
- 2010年：ASEAN常駐使節団の設立
- 2013年：第一回ASEAN＝米首脳会議。ASEAN＝米関係強化に向けた指導者の年次会合の制度化。核不拡散、サイバー・セキュリティ、対テロ、人身売買、貿易投資、科学技術、および教育などを含む多様な分野における関係増進を約束。

2016年2月、オバマはすべてのASEAN諸国指導者およびASEAN事務局長を米本土に招待した最初の米大統領となった。サニーランド・サミットはASEAN＝米関係における重要な里程標とみなされている。そのとりまとめに際し、参加した指導者らは経済・安全保障上の協力推進のための諸原則を概括し、あわせて、東南アジアにおける米国の経済関与を調整し、民間企業に米＝ASEAN間の連携強化の利益を享受せしめる米＝ASEAN連携に着手する共同声明を発出した。最終共同声明は概ね次のように述べている。

1982年の国連海洋法条約（UNCLOS）に規定された航行・飛行の自由や合法的な海洋利用権、海洋安全保障と安全、合法的で妨げられない海洋貿易などを含む地域の平和・安全保障・安定維持、政策実施に際しての非軍事化と自制へのコミットメント共有；海洋分野における共通の挑戦に対処するための協力推進へのコミットメント共有；テロリズムや暴力的な過激主義、人身売買、ドラッグ取引、非合法・無届け・無謀な漁業、非合法の野生動物・木材の取引など国際問題に対処する強い決意。[18]

ASEAN＝米関係は安全保障の分野でも進展した。従来のダイアローグ・パートナーシップに ASEAN＝米安全保障ダイアローグが追加された。越境犯罪の分野での協力が強化され、越境犯罪担当の ASEAN 高級当局者は米国の同僚と定期的に会合（SOMT+US）を持った。2014 年 5 月には ASEAN＝米サイバー犯罪ワークショップが開催され、米国は ASEAN との間で人身売買に対する協調と協力の増進を提案した。米国はまた、ASEAN 地域フォーラム、拡大 ASEAN 国防相会議、東アジア・サミットさらに拡大外相会議などを含む各種地域会議にも積極的に参加し始めた。

　米国の対 ASEAN 政策の不安定さの足跡に焦点を当てた目的は、政治的な得点稼ぎではなく、米国の戦略的資産としての ASEAN のもつ巨大な潜在力は、ワシントンが明瞭で、首尾一貫した長期的な対 ASEAN 政策を案出しなければ浪費されてしまうということを強調するためである。米国で政権が交替すると政策が変化するが、米外交にとって微妙な一定の分野（たとえば、イスラエルやサウジアラビアの位置づけなど）では、これらの関係を短期的な政権交替から隔離するという「根強いコンセンサス」が存在する。ワシントンが、対 ASEAN 政策につき三つの、つまり首尾一貫性（consistency）・繊細さ（delicacy）・および教育（education）という主要原則に基づいて強いコンセンサスを樹立することは有用であろう。これを C・D・E 原則と呼んでおこう。

　首尾一貫性がカギである。関係を安定的に保つためにはいささかの一貫性が必要であり、安定的な基盤こそが関係をより緊密化させる。首尾一貫性の重要性を論証する最善の方法は、ASEAN のオバマ政権との関係（2009 ～ 2016 年）を見ることである。ASEAN と米国の関係はかなりの時間をこの地域に割いてきた唯一の米大統領たるオバマ大統領の下で進展するものと期待されてしかるべきであった。2014 年 11 月 14 日、ミャンマーのある市庁舎での会合に際して東南アジアに対する彼の個人的コミットメントを次のように述べている。

　米国の大統領として、私は米国と東南アジア——とりわけ東南アジアの青年諸君——との絆を強化することを優先事項としてきた。このことは、私が幼少期を東南アジアのインドネシアで過ごした［訳者注—オバマ大統領は、6 歳から 10 歳まで、母親・継父とともにジャカルタの高級都市メンテンで過ごした］

という事実以上の配慮に基づいている。その体験は私に東南アジアとこの地域に特殊な親近感を持たせてくれる。しかし、私がこの地域との関係強化を優先事項としたのは、世界の市民の 10 人に 1 人が ASEAN10 ヵ国に居住しているという理由からである。東南アジア人口の 3 分の 2 は 35 歳以下の若さである。したがってこの地域——経済が拡大し、民主主義が高揚し、海洋と島嶼(とうしょ)・ジャングルと都市、異なる人種・宗教・信条など力強い多様性に富んだこの地域——こそ 21 世紀を形作るだろう。[19]

　オバマの言葉は東南アジアとこの地域の米国にとっての独自の価値に関する深い理解を示すもので、これが米国の対 ASEAN 政策に反映されると期待するのは自然のことだった。不幸にも、そうはならなかった。オバマは幾度か太平洋をまたいだ訪問をキャンセルせざるを得なかった。2010 年 3 月（インドネシアおよびオーストラリア訪問。オバマ・ケア法案論議のため）；2010 年 6 月（再度インドネシアおよびオーストラリア訪問。メキシコ湾石油流出事故のため）；2013 年 10 月（バリ、ブルネイ、フィリピン、マレーシア訪問。米政府閉鎖のため［訳者注—オバマ・ケアをめぐって上院が紛糾し予算不成立となり、一部政府機関が閉鎖となった］）。米首都における政治的異常事態を回避する道はなかったとしても、彼の個人的カリスマを発揮するなど何らかの機会を見いだす努力が出来たはずである。オバマは彼の幼少期の一部をインドネシアで過ごし、若くして東南アジア各地を旅行し、インドネシア語を話すことさえ出来る。もし彼が大統領に選出された直後にインドネシアを訪問していたら、彼は歓呼の声を上げる大群衆に歓迎されていただろう。世界最大のイスラム国家で、ロックスターのように歓迎される米大統領というイメージは、壊滅的なイラク侵攻後に世界の 16 億人のイスラム教徒を疎外したブッシュ政権によるダメージを補修するのに役立ったであろう。イスラム教徒を見下す発言をしてきたドナルド・トランプにはそのような機会は訪れまい。だからこそ、オバマが彼のインドネシアとの特殊な関係を活用し得なかったことはなおさら悲しむべきものであった。
　オバマには、米国とイスラムについての重要演説をすることに決定したときがもう一つの機会であった。一度は 2009 年 4 月 6 日、西アジアのイスタンブールで、二度目は 2009 年 6 月 4 日、アフリカ中東部のカイロで。演説は見事

だったが、会場の選択がまずかった。第一の演説を行った東西交通の十字路に
あたるイスタンブールは第一の演説のためにはよい選択だった。しかしオバマ
は、イスラム世界西部よりも社会的機能不全に陥ってはいなかった東部での第
二の演説のためにはよりよい選択があり得た。東南アジアのみがアラブ世界と
同数のイスラム教徒の居住地であった。オバマが凱旋した英雄のような歓迎を
受け得たインドネシアこそよい選択だったのである。

　今から25年の後、ホワイトハウスの公文書が機密解除されるとき、中東で
はなく東南アジアで演説すべきであると勧告した外交顧問があったかどうかを
知ることは興味深いものがある。誰もそういう助言をしなかったとすれば
（我々は誰もいなかったと信じるが）米国の上級顧問らは彼らが東南アジアに有
する戦略的資産と機会について嘆かわしいまでに無知であったことを意味する。
こうした理由で、米国のエスタブリッシュメントがASEANを再発見し、米
国と東南アジアの関係の歴史を掌中のものとすることが重要なのである。
ASEANにより高い戦略的優先順位を与えるべきであるというワシントンにお
ける強固なコンセンサスは、米国により多くの利益をもたらすだろう。

　米国外交改善のための第二原則は繊細さであり、東南アジアに対処する上で
核心的な要素である。きたるべき10年間に否応なしにそうなるだろうが、米
中間の地政学的競合がさらに高揚すれば、両国は他方に対抗する地政学的道具
としてASEANを利用しようとする誘惑に駆られるだろう。もし、米中の地
政学的対峙がASEANの破壊に帰着するならば、1980年代にASEANを強化
したのが米中の地政学的協調であったことからして、巨大な歴史的皮肉といえ
るだろう。ワシントンにとっての枢要な戦略的決定点は、米国の国益が、強力
で結束したASEANか弱体で分裂したASEANかのいずれによってよりよく
支援されるかを理解することにある。もし前者であれば、ワシントンは
ASEANを反中のために利用することを避けねばならない。

　たとえば、米国人は南シナ海における中国の攻撃的な行動を阻止する誘惑に
駆られるであろう。すでにオバマ大統領を含む米国の指導者らはこの問題につ
き次のように主張している。「地域的侵略——それが南部ウクライナであれ、
南シナ海であれ、あるいは世界のいかなる地点においても——が野放しにされ
れば、我々の同盟国に影響を与え、我々の軍隊が巻き込まれかねない[20]」。ヒラ

リー・クリントンは国務長官時代、次のように語った。「我々は、いかなる係争国であれ、南シナ海における領有権主張を推進したり、合法的な経済活動を妨害するための武力による威嚇や行使に反対する[21]」。前国防長官のチャールズ・ヘーゲルは、2014年、シンガポールでのシャングリラ・ダイアローグで次のような長広舌を振るった。

　中国は南シナ海を「平和・友好・そして協力の海」と呼んできた。そうあるべきものである。しかし最近、中国は南シナ海における領有権を主張しつつ、安定を乱す一方的な行動をとっている。中国はスカボロー礁への接近を制限し、セカンド・トーマス礁におけるフィリピンの長期にわたるプレゼンスに圧力を加え、各所で土地造成を進め、南沙諸島の係争海域に探油リグを派遣したりしている[22]。

　米当局者らは、中国を妨害する政策のために ASEAN の一部あるいは全部の諸国を味方につけようとする誘惑に駆られるかもしれない。そのような行動は巨大な戦略的誤りである。それは決して中国を抑止する効果をもたないのに、ASEAN は甚だしく損なわれる。だからこそ、米中の戦略的対峙の高揚に際して、両国とも ASEAN を容易に破壊される繊細な明朝の磁器のように取り扱わねばならないのである。ASEAN が損なわれたり破壊されたりしたら米中両国の利害が損なわれる以上、ASEAN に対処するに際しての繊細さは両国にとって不可欠である。

　ASEAN ＝ 米国関係を導く最後の原則が教育であるとするのは驚くべきことかもしれない。米国にとってこの地域での最大の資産を挙げよと尋ねられたら、ほとんどの米国指導者は疑いもなく軍事的・経済的プレゼンスを挙げるだろう。それらはいずれも重要なものではある。しかし、時の経過とともにこれらの分野における米国の相対的シェアは後退するだろう。たとえば、米国の対 ASEAN 投資は 2011 年の 91 億 3000 万米ドルから、2013 年の 37 億 5700 万米ドルへと後退し、同時期の米国の海外直接投資のシェアは９％から３％へと後退している[23]。

　しかし、米国の一つの資産は増大している。1980 年代よりも現在の方が米

国の大学で学ぶ東南アジアの青年数が増加しているという事実がもたらす、東南アジアのエリート層の「心の通い合い」である。2014〜2015年に5万865人の東南アジア学生が米国の大学に在籍したが、前年の3万4590人から47％増加している。そればかりか、多くの指導的な東南アジアの大学が米教育機関のカリキュラムを導入している。

それにもかかわらず、米歴代政権でこの長期的で増大しつつある資産を活用しようという長期戦略を樹立したものはなかった。イェール大＝NUS間、デューク大＝NUS医学部間の方式に沿った東南アジア＝米国間の教育交流の増進は大いに役立つだろう。それは米国の教育機関にとってもシンガポールのそれにとっても利益となり、ASEAN＝米国関係の強化に貢献してきた。

教育交流にはそれ以外の利益もある。キショールとラリー・サマーズの共論たる『文明の融合』（The Fusion of Civilization）において、彼らは次のように論じている。

プラグマティズムと理性の活用が普遍的となるにつれて、世界の状況は改善されていくだろうと確信すべき理由は存分に存在する。西洋の大学はこの潮流の決定的な推進源であった。彼らのカリキュラムが世界中で模倣されたというだけのことではなく、現代の研究型大学という全生態系が再生産され、これら西洋型大学の卒業生が教育、公衆衛生、経済運営、あるいは公共政策に広く近代的手法を導入してきたのである。[24]

要するに、教育交流を通じて米国は、東南アジアにおける米国の展望に好意的な政治経済的生態系を形成しうるのである。

ASEAN と中国

ASEAN＝中国関係の歴史もまた三つの局面に分かち得る。敵対的な第一局面；第二の「恋愛」局面；そして第三の（現在進行中の）不確実局面である。それぞれの局面は、大きな地政学的趨勢に影響され、ASEAN＝中国関係が二者間の配慮のみならず国際的な動向によって動かされていることを示している。

このことはいずれの側も将来を展望するに際して念頭に置かねばならない要点である。

　第一の局面は容易に解説し得る。1967年8月にASEANが誕生したとき、中国は敵対的に対応した。1967年8月18日の『北京周報』の次の一文は、ASEAN創設に対する中国の精神を非常によく捉えている。

　8月8日の共同声明においてこの米傀儡（かいらい）諸国の同盟は東南アジアにおける米軍のプレゼンスを公然と支持し、これを弁護する言辞を弄する労さえとっていない。これらすべてが証明するように、「経済協力」の名のもとに創設されたこの反動的な連合体はとりわけ中国に敵対する軍事同盟である[25]。

　中国はなぜこのような対応を示したのか。簡単な回答は国際的な地政学である。当時中国は、冷戦においてソ連と同盟して米国に敵対していた。ASEAN原加盟5ヵ国は親ソというより親米的であり、東南アジアにおける共産主義者の膨張を恐れて結束していたから、中国がASEANの創設を非難するのは当然あり得ることであった。ソ連もASEANは米国の圧力に服従するだろうと警告している。アンドレイ・グロムイコが編纂（へんさん）した『外交辞典』は、ASEANが「まぎれもなく米国その他諸国がこの連合体に反社会主義志向を付与しようという圧力の下にある[26]」と記述している。

　この時点で中国は、ASEAN原加盟5ヵ国のいずれとも外交関係を持たなかった。のみならず、中国は、同国領で結成され5ヵ国政府を激しく非難する東南アジア各国共産党によるラジオ放送を支持した[27]。これらの放送はASEANについての激烈な批判を含んでいた。

　ASEANにとって幸運にも、この敵対局面は長くは続かなかった。中国はソ連との重大な不和に陥り、1969年にはウスリー川で武力衝突が生じた。中国の歴史家はこれを「珍宝島事件」と呼んでいる。米国はこの中ソ分裂を利用して中国をソ連から自国の陣営に引き入れようと努め、1971年7月、ヘンリー・キッシンジャーの有名な訪中で米中協商が浮上した。

　この米中協商は、ASEAN＝中国関係の第二の「恋愛」局面を幕開けさせた。中国は徐々に着実にASEANへの接近に着手、1974年5月マレーシアが対中

第3章　ASEANと諸大国　*115*

国交を樹立し、1975 年 7 月タイがこれに続いた。

ASEAN と中国の間の例外的に緊密な時期をもたらしたのは一つの大事件だった。1978 年 12 月のベトナムのカンボジア侵攻である。米国と同様、中国も ASEAN も侵攻に反対し、ソ連に支持されたベトナムのカンボジア侵攻への反対によって、1980 年代の ASEAN = 中国 = 米国間の緊密な協力の 10 年が導かれた。キショールは 1984 ～ 89 年、シンガポールの国連大使を務め、この協力関係を身をもって実感した。彼はまた、1981 年 7 月のカンボジア問題国際会議において例外的な事態を見聞した。ASEAN が中国によるポル・ポト復権の努力に反対したとき、米国が ASEAN に反対して中国を支持し、ポル・ポトのジェノサイド政権の復活を成功させた。この出来事は、ASEAN 諸国に貴重な教訓を与えた。関係が良好であっても、大国の利害は倫理や人権原則を凌駕するということである。

1980 年代の大部分を通じて、ASEAN と中国の間には緊密な協力が存在した。1989 年 11 月にベルリンの壁が崩壊し冷戦が終結したとき、この関係が終わっても不思議はなかったが、協力関係は持続した。中国は、1989 年 6 月の天安門事件後、米国を含む西欧諸国が冷戦終結で不要となっていた中国を孤立化させようとした際、ASEAN が協調の手を差し伸べたことをとくに評価した。

ASEAN は西欧諸国による中国排斥に参与せず、中国に対する友好を維持することで特別な報酬を手中にした。ASEAN の若干の諸国、とくにインドネシア、マレーシアおよびタイが 1998 ～ 99 年のアジア財政危機で甚大な苦境に陥っていたとき、中国は人民元の切り下げを拒否することでこれら諸国を救済した。さらに、当時中国首相であった朱鎔基は 2000 年 11 月シンガポールにおける ASEAN = 中国首脳会議で、ASEAN = 中国間自由貿易協定（ACFTA）という例外的提案を行った。朱鎔基からの公式提案は翌 2001 年にブルネイで提示された。

これまで親西欧の ASEAN 諸国は、日本・韓国・オーストラリアを含む西欧志向の自由市場諸国との緊密な関係を享受してきたから、この ASEAN = 中国 FTA 提案は非常に例外的なものだった。これら西寄り諸国はこれまで ASEAN との FTA を提案してはこなかった。しかし、共産主義中国政府が初めてこれを提案したのである。とりわけ注目すべきは、中国は単に FTA を提

116

案したのみならず、ASEAN 諸国に対する一方的妥協を申し出て、合意の一部として「アーリー・ハーベスト」を提示したことである。

ACFTA 交渉は、記録的な速度で進展した。2002 年 11 月には枠組み合意が署名され、ASEAN と中国に ACFTA 交渉の基礎を提供した。2004 年 11 月商品貿易に関する協定が署名され、2007 年 1 月 14 日にはサービス貿易協定、2009 年 8 月には投資協定が署名された。ACFTA は 2010 年 1 月 1 日に正式に発効した。中国 = ASEAN 間自由貿易地帯創設の祝宴は 2010 年 1 月 7 日、中国の南寧<ruby>南寧<rt>なんねい</rt></ruby>で開催された。ASEAN = 中国関係にとって 21 世紀最初の 10 年間は、あきらかに積極的なものであった。

対照的に、ASEAN = 中国関係の第二の 10 年間ははるかに挑戦的なものであった。2012 年 7 月、ASEAN 諸国外相がプノンペンでの年次会議に臨んだ時点で最低水準に落ち込んだ。外相たちは過去 45 年間、例外なく、共同声明の発出で合意してきたが、プノンペンではこれに失敗した。なぜか。一般的な理解では、同会合の議長国であったカンボジア政府が中国から共同声明で南シナ海問題に言及しないようにという圧力を受けていたためであった。他の 9 ヵ国は、原則の問題として、こうした言及を含むべきであると感じていたため、政治的膠着<ruby>膠着<rt>こうちゃく</rt></ruby>状態に陥った。中国からの圧力の結果、ASEAN の結束はプノンペンで粉砕されてしまった。

この事態が意味することは、長い第二局面（恋愛局面）が中途で第三の局面、つまり新たな不確実の局面にとって代わられたということである。第三の局面がいつ始まったのかの特定時点を確定することは不可能であるが、2012 年のプノンペン会議は、南シナ海問題が ASEAN = 中国関係に影響を及ぼし始めたことを示していた。

ASEAN = 中国関係を決定する諸要因

ASEAN をめぐる状況が非常に不確定であったから、中国も ASEAN 諸国もこの関係の将来について十分に検討することが賢明であった。いくつかの大問題がある。中国にとって強力で結束した ASEAN と、弱体で分裂した ASEAN のいずれが安泰なのか。中国は良好な ASEAN = 中国関係からより多くの国際的利得を得られるか。中国が世界第一の強国になったら ASEAN 諸国はどの

ような調整を必要とするかなどがこれである。中国は前二者を熟考する必要があり、ASEANは第三の問題を検証する必要がある。

　中国と若干のASEAN諸国、とりわけフィリピンとの難問に照らせば、北京の戦略立案者らが中国にとってASEANが結束しているよりも分裂していた方が安泰でいられると信じたとしても不思議ではない。伝統的にいって大国は分割して統治するという手法を駆使してきたし、中国の利害にとっては分裂し破綻したASEANの方が有益であると論じ得るかもしれない。ASEAN分断という誘惑が北京の一部を引きつけるかもしれない。

　しかしこのような誘惑に駆られた中国の戦略立案者は誰であれ、短期的利益と長期的損失との比較の上で熟考せねばならない。我々の時代の最大の奇跡の一つは、中国が平和裏に大国として再興したことである。このような幸運が実現したのは賢明な中国人指導者とりわけ鄧小平や朱鎔基らが示した英知に負うところが大きい。とはいえ、中国の平和的再興は補助的な要素にも負うている。そうした要素の一つがASEANである。

　通常、大国間の変化は巨大な摩擦を生むものである。たとえば、中国と日本、あるいは中国とインドの間にさらなる摩擦が見られても当然の事態である。しかし、いずれのケースでもこうした摩擦はほとんど見られない。その一つの理由は、巧みな比喩を用いるならば、ASEANがアジア太平洋における大国間の交接を「軟化させる」ことで「潤滑油」の役割を果たしてきたからである。諸大国間の関係に中立的な地政学的な場を提供するというASEANの役割は現下の大国間のパワー・シフトという状況においてはきわめて価値が高い。というのは、ASEANのみがこうした役割を果たしうる理由は、それだけが域内のすべての大国に信頼されている唯一のアクターだからである。キショールがその著『アジア半球が世界を動かす』で論じているように、「新たな協力のパターンが生まれつつある。ASEANは、単独で新たな協力のためのアルファベット・スープ――ARF・APEC・ASEAN+3・ASEAM・EAS――を創設する中核的役割を演じている」[28]。

　もう一人の研究者アミタフ・アチャリャは、興隆するアジアの諸大国が相互に関わりあう主要な地政学的舞台を提供するというASEANの重要な役割について論じている。彼によれば、「[ASEANは]東アジアにおける地域的多国

118

間フォーラムのリーダーでないとしてもハブとして機能してきた。……ASEANには限界があるが、地域的多国間外交のハブという役割に挑戦できる他の機構は存在しない[*29]」。

　もしASEANが存在しなかったら、中国の戦略立案者たちは中国の台頭を円滑にする代替的方途を模索しようとしたことであろう。しかし、そのような代替物を発見することは容易ではなかったろう。ASEANのような機構は一朝にして創設し得ない。活発で機能的な地域機構を創設するには長年にわたる努力と賢明な指導者を必要とする。端的にいって、ASEANが存在したこと自体、地政学的な天恵だったのである。確かにASEANは（たとえば欧州連合のような他の機構がそうであるように）不完全な機構である。とはいえ、そのような不完全な機構でさえ、中国の利益に役立つものは一朝にしては創設し得ないのである。中国の戦略立案者たちは、ASEANを弱体化するのでなく、強化する方向で努力すべき最大の戦略的資産の一つであると知らねばならない。ドナルド・トランプが選出されたことが米中関係における新たな暴風をもたらすか否かを語るのは時期尚早である。しかし、米中関係が暴れ馬と化することは確実でないにしてもあり得ることである。こうしたシナリオにおいて、良好なASEAN＝中国関係は中国にとって貴重な戦略的資産となろう。

　戦略的立案者たちはまた、ASEANが存続し、成功し続けることは中国にさらに大きな世界大の利益をもたらすことに気づく必要がある。その顕著な事例を示しておこう。多くの西欧諸国、とりわけアングロ・サクソン系諸国が中国の台頭に困惑しているのは秘密ではない。アングロ・サクソン系のメディアに中国に否定的な論文が溢れているのはこのためである。端的にいって、ASEAN＝中国関係はアングロ・サクソン系メディアによって中国を悪しざまに描くために利用されてきたのである。ASEAN＝中国間の良好な関係は、彼らからこういう武器を奪うことになるだろう。

　中国人が南シナ海における中国の最近の動向が世界の中国理解に及ぼす影響を分析しようとすれば、彼らはこうした行動が中国の大国としての台頭を平和的だと主張する努力を損なってきたと結論づけるだろう。

　わずかな指標が多くのことを語ることもある。中国人論者は、国際的に影響力のある『エコノミスト』誌に掲載される週変わりの風刺漫画を研究せねばな

出所：英誌『エコノミスト』2016年6月11日号に最初に掲載された風刺画。Kevin Kallaugher氏の好意による

らない。それは定期的に「アンクル・サム」（米国）を気の毒な人の好い老紳士として描き、中国を鋭い牙をむきだした怒れる竜として描いて見せる。近年の米中両国の国際軍事的な役割を客観的に観察すれば、これらの描写はまさに真実の逆である。

　しかし、今日の中国イメージの紋切り型の理解は真実とまったく逆になっている。このことがアングロサクソン系メディアの力を示している。ここに示す漫画では、平和愛好的な米国が中国という軍事的巨竜と対決している。しかし、アジア太平洋海域では米軍のプレゼンスの方が中国よりも強大である。

　キショールは2014年央の北京におけるシンクタンク系の討論会で中国の外交専門家に対し、アングロサクソン系メディアが中国を侵略的かつ好戦的であると描くために中国の南シナ海における攻撃的な行動を利用していると警告したことがある。実際キショールは、さらにきつい表現を用いた。彼は、アングロサクソン系メディアが「反中感情という竜」を世界中に拡散しようとしてきたと述べたのである。結局は、南シナ海における中国の行動がそれを可能

にしてきたのである。

　ここで強調すべきは、ASEAN＝中国間の良好な関係は、中国が平和的台頭にコミットしてきたという主張を補強する結果になるだろうということである。中国の指導者たちは、平和的台頭という中国の目標を雄弁に語ってきた。銭其琛（せんきしん）は同国の興隆を「平和的台頭」と呼んだ最初の上級当局者の一人である。彼は次のように論じた。「現代史において若干の勃興する大国は侵攻や植民地化、膨張あるいは大規模な侵略戦争によって他の大国の資源を簒奪（さんだつ）してきた。中国の台頭はこれまで、平和的な手段で獲得された資本、技術および資源によって動かされてきた[*30]」。

　習近平はこのメッセージを同様に強力なコメントで補強した。彼はいう。「中国人の血液には侵略の遺伝子は存在せず、中国人は『力は正義なり』という論理には従わない[*31]」。彼はまた、「今日、獅子は目覚めた。ただしこの獅子は平和的で快活で、文明的である」。「平和的台頭」という政策を実施した最初の指導者は言うまでもなく鄧小平で、彼は次のように語った。「我々は世界のいかなる地域であれいかなる国によるものであれ、この原則に反する覇権主義や勢力圏の確立には反対である[*32]」。彼は、さらに次のような衝撃的な発言を加えている。

　　いつの日か中国が姿を変えて超大国に変身し、世界で暴君を演じ、あるいはいずこにおいてであれ他国をその威圧、侵略、搾取に服従させるようなことがあったら、これに反対し、中国人民と協働してこれを打倒するがよかろう[*33]。

　中国は、その平和的台頭について雄弁な演説を続け得るし、そうせねばならない。しかし、人間世界ではしばしばそうであるように、言葉より行動の方が声が大きい。中国はその台頭が平和的であること、「覇権主義や勢力圏の形成に反対」という鄧小平の言明を厳守することを実証せねばならない。その最善の舞台がASEAN地域である。なぜか。明確な答えは、米国にとってラテンアメリカがそうであるように、ASEANは中国にとって地政学的後背地として機能するからである。米国はラテンアメリカにおいてその大国としての特性をその行動によって実証してきた。同様に中国はASEAN地域でその行動を通

第3章　ASEANと諸大国　121

じて［その平和的台頭という主張を］実証しうる。だからこそ、中国はそれを実証しようとするならば——米国と異なり——平和的国家として崛起しようとするならば、その対比を示すにはASEANが最善の場所なのである。

　幸運なことに中国は、ラテンアメリカでの米国よりうまく後背地に向き合うことを実証するのにさほど労を要しない。キショールはその著書『無知の時代を超えて』で、大国として米国が果たした役割を詳述している。彼は、争う余地のない真実から説き起こす。「米国は他のいかなる国よりも世界にとって良いことを実行してきた[34]」。しかし、米国が様々な方法で世界に損害を与えてきたのも事実である。米国のパワーで最大の被害を被った地域はラテンアメリカである。ほとんどの米国人は、彼らの後背地で彼らがもたらした苦痛に気づいていない。彼らにこの点を気づかせるためにキショールは、2003年11月、彼の著書を祝賀するためニューヨークで開催された会合での著名なラテンアメリカの作家ガブリエル・ガルシア・マルケスのメッセージを引用している。マルケスは、祝賀してくれた米国人に感謝する代わりに、ビデオ・メッセージを届け、米国人に次のように語って米国人に少なからずショックを与えた。

　今、あなたの隣人の居間ではなく、あなた自身の裏庭で恐るべき事態が起きたらどんな感じがするだろうか。……1824〜1994年にあなた方の国はラテン・アメリカ諸国に73回侵略していることをご存知か。……ほぼ一世紀の間に、あなた方の国はほとんど全世界と戦争をしてきた。……アメリカ人諸君、9月11日に長い戦争が遂にあなた方の祖国にたどり着いたのだと知ったらどんな感じだろうか[35]。

　マルケスは米国とその後背地たるラテンアメリカとの困難な関係を雄弁に描いている。対照的に中国はその後背地たる東南アジアと良い関係を結んできた。中国の指導者たち、とりわけ習近平国家主席はより強力なASEAN＝中国関係の構築へのコミットメントを宣言している。2013年10月2日のインドネシア国会における演説で習主席は、ASEAN＝中国関係の強化に向けた多くの具体的提案を提示した。

中国は ASEAN 諸国が中国の発展からより多くの利益を得られるように、平等互恵の基礎に立って中国を ASEAN 諸国に広く開放する用意がある。中国は中国 = ASEAN 自由貿易地帯を格上げし、2020 年までに貿易額を往復で 1 兆米ドルにまで増大する準備をしている。……中国は、ASEAN 諸国に優先順位をおいた［下線は筆者］アジア開発投資銀行の設立を提案する予定である。東南アジアは古代より海上シルクロードの重要な要衝であった。中国は、中国政府が創設した中国 = ASEAN 海洋協力基金をよりよく活用し、21 世紀の海上シルクロードを構築するための努力を推進するため、ASEAN 諸国との海洋協力を強化するつもりである。[36]

彼はさらに、「昨年は中国 = ASEAN 間で 1500 万人の旅行者があり、毎週 1000 便以上が運航した。両者間の交流の増進は我々の間により深い絆を育て、両国人民にさらなる親密さを感じさせている」。

鄧小平から習近平にいたる中国指導者によるイニシアティブの結果、中国 = ASEAN 関係はますます強化された。分けても貿易は 1980 年の 24 億米ドルから 2013 年の 3500 億米ドルへと、30 年間に 100 倍増加した。両者間の投資も同様に増加した。ASEAN 諸国の対中投資は 2013 年には 83 億 5000 万米ドルに増加した。中国の対 ASEAN 投資は 1991 年の 44 億米ドルから 2013 年の 86 億ドルへと増加した。中国と ASEAN は、2004 年のインド洋大津波、ミャンマーのサイクロン、銀川地震［訳者注—2008 年 5 月寧夏回族自治区で発生。死者 8 万人余］、SARS および鳥インフルエンザなど一連の重大な自然災害に対処するに際しても相互に救援を与え連携した。

習国家主席は「新しい大国関係」を提唱した。彼がこの提案をしたのは賢明だった。歴史は、一つの大国（この場合は中国）が世界最大の大国として他の大国（この場合は米国）を凌駕しようとするとき、紛争が生じ得ることを教えている。習主席はこの問題に言及するに際して「ツキディデスの罠」の語を用い、「我々はすべてツキディデスの罠——勃興する大国と既存の大国との、あるいは既存の大国同士の破壊的な緊張——を回避するために協力せねばならない」[37]。

習主席が大国と中小諸国との新たな関係を提唱すれば、やはり賢明といえた

ろう。中国は不可避的に好戦的・侵略的大国として台頭するだろうという西欧の既存の認識とは逆に、中国は米国と異なり、中小諸国に敬意をもって対処しうると実証することができる。これを最初に実証する最善の場所が対 ASEAN 関係なのである。

　中国が大国と中小諸国との関係の新たなモデルを樹立できれば、アングロサクソンのメディアが中国を好戦的で侵略的大国として描くことは困難であろう。多くのアングロサクソンのメディアは（アングロサクソン諸国の政府も同様に）、中国が南シナ海に描いた九段線（きゅうだんせん）に絶好の攻撃手段を発見したと信じた。というのは、この九段線は海洋権益に関する現行のいかなる国際法や国際合意によっても正当化し得ないため、アングロサクソン系メディアに中国のネガティブなイメージを拡散する機会を与えているからである。

　中国 = ASEAN 関係はこうした地政学的文脈においていっそう重要になる。もし中国が対 ASEAN 関係を律する上で大国と中小諸国の新たなモデルを構築するのに成功すれば、アングロサクソン系メディアが国際社会の場で中国を侵略的なアクターとして描こうとする努力を著しく鈍らせることになるだろう。中国 = ASEAN 関係の包括的な再検討は、こうした関係がいかに中国の外交政策上の利益に資するかが北京にも明らかになるだろう。

　本節が届けようとする主要なメッセージは、中国は ASEAN との良好な関係がもたらす付帯的利益を過小評価すべきではないということである。EU に次いで世界で最も成功を収めた地域機構として ASEAN は、結束を維持し、ASEAN 経済共同体（AEC）のような事業の推進や各種目標の達成を通じて地域間協力のレベルを高揚させていけば、世界における地位や威信を高めることができるだろう。中国は ASEAN との良好な関係を構築できれば、ASEAN の国際的な成功物語の一部となりうる。それゆえ我々は、中国がその政策の真摯（しんし）で包括的な再考を通じて、対 ASEAN 関係を弱体化させるのでなく、強化することこそ自国の利益にかなうという結論に達することを期待するのである。

　二国間関係が常にそうであるように、拍手するには両の手が必要である。中国が ASEAN = 中国関係の真摯な再考を必要とするように、ASEAN も同様な努力が必要である。ASEAN は 10 ヵ国からなり、中国をめぐる国益も各国ごとに異なるから、こうした再検討はさらに困難である。ASEAN 各国は

ASEAN の対中関係がいかなるものになるかを考えるに際して、自らの二国間関係における利益を勘案するだろう。もちろん、彼らの二国間利害の評価は、地理や歴史、あるいは、しばしば指導者が交替すれば政策も変化するから、時の指導者の性格や個性によっても条件づけられる。ASEAN＝中国関係につき、異なる ASEAN 諸国が異なる結論に達したとしても驚くにはあたるまい。実際、2016 年の今日までにそうした事態は生じてきた。

　対中関係で常にもっとも苦悩してきたのはベトナムとミャンマーである。なぜか。簡潔な答えは歴史である。両国とも侵略してきた中国軍と戦争したことがある。1765 〜 1769 年に乾隆帝は 4 度にわたってミャンマーに侵攻し、これら紛争の結果、今日の中国との国境線が画定された。[38] ミャンマー国境は、中国国民党と共産主義者の内戦がもたらした戦闘の舞台となった。1979 年の中越戦争では、戦闘はわずか 3 週間と 6 日しか続かなかったが、ベトナム人 5 万人余りの死者を出した。[39] ベトナムは紀元前 111 〜紀元 938 年の 1000 年以上も中国に占領されたことがあるから、中国の利害や意図にとくに猜疑心を抱いている。著名なジャーナリストのナヤン・チャンダは、ベトナム戦争でハノイが米軍爆撃機の攻撃を受けてからわずか 10 年足らず後、ハノイ博物館への訪問者は「ベトナムの中国からの 1000 年におよぶ独立戦争」[40] という歴史的説明を受けたと書いている。ベトナム人ジャーナリストのディエン・ルオンは、『外交』（The Diplomat）誌所収の論文で次のように書いている。

　1970 年、米国の北爆最盛期に、米国の指導的な活動家にして米外交のもっとも先鋭な批判者であるノーム・チョムスキーは、首都ハノイを訪問するよう招待され、ハノイの政治大学院で講演を行った。チョムスキーはハノイ到着初日の朝、何世紀も以前のベトナムの対中戦争のジオラマつきの長大な講義を聞くため戦争博物館に連れていかれた。彼は、「教訓は明白である」とインタビューで答えている。「あなた方は今や我々を打倒しつつあるが、やがて去っていくでしょう。が、中国は常にここに存在するのです」[41]。

　ベトナムと中国の運命は、地理的な理由で常に交錯するだろう。シンガポールの長老外交官たるビラハリ・カウシカンは、2016 年日本での G7 サミット前

夜のフォーラム会合で聴衆に対して次のように語った。

　数年前、私はあるベトナムの上級当局者に対して、指導者の交替がベトナム
の対中政策にいかなる意味を持つかについて質問した。彼の答えは、いかな
るベトナム指導者も中国に対抗し、かつ中国とうまく付き合っていく能力を
持たねばならない。もしこれらを同時に実行できないなら、彼は指導者たり
得ないというものだった。[42]

　興味深いことに、中国とベトナムの国益は（とりわけ南シナ海をめぐって）も
っとも乖離しているのに、両国は一つの今日的利害を共有している。つまり、
北京とハノイにおける共産党による統治の正当性を維持することである。これ
がベトナムと中国の相違を緩和するのに役立っている。
　タイは中国との国境を共有してはおらず、かつて中国軍と戦ったこともない。
タイ宮廷は伝統的に中国皇帝に朝貢してきたし、現代のタイは中国系住民を快
適に同化している。タイは米国の同盟国であるが、中国からの膨大な援助を受
け入れ、中国の利害に同調的な国になりつつある。イアン・ストーリーはこの
変化を次のように見事に描いている。

　……過去 40 年間、タイはその危機的状況下では常に中国の援助に頼ること
ができた。たとえば、1973 年のエネルギー危機に際しては中国がタイに
「友好価格」で原油を売却した。10 年余にわたるカンボジア危機に際しては
中国はタイの主要な戦略的同盟国であった。1997 ～ 1998 年のアジア財政危
機でタイ経済が萎縮したとき中国は財政支援を提供した。2006 年のクーデ
ター後には、中国は新政権を直ちに承認し、二国間関係は正常通り継続され
た。タイ国内では、とりわけこれらの出来事が、バンコクでどんな政権が成
立してもタイの国益を尊重してくれる国という非常に好意的な中国イメージ
を作り上げたのである。[43]

　近年にいたり、軍事政権に対する米国の批判――事実上の排斥――がタイを
中国側に押しやってきた。1980 ～ 1990 年代における西欧のミャンマー孤立化

がミャンマーを中国の掌中に追いやってきたのと同様、タイ軍事政権に対する西欧の批判が同国を中国への地政学的な贈り物としてしまったことになる。イアン・ストーリーがいうように、

　　タイの国内政治状況は、主として同国の対中傾斜によって決定されていた。軍事政権は、10年にもおよぶ政治的混乱の後とあってタイは軍部のみが提供し得る安定期を必要としていることについての中国の理解を評価するという姿勢を明らかにしていた。タイ政府は、これを即時民主主義への復帰を迫る米国の姿勢と対比させ、クーデター以後、タイにおける人権や人身売買状況が悪化しているという米国の言い分を不公平かつ偽善的であるとして否認した。……クーデターに対する中国と米国の対応の差は、1970年代以来、タイは危機的状況に際して常に中国の支持に依存し得たが、米国は好天時の友人としてしか振る舞ってこなかったという認識を深める役割を果たしてきた。[44]

　中国はまた、カンボジアとラオスにもとくに好意的であり、両国はASEAN域内でももっとも親中的な国家として浮上してきた。
　海洋部東南アジアでは中国から政治的にも物理的にも距離があり、折に触れて中国への不満も見られる。しかし、各国ごとの政策は首尾一貫していない。ベニグノ・アキノ3世下のフィリピン（2010〜16年）は、中国に対して非常に批判的で、中国をハーグの常設仲裁裁判所に提訴した。しかし、ほんの20年ほど前（1991年）には、スービック湾やクラーク空軍基地から米航空母艦を排除している。フィリピンはその外交政策において、とりわけ文化的理由から、首尾一貫せず移り気な傾向があった。2016年5月、ロドリゴ・ドゥテルテが大統領に選出され、南シナ海問題を中国との二国間で解決すべく努力すると明言したことで中国＝フィリピン間の緊張は緩和された。ドゥテルテは2016年10月、400人もの財界人を含む代表団とともに訪中してこれを補完した。240億米ドルの貿易協定が署名された。帰国後間もなく、中国はスカボロー礁近海でのフィリピン漁船の操業を解禁した。
　マレーシアは、タイと同様、中国との長い良好な関係をもつ。マレーシアは

中国と国交を樹立（1974年）したASEAN最初の国で、マハティール博士や現職のナジブ・ラザクらマレーシア歴代首相は北京と緊密な関係を維持した。ナジブは、彼の父親トゥン・ラザク首相が対中国交を樹立したこともあって、北京では常に丁重に厚遇された。2016年11月、ナジブは訪中し、非常な歓待を受けた。中国はマラッカで19億米ドルの港湾新設に同意し、131億米ドルのクアラルンプール〜クランタン間の鉄道新設に同意した。

しかし、指導者間の厚誼とは別に、構造的な問題が中国＝マレーシア関係を複雑にしていた。両国間には南シナ海で競合する領有権問題があり、マレーシア指導部エリートは国内の中国人社会に猜疑心を抱いている。これらの問題は中国＝マレーシア関係を錯綜させる可能性がある。

インドネシアの対中関係にはいくつかの要素が絡み合っている。中進国となろうとする意欲をもつインドネシアは、中国に対して必ずしも恭順ではない。インドネシアは、スハルト大統領が中国共産党は1965年のPKIのクーデター未遂を支持していたと信じていたから、対中国交を樹立したASEAN最後の国の一つであった〔訳者注—非同盟路線の盟主を自負するインドネシアは、1950年、いち早く「新中国を承認」していたが、クーデター未遂後の1967年には国交を「凍結」したから、正確には国交「凍結解除」〕。スハルトは1990年にいたってようやく外交関係の樹立を許可した。スハルトは去ったが、対中不信感は残った。中国が南シナ海に引いた九段線はインドネシアの排他的経済水域を侵している。中国はインドネシアの指導者らに排他的経済水域への領有権を主張しない旨個人的な保証を与えてきたが、これを公然とは発言することはあるまい。南シナ海ではインドネシアと中国の公船間の事故も発生したことがある。

中国といくつかのASEAN諸国の二国間関係を概観するだけでも、それぞれがいかに錯綜しているかが明らかになる。しかし、いずれのASEAN加盟国であれ、こうした二国間の利害関係にASEAN＝中国関係の将来を決定させるのは誤りであろう。そうではなく、グループとしてのASEANの長期的な対中利害についての賢明な考慮に立脚すべきである。

ASEANの長期的利害に関する配慮は、対中関係における選択肢の両極端——対中すり寄りや対中対決——はASEAN10ヵ国にとって壊滅的となる恐れがある。ASEAN諸国は、伝統的なコンセンサスに従い、対中すり寄りと対

決の中間を行くことに合意する必要がある。彼らは中国に対し、自立的ASEANこそ中国の長期的利益にとっても最善であることを明確にせねばならない。そうすることが、中国とインドや日本などアジアの主要諸国との関係を円滑で柔軟なものにするのを助けることになるからである。

　ASEANは最初の50年間、とりわけ最近の30年間、中国と他の大国との溝に橋をかける一助となることで中国の利益に資することができることを実証してきた。ASEANの価値を理解するため、中国は北東アジアで直面する猜疑心の深さを理解し、東南アジアにおけるその軽微さとを比較してみるべきである。北東アジアと東南アジアの政治的雰囲気の差異はASEANに帰するのである。もし中国が国境周辺で好意的な動向を得ようとするならば、弱体でなく強力なASEANこそもっとも好ましい前途を提供すると知らねばならない。

　ASEANおよび中国の指導者たちは、最近の両者の関係に影響するいくつかの小競り合いにもかかわらず、ASEAN＝中国関係が安定的で好ましい経過をたどるようにするために、冷静で洗練された熟慮を必要とする。こうしたアプローチには、双方の重要な利害についての深い理解が求められる。本書の目標の一つは、それぞれの大国がASEANとの長期的な利害関係をよりよく理解する一助となることである。

ASEANとEU

　欧州連合（EU）は世界で最も成功した地域機構であり、ASEANはこれに次いで成功した機構である。その力量は相互補完的であり、両者の同盟は多大な利益をもたらす共生関係を生み出すであろう。EUは先進諸国のグループである。ASEANは（シンガポールを除けば）発展途上国のグループである。両者の経済的力量は相互補完的である。両者は文化的にも補完的である。EUはキリスト教国からなる単一文化集団である。ASEANは多くの異なった宗教・文化からなる多文化集団である。援助や発展助言を供与する集団として、EUはASEAN諸国が経済的に発展するのを支援できる。ASEANは地政学的次元でEUを支援することでお返しができる。ASEANは、ASEANを中心とする地域的な取り極めを通じて相対的に安定した地政学的環境を創造するのを助けて

第3章　ASEANと諸大国　*129*

きた。この点を驚きとする読者があるかもしれない。

　この状況を理解するためには、欧州連合の地政学的欠陥を理解する必要がある。EU は地政学的には近視眼的動物である。不幸にも、EU における政策決定過程はより大きな EU 全体の長期的利害でなく、各加盟国の短期的利害に焦点を当ててきた。政権にある政治家の選挙上の短期的利害がしばしば地域利害を凌駕してきた。

　2015 年、シリア難民危機が EU を圧倒した。100 万を超す難民が流入した時、EU の対応は典型的な混沌状態であった。政治家たちは驚きを装ったが、いつそういう事態が起きるかもしれない状況だった。キショールは 2015 年 11 月 26 日の『ヨーロッパ世界』(Europe's World) 誌に次のように書いた。

　ヨーロッパの今日の移民危機は、メキシコ移民問題がそうであるように、予期できたことである。EU は米国の NAFTA に対抗すべく北アフリカ貿易地帯（NAFTA）に署名すべきだった。しかし、それは提案されなかったし、検討さえされなかった。なぜか。単純な回答は、米国には長期的な挑戦に対応する情報・安全保障機構があり、メキシコの挑戦を予期していたからである。EU にはこれらがなく、切迫する移民の圧力に気づかなかった。事態をさらに悪化させたのは、EU が隣接するイスラム諸国との関係について米国に案件設定を委ねたことである。2010 年 12 月にチュニジアでアラブの春が幕を開けたとき、EU はチュニジア、エジプト、およびリビアにおける蜂起に対処する際の運転席を米国に委ねた。大西洋を隔てており、これらの問題から立ち去ることも出来る米国はイデオロギー的な立場をとることが可能だった。EU は決して北アフリカの問題から立ち去ることはできず、米国のイデオロギー的な利害が自身の現実的な利害を蹂躙するに任せるのではなく、慎重かつ現実的でなければならなかったのである。[*45]

　これほど明瞭なことを見落としたという EU の失敗は、政策決定手順に関する重大な構造的欠陥の結果である。EU 諸国指導者は、その時間のほとんどを対内取り極めをめぐる交渉に費やしてきたが、EU が直面するのは今やほとんどが対外的なものだったのである。この事実を疑うならば、アフリカで進行中

の人口爆発（不可避的にヨーロッパへの難民流入をもたらす）、北アフリカや中東における混乱（ヨーロッパへの難民流入の戸口を開く）、およびウクライナの惨状などへの対応におけるEUの失敗を見るがよい。

では、EUはASEANの地政学からどんな教訓を学ぶことができるか。EUは同様の挑戦に直面したミャンマーとシリアという二つの国について考えることで上手く対応できたであろう。両国とも軍事政権を持ち、人種的・宗教的活断層によって分裂していた。両国とも民主的改革努力を弾圧した。EUはこれらの両国に対して制裁を課するという同様の対応を見せた。ASEANは、ミャンマーへの関与という正反対の対応を示した。

ミャンマーをめぐるASEANとEUの相違は、1990年代に頂点に達した。タイミングも不運だった。冷戦の結末がEUを我慢ならないほど傲慢にしていた。1990年代におけるASEAN＝EU会議で、当時EU議長国であったベルギー外相ウィリー・クレースがヨーロッパ代表団を率いていた。彼は誇らしげに、冷戦の終結とともに世界には米国と欧州連合という二つの大国のみが残されたと宣言した。彼は尊大さを振りまいていた（奇妙なことにベルギーは、国内的な困難さにもかかわらず、傲慢な閣僚を生み出す伝統がある。20年後、欧州貿易長官カレル・デ・グフトはASEANの同僚に対して同様の傲慢さを示した）。

EUは1997年にミャンマーにASEAN加盟が認められたとき、ASEANとの一部関係を停止し、EUがミャンマー代表へのビザ発給を拒否したため、ASEAN＝欧州会議を中止せざるを得なくなった。当時シンガポール外相であったS・ジャヤクマールは次のように書いている。

EUとASEANは、会場をASEAN側（ASEAN側が議長国）とEU側（EU大統領選出国）が交互に担当して2年ごとの対話を行ってきた。ASEANで開催された場合には、EU代表団はすべてのASEAN外相と同席するのになんら問題は生じなかった。しかし、彼らがホストを務める番になると、ミャンマーの人権問題での実績をめぐる強硬姿勢から同国外相へのビザ発給を拒絶した。当然ながら我々は分割統治的なアプローチを甘受し得ず、ミャンマー外相欠席のままの会合への参加を拒否した。結果として、ASEAN＝欧州対話は立ち往生してしまった。事態が打開されたのは2003年1月、面子を

救うやり方でEU本部のあるブリュッセルで会合が実現した。ミャンマーからは外相代理が参加した[46]。

ジャヤクマールは後に、「EUの唯一の争点はミャンマーと人権だった。ミャンマーはうってつけの立たされ坊主だったのだ[47]」と語っている。トミー・コーによれば、

ジャヤクマールがスウェーデンを訪問した時、彼はリンド外相から彼がなぜミャンマーをめぐってあれほど強硬な態度をとったのかの説明を求められた。彼は、あれは強硬路線とはいえないとし、EUが北朝鮮とは対話してもミャンマーとは話さないことは矛盾である旨を指摘した。リンドはその通りだと同意した[48]。

ASEANがミャンマーを受け入れてから20年が経った。ミャンマーはより民主的な政権への平和的移行を達成した。これと対照的に、シリアは戦火の中にあり、シリア難民はヨーロッパに流入しつつある。ミャンマー軍事政権への関与というASEANの政策は成功をおさめ、シリア孤立化というEUの政策は失敗した。おそらく、EUはミャンマーとの関与を批判・中傷したことにつきASEANに謝罪すべきだろう。

そのような謝罪は、全面的なリセットを要するASEAN＝EU関係の潜在的調和の実現を助ける結果となるだろう。機能不全に陥った局面を修復するため、EUはその対ミャンマー政策が完全に誤っていたと公然と認める必要がある。さらに、ASEANに向けて示してきた傲慢さや恩着せがましい態度を無用のものとする必要がある。

他方、ASEANの側はEUと接するに際しより強い自信を持つ必要がある。多くのASEAN諸国は欧州理事会からの援助やEU加盟各国からの援助を受けてきたから、嘆願者のように振る舞うことに慣れてきた。これは止めねばならない。ASEANはEUから援助を受けているインドから学ぶことがある。EUはインドに対し2014年に7800万米ドルの援助を与え、ASEAN諸国は3億400万米ドルを受領した[49]。EUがインドに対し、民主主義や人権の一定基準

を満たす必要があるという条件を課そうとしたとき、世界最大の民主国家たるインドはEUに対し「あっちへ行け」と告げたのである。2011年、時のインドの外務担当閣僚のシャシ・タロールはインドの姿勢につき、次のように語った。

　ヨーロッパは時として国内問題につき余計な助言を与えようとする傾向があり、我々が常にそれを甘受するわけではない。我々が主権国家に不可欠な敬意をもって相互に遇するならば、戦略的パートナーシップを構築するのに何ら問題は生じない。しかし、我々はまず貿易から始めねばならない。それがもっとも容易な出発点だからである。

彼はさらにいう。

　たとえば人権について。我々は民間機関、メディア、あるいは公共機関が犯したほとんどの人権侵害を、カシミールにおいてさえ開示してきたことを誇りとする。インドは自身の問題を自決することを好む国家である。我々の植民地支配の過去からして、国外から何者かが我々に教訓を垂れようとすることを好まない。私は、もしヨーロッパがFTAについてそうした条件を課すならばインドは協力を拒絶すると確信している。あなた方は歴史を忘れることはできない。200年以上も他国がインドの経済や政治を牛耳ってきたことを忘れるわけにはいかない。我々にとっては、FTAを樹立することより我々自身の権利を主張することの方がさらに重要である。単純な話である。[50]

　EUが自ら問わねばならない大問題はこうした助言を心に刻むことができるかどうかである。
　もしEUとASEANが対等な対話を行うことができれば、互いに相手から学ぶところがある。おそらくこうした考えはほとんどのヨーロッパ人の心には受け入れられないだろうが、EUがASEANから学ぶことは多い。そしてASEANがEUから学び得る教訓も同様に重要である。以下に三つの事例を論じてみたい。

第一に、EU はその出自からしてイスラム世界との対応という難問を抱えていた。これはシャルリー・エブド問題〔訳者注―2015 年 1 月、パリの風刺週刊誌がイスラムの預言者モハンメドを題材にした風刺漫画を掲載したことに激怒したイスラム過激派が同誌を発行する『シャルリー・エブド』社を襲撃した事件〕や 2015 年 11 月 13 日のパリにおける悲劇的な殺戮に象徴的に表れている。この地域においては地理が運命を決する。ヨーロッパは常にイスラム系隣人とともにあり、昨今、その隣人は決して好運でも裕福でもない。これと対照的に、世界で最も成功したイスラム系国家の 3 ヵ国はブルネイ、マレーシア、そしてインドネシアという ASEAN 諸国である。もしリビア、チュニジア、あるいはアルジェリアといった諸国がブルネイ、マレーシア、インドネシアの例に倣うならばヨーロッパの将来は、長期的に一段と安定したものになるだろう。

　ヨーロッパが北アフリカの青年を ASEAN 諸国で学ぶために派遣する大規模な奨学金プログラムの後援者となるならば、これら青年はイスラムが民主主義とも発展とも両立するという事実を身をもって知ることになるだろう。そのうち幾人かは（キショールが学部長を務める）リー・クアンユー行政大学院で学ぶことになろう。つまり、ASEAN は北アフリカの発展と民主主義に希望をもたらすことで EU に相当の助力をすることができるということである。こうした希望の意識が培われれば、移民が地中海を越えてヨーロッパにわたる数は減るだろう。これも明らかに ASEAN と協力することで EU の得点となる協力分野である。EU の政策決定者の誰一人これほど明白な事実に気づかないのであろうか。悲劇的かつ簡潔な回答は、ヨーロッパ人の傲慢さがあきれるほどの盲点をつくり出しているということである。

　第二に、EU は孤立でなく関与という政策アプローチを ASEAN から学ぶことができる。上述したミャンマーとイラクの事例はこのことを物語っている。EU はロシアに対処するに際してもまた ASEAN に倣うことができる。なぜか。制裁は機能しないからである！　2015 年 12 月、キショールとコフィ・アナンは共同論文を発表し、制裁が政策の変化をもたらすことは稀であるとし、次のように論じている。

　結局のところ、公共政策は、直感や感情によってではなく、実証によって導

かれねばならない。そして実証が示すところでは、成功をもたらし、意図しない結果をもたらさないようにするためには、慎重に計らわれた制裁は政治的関与と並行して進めねばならない。制裁を課すことは気分がよいかもしれない。しかし、それが実際に良い結果を生むためであるとすれば、それがいかに行使されるかを精査しなければならない。[*51]

ロシアのような大国は、屈服するような恥辱を受けるべきではない。ASEAN は、かつての敵国と関与するに際して特殊な才能を発揮してきた。1967 年にこの連合が創設されたとき、中越両国ともこれが帝国主義者の陰謀だと非難した。しかし、その 30 年後、ベトナムは ASEAN に加盟し、中国は ASEAN と最初に自由貿易協定を締結した国となった。

EU 諸国は ASEAN 諸国より豊かで強力である。しかし、EU 諸国はその外交政策の重要局面がその主要同盟国たる米国に乗っ取られ、牛耳られるのを許してきた。地政学は常に地理に関わるものである。米国は、アラスカを除けば、決してロシアの隣国になることはない。EU は常にロシアの隣国である。こうした環境下にあって、EU はなぜロシアとの対応における現実的優先順位が米国のイデオロギー的優先順位に遅れをとることを許すのか。なぜ、NATO をまさにロシアの戸口にまで拡張することを許すのか。なぜウクライナを NATO に加盟させてロシアを威嚇するのか。

EU が露呈した地政学的英知の欠如とは対照的に、ASEAN はこの分野でも英知を実証してきた。この点でもミャンマーの事例が示唆に富む。1990 年代半ば、米国と EU はミャンマーを孤立化させ排斥するよう ASEAN に巨大な圧力をかけた。ASEAN は賢明にもこれらの圧力を無視し、ミャンマーへの関与を継続した。時のインドネシア外相アリ・アラタスは、排斥はミャンマーを中国やインドの側に追いやり、これを地政学的闘争の焦点としてしまうだろうと説明した。同様に、ロシアを孤立化させることによって EU はロシアにさらなる対中協力を強いることになる。

多くのヨーロッパ人は、この特殊な事例につき正邪を論議するかもしれないが、重要なことはロシアの行動を変更させることである。EU の伝統的な回答は制裁であった。伝統的な ASEAN の回答は関与であった。冷戦終結後の過

第3章　ASEANと諸大国　*135*

去25年間の経験を見れば、ASEANの政策はEUのよりうまく機能してきた。EUが地政学についてASEANから教訓を学ぶべきだとするのはこのためである。

EUがASEANから学び得る第三の局面は、行政的プラグマティズムである。EUは28の加盟国を擁する。ASEANは10ヵ国である。しかし、ASEANはEU諸国より文化的・言語的にはるかに多様である。EU加盟国はそれぞれの国語が等しく重要だとみなしているため、EUには24もの公用語がある。このため、一つの言語から他言語との間の翻訳・通訳に膨大な作業を要する。これと対照的にASEANは英語を使用しているが、これはいずれの加盟国の母国語でもない。もしEUがASEANに倣うならば、10億ユーロの節約になる。EUのウェブサイトはいう、「非常にラフな試算では、すべての言語関連の経費はEU年間予算の1％を上回る。EUの人口比で見れば、これは1人当たり年間ほぼ2ユーロにあたる[52]」。EU全体の人口は5億人で、翻訳関連経費は10億ユーロとなる。共通言語を使用すれば、EU指導者や当局者間の理解も促進されよう。リー・クアンユーは彼の回想録で次のように述べている。

　ヨーロッパの結束と統合の重大な障害の一つは共通言語の不在である。シュミットはジスカールに英語で語りかけることで彼らの緊密な共感を育めると私に語った。ミッテランとシラクは通訳を介してコールと会話した。私は、間に通訳をはさんで他者との気脈を通じることには常に困難を覚えてきた[53]。

EUがASEANに学び得る第四の局面は、「ASEANマイナスX方式」の採用を考慮することである。ASEAN諸国は、若干の加盟国でまだ参加の準備が整っていない場合、全加盟国にあるプロジェクトを支持させることは誤りだと久しく認めてきた。こうしてASEAN自由貿易地帯（AFTA）によって貿易を自由化することになった際、ASEANは、新規加盟国とりわけミャンマー、カンボジア、ラオスおよびベトナムにAFTA参加を猶予する時間を与えるという二段階方式を採用した。もしEUが同様のアプローチをとっていたら、ギリシャのユーロ圏離脱（グレグジット）問題は避けられただろう。

グレグジット問題は、EU協力過程で明らかにある種の厳格さが育ってきた

という問題を物語るものであった。2012 〜 14 年に世界は、ギリシャがユーロ圏に留まるか否かにつき EU が苦闘するのを見つめていた。グレグジットの恐れは現実的で、国際市場に不安をもたらしていた。ギリシャは EU を離脱しなかったものの、ギリシャの輸出が再び競争力をもてるようにユーロ圏から外れて通貨を切り下げていれば、事態は改善されたであろう。また、ギリシャのユーロ圏復帰の申請がなされることになれば、著しい不正が起きていたことが明らかになる。ギリシャは虚言を弄し、ユーロ圏加盟の資格があると示すため偽りの統計を提示したことになる。しかし、申請を扱った EU 担当者は、ギリシャの申請が嘘をいっていることを知っていたが、ギリシャが提示した統計は正しいフリをしていた。2013 年、アンゲラ・メルケルは次のように語った。

> ギリシャは、ユーロに加えられるべきではなかった。シュレーダー首相は（2001 年）ギリシャを受け入れ、EU 財政安定成長協定を弱体化させたが、その両決定とも根本的に誤りだった。現下の混乱の出発点の一つであった。それ（統一ユーロ圏という取り極め）は疑惑をもたれる状況に放置し得ない財宝であり、恩恵である。ユーロを単なる通貨以上のものとする理由もここにある。この理由ゆえに我々は連帯感を発揮してきたが、その連帯感は我々の結束を体験してきた諸国における改革の責任と直結している。[*54]

　要するに、メルケルはギリシャの受け入れが誤りであったと公然と認めたのである。EU が腐敗排除と透明性の美徳を説いてきた以上、EU の上級指導者がこれほどの大規模な自己欺瞞に関与していたとはショッキングである。地域協力のモデルとしての EU が衰微に向かったのはこのためである。

　グレグジットの可能性が差し迫って見えたとき、ユーロ圏は重大な設計上の欠陥があることが明らかになった。ユーロ圏への参入には厳格な基準と規則が設定されていたが、これからの離脱には何ら基準も手続きも設定されていない。こうした状況の背後にあった暗黙できわめて尊大な前提は、EU 加盟国がユーロ圏に参入すれば同国は自動的に成功するというものであった。EU は前進あるのみであるとするイデオロギー的拘束衣を自ら着込んでしまった。それは後退を許されなかった。世界は EU がいかにブレグジット（イギリスの EU 離脱）

第 3 章　ASEAN と諸大国　*137*

問題を処理するかを注意深く見守るであろう。

　ブレグジットは EU にとって重大なショックであった。実際、それは EU にとってのみならず、世界全体にとって重大なショックであった。我々は、歴史の粉塵が鎮まって初めて、英国民がなぜ離脱に賛成したのか根本的構造的な理由を学ぶことができるだろう。しかし、単純な軍事的アナロジーを用いれば、EU の実験は遠すぎた橋の確保を狙ったものであった。それは、住民がその用意もない地域における地域統合を創設しようと試みたことになる。

　多くの英国人が彼らの選択をした主要な理由は、EU からあまりにも多くの外国人が英国に居住しようと流入したことにある。この移民の増大は、自由貿易が人々の自由な移動と連携する場合に地域的経済協力がよりよく進展するという決定の結果として発生したものである。その決定は経済的観点から見れば正しいが、英国においては、多数のポーランド人、ルーマニア人労働者の流入が、親密な近隣に紛れ込んだ異邦人に対する不快感を搔き立てていた。

　ここでもまた、ゆっくりと現実主義的に進行するという ASEAN のやり方は EU にとって若干の教訓となる。実際 ASEAN は、ときには ASEAN 統合という彼らの決定から後退したことがある。理論上はこれは誤っている。実際には、協力と協調における柔軟な ASEAN 的手法は、それが前進したもっとも明白な方法なのであった。ヨーロッパ人の遵法精神からすれば、明示的な条約上の確約をすり抜けるという考え方を甘受することは困難かもしれないが、こうした状況を現実主義的に処理するという ASEAN 的文化は、EU が学ぶに値するだろう。

　端的にいえば、EU と ASEAN がより緊密に協働するという強固で意識的な努力を重ねれば、それぞれの側は他方から暗黙の教訓を学ぶことができるだろう。ASEAN は常に EU の経験から教訓を学び得るという考え方を受け入れてきた。したがって、重大な問題は、EU の政策決定者たちが ASEAN から学ぶことがあると受け入れるか否かである。

ASEAN とインド

1995 年 12 月、ASEAN 諸国指導者らがタイのバンコクにおける首脳会議に

参集した。主要な問題は、インドが、日本（1973 年）、オーストラリア（1974年）、ニュージーランド（1975 年）、米国（1977 年）、カナダ（1977 年）、韓国（1991 年）——中国とロシアはともに 1996 年——などとならんで ASEAN の正式な対話国として認められるか否かであった。シンガポール外務相としてキショールは、ASEAN 高級事務官会議（SOM）のシンガポール代表を務めた。

シンガポールはかつて SOM レベルでインドの受け入れを提案したが果たせなかった。イスラム諸国としての連帯感からインドネシアやマレーシアはパキスタンも正式対話国として認められるべきだと感じていた。他の ASEAN 諸国は、インドやパキスタンを同時に受け入れるという考えには、両国の深刻な敵対が ASEAN 会合に持ち込まれこれを攪乱させかねないとして躊躇していた。

バンコクで ASEAN 指導者らはインドの容認を含む一連の敏感な問題を私的に協議すべくアドバイザーを交えない小部屋でのリトリート会合に入った。会合に先立ってキショールは、シンガポール首相ゴー・チョクトンに、インドネシアのスハルトやマレーシア首相マハティール博士らはパキスタンを除いてインドを受け入れることには賛成すまいと警告した。ゴー首相は成功の可能性は低かろうと知った上で会議室に入った。この会合が終わり指導者らが退出してきたとき、ゴー首相は人波の中にキショールを見つけ、インドのみが受け入れられたことを示唆するように、親指を立てて見せた。この情景はキショールの生涯におけるもっとも記憶に残る瞬間の一つであった。

インドの ASEAN 会合への出席に労を取ったシンガポールに対するインドの感謝は非常に強く、その謝意は 20 年余の後になってもいささかも減じていない。とはいえ、インドとシンガポールはひとかたならぬ友好関係を維持したが、シンガポールはインドに対して ASEAN ＝ インド関係における力量および具体的成果には非常に大きな差があると率直に告げている。なぜそうしたのか。

理論的にいって、インドが伝統的に東南アジアとの間に長期にわたる根強い関係を有するがゆえに、ASEAN ＝ インド間の対話パートナーシップは、とりわけ生産的であるべきである。ASEAN10 ヵ国のうち、文化的基礎をインド文明においていないのはベトナムとフィリピンである。

現実的には、ASEAN ＝ インド関係はありうべき状況ほどには生産的でない。

第 3 章　ASEAN と諸大国　*139*

表1　ASEAN 地域とダイアローグ・パートナーとの間の貿易額
（2013 年。合計額の多い順）

パートナー国・地域	金額（単位は 10 億米ドル）		
	輸出	輸入	貿易総額
中国	152.5	198.0	350.5
EU28 ヵ国	124.4	121.8	246.2
日本	122.9	117.9	240.8
米国	114.5	92.3	206.9
韓国	52.8	82.1	135.0
オーストラリア	45.5	22.5	68.1
インド	41.9	25.9	67.9
ロシア	5.2	14.7	19.9
カナダ	7.2	6.2	13.5
ニュージーランド	5.7	4.1	9.8

出所：http://asean.org/resource/statistics/asean-statistics/,［2015 年 7 月 27 日閲覧］.

表2　ASEAN 地域へのダイアローグ・パートナーからの海外直接投資の流入額
（2012-14 年。合計額の多い順）

パートナー国・地域	金額（単位は 10 億米ドル）			
	2012	2013	2014	2012-14
EU	6.5	22.3	29.3	58.1
日本	21.2	21.8	13.4	56.4
米国	14.4	4.9	13.0	32.4
中国	5.7	6.8	8.9	21.4
オーストラリア	3.2	3.5	5.7	12.4
韓国	1.6	3.7	4.5	9.7
インド	4.3	1.3	0.8	6.4
カナダ	1.0	1.0	1.3	3.3
ロシア連邦	0.2	0.5	− 0.02	0.7
ニュージーランド	− 0.1	0.3	0.3	0.6

出所：http://asean.org/resource/statistics/asean-statistics/,［2015 年 7 月 27 日閲覧］.

ASEAN の貿易相手国としてのインドは、中国、EU、日本、米国、韓国、およびオーストラリアに次いで第7位である（表1参照）。対 ASEAN 地域投資においてもインドは、EU、日本、米国、中国、オーストラリア、および韓国に次いで第7位である（表2参照）。

　インドは東南アジア諸国と緊密な関係を構築する点でも相対的に新参である。インドは政治的には1947年に脱植民地化したが、心理的にはその後数十年にわたって植民地化されており、欧米からの鼓舞を求めて西側に目を向けてきた。インド人社会学者アシス・ナンディはその著『親密なる敵』（The Intimate Enemy）において、この心理状態を「帝国死滅後に生き残った植民地主義」[55]と述べている。

　インドは冷戦期にソ連陣営に傾斜し、ASEAN 諸国は明らかに親米であった。こうした政治志向の相違は、とりわけベトナムのカンボジア侵略をめぐって国連における ASEAN とインドの外交的対立をもたらした。冷戦終結後、インドは中国がそうしたようにUターンし、ASEAN との戦略的関与を優先することもできた。しかし、そうする代わりにインドは、戦略ではなく状況が ASEAN = インド関係を形成するにまかせてしまった。インドが ASEAN に対する長期的戦略をもたなかったと示唆するのは非常に厳しい言い方であるが、おそらくは公正であろう。中国のような一党制よりも、インドのような民主的国家の方が長期的戦略計画を確保することが困難であると追加するのも同様に公正であろう。

　モディ首相の選出は ASEAN = インド関係の変化にとって特殊な機会の窓となった。インドは、モディ首相という、危機をはらむ長期的戦略的決定を進んで実現し得る強力なリーダーを持った。2012年12月20日、ASEAN とインドの指導者は ASEAN = インド・ビジョン声明を採択し、ニュー・デリーで開催される ASEAN = インド記念首脳会議で両者関係を戦略的パートナーシップへと高められるべしと宣言した。

　ASEAN が米中間の地政学的対立の再燃という圧力下におかれたとき、インドは戦略的バランスを提供し得る位置にあった。インドは対 ASEAN 関係促進20年計画を樹立する機会があった。その細部を詰めるインドはその対 ASEAN 関係は文化・経済・地政学という三本の柱に支えられることを認識し

た。三本柱はすべての脚の強度が等しい場合には安定するが、ASEAN＝インド関係を支える三本柱は依然として非常に多くの手入れを必要とする。

ASEAN＝インド会合で発せられたほとんどの声明や宣言は両者関係の経済局面に焦点を当てていた。2010年、過去20年余りにわたるASEAN＝インド関係を総括するための賢人グループ（EPG）が創設され、ASEANとインドの間の現下の協力を拡大・深化させるとともに、将来に向けてこれをさらに強化する方途を勧告することとされた。その報告書は経済的勧告に集中し、非経済的勧告さえも経済的傾斜を持っていた。たとえば、社会・文化協力に関わる第一項はASEANとインドの社会経済的発展を促進するための共同の社会的責任について論じている。EPGのその他の勧告を以下に列挙してみよう。[56]

- そのような取り極めが物品の自由貿易協定を補完し、既存の絆を補強し、かつ経済関係をさらなる高みにもたらすことを念頭に置いて、可能な限り速やかにサービスと投資の分野での合意を取り付けること。
- ASEAN＝インド自由貿易地帯の下で2022年までにASEAN＝インド間の双方向の貿易額2000億米ドルという目標を宣言すること〔原著者注―2015〜16年のASEAN＝インド間貿易額は650億米ドルである[57]〕。
- 長期・数次入国事業ビザや専門家とその家族の居住許可を含む、相互に有益な事業ビザ制度を促進すること。
- この地域における食糧安全保障計画立案のためのASEAN＝インド専門家パネルを創設すること。
- ASEAN＝インド間の「オープン・スカイ協定」〔訳者注―規制緩和によって国際航空運送の自由化を図る二国間協定〕を可及的速やかに締結すること。

経済関係は重要ではあるが、インドは文化関係の強化を必要とする。米国や欧州、さらには中国でさえいかなる国もインドと東南アジアとの長い歴史的結合に対抗し得ない。

ジャカルタには主要な交差点にラマヤナやマハーバーラタのようなヒンズー叙事詩に由来する巨大な像が屹立している。これらの影像のうちもっとも著名なもの――ジャカルタ中央のアルジュナ・ウィジャヤ像――はスハルト治下の1987年に設立されたが、すべての影像は今日も存分に手入れされている。同

様に、有名なジャワの影絵芝居、ワヤン・クリットはラマヤナやマハーバーラタの登場人物を主人公としている。タイやジャワの他の事例は、（第1章に述べた）より新しい他の文化的な波によって凌駕されはしたが、インドの文化的影響が今日も生き、躍動していることを物語っている。慎重に考案されたインドによる運動は東南アジアの人々にインドと共有する文化遺産を思い起こさせる。一般の東南アジア人の多くは、ラマヤナやマハーバーラタ由来の人物を熟知している。しかし彼らは、自らの遺産の一部とみなしてきたこれら人物がインド伝来のものであると知れば驚くだろう。

　インドのソフト・パワーは今日の芸術やポップ・カルチャーにも現れる。ボリウッド［訳者注―インド映画制作の中心地たるムンバイ。同地の旧名ボンベイとハリウッドの合成語］作品は多くの東南アジア諸国で非常な成功を収めてきた。2014年3月、インドネシア語に吹き替えて放映されたインドのTV番組マハーバーラタはインドネシアで大好評を博し、インドのTVショーでアルジュナを演じたインド人俳優が主役を務める「アルジュナの恋の矢」（Panah Asmara Arjuna）と題する実写番組となった。インド＝東南アジア間の古代の絆について何の歴史的知識も持ち合わせない東南アジア諸国の青年たちの心の琴線を揺さぶる現代のボリウッド映画の能力は、インドと東南アジアの文化的絆は今なお生きていることを実証している。インドは、東南アジアとの文化的遺産を再建すべくひと押しすれば温かく歓迎されると期待することができる。

　その人口の75％が華人であるシンガポールは、この点での興味深い事例研究を提供している。インド系住民はわずか8％にすぎないが、シンガポールはインド遺産センターを設立するのに1800万米ドルを投資し、440件もの器物を収蔵している。これらには、インド系移民が使用した年代物のトランクをはじめ、宝石・石器・衣装・木彫などが含まれる。また、東南アジアにおける金貸し業で財のほとんどを成した南インドのチェッティヤール社会の建築様式を反映して、5000もの細密な彫刻を施した3.4メートルほどもある19世紀後半の木製のチェッティナード様式の扉も含まれている。シンガポールの第6代大統領の故S・R・ナザンは、インド国民軍による英国からのインド独立のための戦いにこの地域のインド人社会が関与していった状況を論述した1940年代の一連の出版物を寄贈した。当館はまたインド人開拓者にも賛辞を呈している。[58]

第3章　ASEANと諸大国　*143*

もしインドと東南アジアが古代の文化的紐帯を再興し強化するならば、「文化は宿命である」という周知の成句に新たな意味合いをつけ加えることになろう。

とはいえ、文化は経済を凌駕することはできない。メキシコがこの点に関する好例である。その文化はスペイン語世界に深く根を下ろしているが、その経済的将来は米国における政治の紆余曲折によって形作られる。同様に、東南アジアの中国との経済的連携が強化されるにつれて——それは不可避であるが——インドは東南アジアにおいて中国の影響に対抗することはますます困難になると知るだろう。だからこそインドは ASEAN＝インド EPG の勧告に留意すべきなのである。インドが ASEAN 大使を任命することで個別の外交使節団を設立するという EPG の勧告を実行に移すにいたったことはよい兆候である。インドは今こそ次のような EPG の勧告を実施すべきである。[59]

- ASEAN とインドの観光協力を促進するため、ムンバイに ASEAN 観光促進局を設立すること。
- 貿易・投資・観光および文化交流推進のためインドに ASEAN＝インド・センターを設立すること。
- 現行のアクション・プランとの重複を避けつつ、ASEAN 共同体設立、ASEAN 連携性マスタープラン、および ASEAN 共同体の実現を支持すること。

文化・経済側面以外にもインドは地政学的側面において巨大な好機を有している。上述のごとく、ASEAN にとっての最悪シナリオは、加盟諸国が中国と米国のいずれかの側に立つことを迫られる結果として生じる亀裂である。この対峙関係が激化すれば、ASEAN に緩衝地帯を提供できる国はインドのみである。きたるべき 10 年にインドが東南アジアにおける政治的プレゼンスを強化し、より大きな役割を果たせば、インドは ASEAN 諸国から積極的な対応を手にするだろう。

ASEAN と日本

1860 年代の明治維新以来、日本人はそれ以外のアジアを文化的優越感をも

って見下していた。明治の改革者福沢諭吉が「われらの緊急の政策は、それゆえ、アジアの隣邦が発展しつつあるアジア先進諸国の仲間入りするために啓蒙されるのを待って時間を浪費することなく、彼らの列を脱し、わが運命を西洋の文明諸国と伍すことにある[60]」と述べたのはこのような精神を表現したものである。当時、福沢のいう通り、アジアは退潮に向かっており、西洋は勃興しつつあった。

　西洋が支配する時代は明らかに終わり、我々はアジア社会の強力な台頭を目の当たりにしている。日本人は久しきにわたったアジアの隣邦への見下した態度を放棄し、アジアの世紀という現実に順応するかどうかを決定する必要がある。これまでのところ日本人は、錯綜した兆候を示している。言葉の上で日本人指導者らはアジアの世紀を称賛しはしないまでもアジアの再起を認めている。しかし、その行動においては、日本人指導者や論壇指導者はG7やOECDのような「死にかけの」西洋クラブの仲間入りを優先し続けている。これは無理からぬことである。人々が深く根付いた文化的態度を修正するには時間がかかるからである。

　もし日本が素早く順応しなければ、他のアジア諸国が日本抜きで経済的・文化的共同体を構築するにつれ、日本は置き去りにされる危険を冒すことになる。同様に日本は、日本防衛に同意するに際しては日本により多くの負担を求めるとするドナルド・トランプの選出後、かつてない地政学的挑戦に直面している。米国とアジアの双方から同時に疎遠にされたら、日本人は非常な孤立感を覚えることになろう。ASEANはこうした文脈において日本にとって戦略的に重要になる。日本と直近の隣国との文化的・政治的分裂は深刻なままなので、日本が中国や韓国を経由してアジアと再接近することはできない。これと対照的にASEAN10ヵ国は進んで日本と関与する。第二次世界大戦後に残された疑惑の残渣（ざんき）はほとんど消えさった。それどころか、本書で前述したように、ASEANは諸大国がアジアと関与する際の貴重な地政学的舞台を提供している。東南アジア諸国連合は50年ほど以前に創設されたが、北東アジア諸国はいまだにこのような地域集団を構築できずにいることは明らかである。日本と隣国との関係が難局に陥った場合、日本人指導者らは隣邦との再接近の場として適宜ASEAN会合を利用できる。さらに、ASEANが経済的に成長・発展するにつ

第3章　ASEANと諸大国　*145*

れて、日本産品にとって盛んな市場を提供するだろう。2013 年にシンガポールのリー・シェンロン首相が語ったように、「トヨタ自動車であれ、富士通のラップトップであれ、資生堂化粧品であれ、あるいはその他産品であれ、日本の輸出業者にとって ASEAN 諸国の成長する中間層は重要である[61]」。

　経済の分野では ASEAN = 日本関係には強固な積極的伝統がある。前シンガポール閣僚のジョージ・ヨーは、「1980 年代に私は、日本人が様々な国で製造業を営んでいるから ASEAN の最重要の統合者であると考えた。加盟国はそれが可能になるよう彼らの制度を修正する必要がある」として、次のように語った。

　彼ら（日本人）は異なる ASEAN 諸国で異なる現地条件の下で生産し供給しているが、国際的な製造過程は日本によって統制されている。当然ながら、陳情する政府との緊密な連携を作り上げているのは彼らである。そして、彼らの投資が重要であるため、受け入れ国政府は彼らに寛容である。これが私の当時の感触である。それは私の MIT 時代より前のことである。日本はもっとも重要な役割を演じていた。1985 年のプラザ合意後、日本経済は 20 年にわたる低迷期に入った。日本の影響は後退していった[62]。

　日本が ASEAN との深い関与に成功しようとするなら、まず、なぜ数十年にわたる ASEAN = 日本間の関与が緊密な関係を樹立するのに失敗したかを理解せねばならない。端的にいって、心と心の通う関与がなかったからである。日本人指導者は、なぜ中国が日本より ASEAN とより深く関係を結び得たのかを自問すべきである。こんな事態になってはならなかった。ASEAN が明らかに親西欧クラブとして誕生したとき、日本はこれを支持し、一方中国はこれを非難した。福田ドクトリンの下で早くも 1977 年には日本は ASEAN と深いかかわりをもった。中国の ASEAN との和解はずっと遅れた。インドネシアとシンガポールが中国との外交関係を樹立したのはようやく 1990 年になってからであった。しかし、こうして遅れてスタートした中国は日本を追い越し、2005 年には中国 = ASEAN 自由貿易地帯を設立したが、日本がこれに追いついたのは 2008 年のことであった。

日本はどこで、いかに対 ASEAN 関係を誤ったのか。これは日本は十分な敬意を払って ASEAN に接してこなかったというような単純な回答を示すには、あまりにも複雑な疑問である。Ｓ・ジャヤクマールは、ASEAN から友好協力条約への署名を求められたとき、日本がいかにスローモーであったかを次のように述べている。

　我々は、日本が中国と同じ年〔訳者注―2003 年〕に署名してくれるよう求めた。中国は「問題なし」と回答した。しかし、日本人官僚は条約を逐条ごとに精査することに固執した。わたしは川口順子外相を脇に引き寄せ、「これはまさに象徴的な行動なのです。我々はこの地域における主要なプレーヤーとなることを望んでいます。中国と日本が同時に署名すればさらに好ましいのです」と告げた。しかし、日本が署名するにはもう１年を要し、その結果、中国が最初に署名し、世評を独占した。[*63]

　日本の対 ASEAN 関与の失敗には深い根がある。1977 年、ASEAN ５ヵ国およびミャンマー歴訪の途上、福田赳夫首相はしばしば福田ドクトリンと呼ばれる重要演説を行った。[*64]福田は見事に起草された多くの卓越した見解を披露した。三つの項目が傑出していた。第一に彼は、「順境においてのみならず、逆境においても、理解と友情の手を差し伸べるのが、真の友人であります。日本は、ASEAN にとって、そのような友人でありたいと望みます」と語った。第二に、日本と東南アジアの人々の間に「心と心」の通う理解を呼びかけ、「このような見地から、ASEAN 側において域内交流促進のための具体的構想が固められるのを受けて、これにできる限りの協力を惜しまない旨を明らかにいたしました」と述べた。第三に、彼は「わが国は、既に今後５年間のうちに、政府開発援助を倍増以上に伸ばす方針を打ち出しております」と表明した。米国の学者ウィリアム・ハダッドは次のように書いている。

　福田ドクトリンの眼目は疑いもなく ASEAN 諸国の五つの主要工業プロジェクトに対して総額 10 億米ドルに達する投資を約束したことであった。それはインドネシアとマレーシアの二つの尿素肥料プロジェクト、フィリピン

の過燐酸肥料プロジェクト、タイのソーダ灰プラント、およびシンガポール
のディーゼル・エンジン工場であった。しかし借款の約束は条件付きで、た
とえば、10億米ドルの借款供与の時期も不明であった。[65]

　これら五つの工業プロジェクトに対する10億米ドルの約束はASEAN諸国
に非常な興奮を引き起こした。ASEAN諸国はこれをASEAN経済発展への日
本の強力な支持の証とみなし、もしこれらの工業プロジェクトが成功すれば
ASEANにおける日本の立場をかなり押し上げたであろう。
　結局のところ、これらプロジェクトのうちわずか二つだけが実施され、明示
的な確約を果たすことへの日本の乏しい実績はASEANとの関係をひどく損
なった。日本がこれら五つの工業プロジェクトの実施に消極的であった兆候は、
福田の帰国後間もなく明らかになった。ハダッドは次のように報じている。

　ある新聞はこれら五つのASEAN工業プロジェクトで首相が何を意図する
のかを明らかにするよう要求した。同紙は、首相がクアラルンプールで10
億米ドルの援助を与えるという「具体的な約束」をしたと報じたが、帰国後
彼は「この問題を熟考すると約束しただけ」と語っている（朝日新聞1977年
8月25日）。[67]

　五つの工業プロジェクトに10億米ドルを提供することは困難だったかもし
れないが、日本はASEAN文化基金に50億円（およそ1870万米ドル）を提供
する約束さえ実現困難だとみなした。ハダッドは「外務省はプロジェクトを支
持したが、閣議が文化協力に及ぶと坊秀男蔵相は座を外してしまった」と述べ
ている（同上）。
　つまり、福田首相は有名なマニラ・スピーチの三つの約束のうち二つを果た
すのに失敗したのであり、20年後には「順境においてのみならず、逆境にお
いても」ASEANの真の友人となるという第三の約束を果たすことにも失敗し
ている。1997〜98年にアジア財政危機という形で逆境が到来したとき、日本
はほとんどASEAN諸国を支援しなかった。
　公平にいえば、日本の若干の指導者はさらに多くの支援を提供したいと望ん

だ。有名な「ミスター円」榊原英資国際関係担当財務官はASEAN諸国支援のため「アジア通貨基金」の設立を提案している。スペイン外交官エミリオ・デ・ミゲルは日本のこのイニシアティブに関し次のように述べている。

　1997年8月、日本は革命的なアイデアをもたらした。アジア通貨基金（AMF）の創設である。AMFは1000億米ドルの基金であった。その加盟国はオーストラリア、中国、香港、インドネシア、日本、マレーシア、フィリピン、シンガポール、韓国およびタイであった。日本の新たな自己主張の誇示に対し、米国は事前に招待も協議もなされず、AMFはIMFの活動との調整を要しないとされた。[*68]

　この提案に米国は慌て、この地域における米国の影響を後退させるようないかなる措置にも強く反対した。デ・ミゲルがいうように、この失敗の結果は甚大であった。

　アジア財政危機は日本のリーダーシップの弱点を暴露した。AMF問題は1970年代末に日本がインドシナで展開した栄光の残影であった。米国の反対でAMF創設に失敗した日本の威信低下は二度と回復しなかった。中国は、これと対照的に、アジア財政危機を同国がこの地域における有力なプレーヤーであると知らしめる機会として利用した。日本にはこの事態を停止する能力も意欲もなかった。ASEAN+3の創設は、日本がもはやこの地域におけるアジア対話の進行役という役割を引き受ける力量がないことを意味していた。[*69]

　日本の姿勢は、米政府からの要求に屈するという長期にわたる傾向の反映であった。結果的に日本は、米国との緊密な絆を維持するためにASEANにおける自国の利害を犠牲にしたのである。
　これらのことは、日本がASEAN諸国のために何もしなかったことを意味するものではない。福田ドクトリン発表を受けて日本は東南アジア諸国に500億米ドル余をODAとして供与した。こうした寛大さにもかかわらず日本は

第3章　ASEANと諸大国　*149*

2005年、ASEANにほとんど友人がいないことに気づかされた。日本はこの年——中国からの強硬な反対に直面しつつ——国連安全保障理事会常任理事国入りを目指して国連加盟国からの支持を取りつける懸命な努力を重ねた。日本は、ASEAN10ヵ国のうちこの動きに公然と支持を表明したのはシンガポールのみであることを知って驚愕した。ベトナムは内輪ではこれを支持したが、他のASEAN8ヵ国は沈黙を守るか中立的であった。

　ASEAN10ヵ国との関係を回顧すれば、日本はASEAN諸国との友好や、中国よりも多額の援助を供与してきたにもかかわらず、公然とであれ内輪であれ、日本を支持する用意のあるASEAN加盟国がなぜこれほど少なかったのかにつき熟考したくなるだろう。日本人でも思いつく明白な回答は、脆弱な ASEAN加盟諸国が、台頭する強大な中国を恐れたからというものだが、こうした動向には真実が含まれているであろう。しかし、ASEANの対日支持の欠如は、日本がASEAN諸国との間に「心と心の通う」関係を築くとした福田の約束を守るのに失敗したことにも起因するのである。「ASEANと日本関係」についての本節を、本来さらに親密であるべきASEAN社会に向けた日本の態度に対する厳しい評価で説き始めたのはこのためである。ASEANの多くの人々は、日本人が心の中では他のアジアを尊敬しておらず、彼らの方が文化的に優れた社会であると思い続けていると感じている。作家にして人権活動家のデビト・アルドウは文化的優越性について『ジャパン・タイムズ』誌に寄せた論文で次のように論じている。

　　……通りすがりの「外人」（あるいは日本人には見えない日本人）へのサービスを拒否する「日本人専用」という看板や規則。「外人」とみなす人々の雇用やアパートを——いずれも生活に不可欠なのに——拒否する企業家や家主。「外人」を国家の安全への脅威とみなし、その監視・差別・あるいは排除を呼びかける議員・行政官・警察官その他の官吏や知名人。しかし、他のどんな社会にもみられるこうした排外主義は、（日本の）権力の座にある少数の孤立して偏屈な人物に限定されるものではない。それは、（日本社会に）余りにも深く根差しているため、全システムへの告発となるほどである。実際、根深い人種差別はシステムがいかに「作動する」かの鍵となっている。……

日本人は常時彼らの国の独自性、それゆえに、日本人が本来いかに非日本人と異なるかという呪文に固執している。特異であると自負する（国民的伝承はまさしくそうした役割を果たす）ことと、外国人は単に一時的な移民労働者に過ぎず、したがって真に日本社会には帰属し得ないと推断するのは別物である。[70]

　政府の政策の変化が ASEAN 諸国に対する日本人の文化的態度を変化させ、真の敬意をもって ASEAN に対処するように日本を変えられるか否かは解答のない問題である。一つのシンボリックな動きは容易に着手できる。日本は通常、EU 諸国の首都には長老級の外交官を派遣するが、ASEAN 諸国の首都には若手の大使を赴任させる。今や EU は過去を代表するが ASEAN を含むアジアは将来を代表するのだから、日本は過去の政策を逆転し、長老外交官を ASEAN 諸国の首都に派遣することができる。

　日本はさらに ASEAN 諸国へのコミットメントを高めることができる。たとえば中国は昆明 = シンガポール鉄道の建設を提案した。2016 年 1 月『バンコク・ポスト』紙は、日本が「国境の町カンチャナブリとカンボジアを結ぶ」[71]カンボジア = ミャンマー間の東西鉄道線の建設に原則的に同意したと報じた。ASEAN 地域は中国と日本のいずれが優れた鉄道システムを建設できるか、また日本が ASEAN 諸国と先進的運輸技術を共有するか否かを注視している。

　日本が ASEAN への支持を実証するもう一つの方法は、たとえば日本が世界のリーダーであるエネルギー分野での「ビッグ・バン」型プロジェクトである。日本は同程度の GNP 上昇にあたり中国の 1/10 ほどのエネルギーしか消費していない。これは、ある部分では、日本が大規模な製造業プラントを海外に（一部は中国に）移転したことによる。しかし日本はエネルギー消費を削減する独創的な方法も案出した。経済的・文化的に多様な ASEAN 諸国は日本にエネルギー効率の良い技術を様々な状況でテストする機会を提供し、アジアのみならず、地球全体に利益をもたらし得るだろう。

　要するに日本は、福田ドクトリン発表から 38 年後になって、ASEAN との再関与を必要としているということである。2017 年は ASEAN 誕生の 50 周年にあたり、来る 50 年のための対 ASEAN 関与に向けた新たなプランを打ち上

げる理想的な年回りである。そのような計画には、ASEAN 諸国の鉄道運営と
エネルギー問題削減を支援する高速鉄道網の建設などエキサイティングな新プ
ロジェクトを含めることができるだろう。しかし、経済協力だけでは
ASEAN＝日本関係の機運を変化させるには不十分である。

　そのためには、福田が「心と心の通う」理解と呼んだ福田ドクトリンの一つ
の柱を実現する非常な努力が求められる。福田は、心と心の通う関係は「わが
国文化の東南アジアへの紹介に役立つ一方通行」ではなく、「東南アジアの古
い優れた文化の日本への紹介」にも努めると強調した。[*72]日本の教育・文化・ス
ポーツ・科学省（Monbusho）にとって、日本人の東南アジア文化への関心や
理解が過去 40 年間に増進されたか否かについて点検してみるのは有益であろ
う。日本人大衆がほとんど東南アジアへの関心を抱いていないことを示す逸話
が示唆に富む。

　東南アジアの並々ならぬ文化的多様性を知れば、多くの日本人は驚くであろ
う。文化的多様性の克服における ASEAN の成功は、なぜ日本人が ASEAN
地域協力の核心を理解するために多大な努力を要するかについての主要な理由
である。多様性克服についての貴重な教訓を提供するのみならず、ASEAN は
日本が他のアジアとのより深い再関与を果たすための理想的な場を提供する。
アジアのすべての主要な文化・文明は ASEAN 域内に登場する。多様な
ASEAN 諸国と関与することで日本の人々はアジア人の多様性のみならず、東
南アジア社会で見いだせる大乗仏教徒・キリスト教徒・儒教信者・ヒンズー教
徒・イスラム教徒あるいは道教信者に対する文化的敏感さを会得することがで
きる。

　東南アジア諸国民は地元産の素材繊維から作られる独特な民族衣装を持ち、
これもまた日本人がこの地域の多様性を理解する一助となる。2006 年、（当時
環境相であった小池百合子を含む）数人の日本人閣僚がエアコンの必要性を減ず
るため熱い季節の軽装を奨励する「クール・ビズ」運動を支持した。キショー
ルは他のアジア諸国からの政策決定者や外交官とならんでファッション・モデ
ルを演じるため招待され、このアイデアに沿った衣服を身に着けて舞台通路を
歩んだ。文化を横断する能力は東南アジア人の長所である。キショールはヒン
ズー教徒としてシンガポールで育ち、多様な衣装へのドアが開かれた。しかし、

このクール・ビズ運動のために彼は世界最大のイスラム社会たるインドネシアの絹のバティックを纏（まと）った。日本のクール・ビズ運動は年中行事で、熱い熱帯気候のためにデザインされた衣装を使用することを勧めて、この ASEAN スタイルを日本人大衆に紹介しようとしたのである。まばゆいほどに多様な衣装をまとった東南アジア人が勤務地への通勤電車に乗車すれば、日本人の東南アジア理解は変化したであろう。それには、スー・ブララチャタン（タイ）、テルック・ベスカップ（ジャワ風ジャケットとサロンの組み合わせ）、ロンジー（ミャンマー）、アオザイ（ベトナム——もっともベトナム人男性は特別な場合にのみこれを身に着ける）、ケバヤ（数ヵ国で着られる女性の衣装）、あるいはバロン・タガロク（フィリピン）などが含まれる。日本人は東南アジアの多様性を身をもって経験するだろうし、本当に眼からウロコの落ちるようなそして楽しくもある体験であろう。

東南アジアの多様性へのより深い知識を身につけるためにはこれ以外の方法が必要である。学校の歴史教科書に東南アジアの章を加えるのも一つの小さなステップたり得る。もしすべての日本の子どもたちが ASEAN10 ヵ国の名称を知れば、実質的な前進への一歩になろう。今日、普通の日本人市民は ASEAN 諸国よりも多くのヨーロッパ諸国の名を知っていると思われる。

日本人大衆が、時の経過につれ、東南アジア文化や社会についてのより深い知識と理解を持つようになれば、日本はアジアの世紀に関与する最初の貴重な一歩を踏み出すことになろう。もしこれがその社会は日本より貧しいが東南アジアに対するより深い敬意を導くならば、日本は他のアジアとの心と心の通じるような方向に沿った関与を学ぶのを助けるだろう。日本が ASEAN 諸国をより深く理解しより深く関与することを戦略的な優先事項とすれば、日本の成功が期待できるだろう。

注　　　　　　　　　　　　　　　　　　　[　　]内は著者による閲覧日
＊1　Rodolfo C. Severino, *Southeast Asia in Search of an ASEAN Community: Insights from the former ASEAN Secretary-General* (Singapore: ISEAS Publishing, 2006).

＊2　Elena S. Martynova, "Strengthening of Cooperation between Russia and ASEAN: Rethoric or Reality?" *Asian Politics & Policy*, 6-3 (2014), pp.397-412.

＊3　Kishore Mahbubani, "Australia's Destiny in the Asian Century: Pain or No Pain?" Australian National University, 31 July 2012, https://asiapacific.anu.edu.au/researchschool/emerging_asia/papers/Mahbubani_final.pdf/, [2016/10/12].

＊4　"Address to the Ministerial Meeting of the Association of South East Asian Nations in Bali, Indonesia", Ronald Reagan Library & Museum, 1 May 1986, https://reaganlibrary.gov/34-archives/speeches/1986/5513-50186c/, [2016/10/12].

＊5　For this and following accounts of US relations with individual countries in this section, see *Country Studies/Area handbook Series*, Federal Research Division of the Library of Congress, http://countrystudies.us.

＊6　*Country Studies Area Handbook Series*, Indonesia.

＊7　*Country Studies/Area Handbook Series*, Philippines.

＊8　"Direction of Trade Statistics", International Monetary Fund, https://www.imf.org/external/pubs/cat/longers.aspx?sk=19305.0/, [2016/10/12].

＊9　Chia Siow Yue, "Foreign and Intra-regional Direct Investments in ASEAN and Emerging ASEAN Multinationals", in *Asia & Europe: Beyond Competing Regionalism*, ed Kiichiro Fukasaku, Fukunari Kimura and Shujiro Urata (Eastbourne: Sussex Academic Press, 1998), p.56.

＊10　シンガポール開発銀行（DBS）総裁ペーター・シアーのキショール・マブバニ宛私信。

＊11　Kishore Mahbubani, *Beyond the Age of Innocence: Rebuilding Trust between America and the World* (New York: Public Affairs, 2005), pp.181-182.

＊12　"Opening Remarks, James A. Baker, III, Senate Foreign Relations Committee", *United States Senate Committee on Foreign Relations*, 112 May 2016, http://www.foreign.senate.gov/imo/media/doc/051216_baker_testimony.pdf/, [2016/10/12].

＊13　Kavi Chongkittavorn, "Asean to Push back New Admission to December", *The Nation* (Bangkok), 30 May 1997.

＊14　S. Jayakumar, *Diplomacy: A Singapore Experience* (Singapore: Straights Times Press, 2011), p.121.

＊15　Constant Statistics Division, http://unstats.un.org/unsd/snaama/dnllist.asp/, [2016/9/7].

＊16　*Ibid.*

＊17　筆者らのパンゲスツ博士とのｅメールによる交信。

＊18　"Joint Statement of the ASEAN-US Leaders' Summit: Sunnylands Declaration", Permanent Mission of the Republic of Singapore, ASEAN, Jakarta,

17 Feb. 2016, http://www.mfa.gov.sg/content/mfa/overseasmission/asean/latest_news_in?asean/2016/2016-02/Latest_News_In_ASEAN_2016-02-17.html/, [2016/10/12].

＊19 "Remarks by President Obama at Young Southeast Asian Leaders Initiative Town Hall, 11/14/14", White House, 14 Nov. 2014, https://www.whitehouse.gov/the-press-office/2014/11/14remarks-president-obama-young-southeast-asian-leaders-initiative-town-ha/, [2016/10/12].

＊20 "Remarks by the President at the United States Military Academy Commencement Ceremony", White House, 28 May 2014, https://www.whitehouse.gov/the-press-office/2014/05/28/remarks-president-united-states-military-academy-commencement-ceremony/, [2016/10/12].

＊21 "The South China Sea, Press Statement, Hillary Rodham Clinton, Secretary of State, Washington, DC" US Department of State, 22 July 2011, http://www.state.gov/secretary/20092013clinton/rm/2011/07/168989.htm/, [2016/10/12].

＊22 "The United States' Contribution to Regional Stability: Chuck Hagel", International Institute for Strategic Studies, IISS Shangri-La Dialogue: The Asian Security Summitt, 31 May 2014, https://www.iiss.org/en/events/shagri%20la%20dialogue/archive/2014-c20c/plenary-1-d1ba/chuck@hagel-a9cb/, [2016/10/12].

＊23 "ASEAN Investment Report 2013-2014: FDI Development and Regional Value Chains", ASEAN Secretariat and United Nations Conference on Trade and Development, 2014, http://www.asean.org/storage/images/pdf/2014_upload/AIR%202013-2014%20FINAL.pdf/, [2016/10/12].

＊24 Kishore Mahbani and Lawrence H. Summers, "The Fusion of Civilizations", *Foreign Affairs*, May-June 2016.

＊25 "Puny Counter-Revolutionary Alliance", *Peking Review* 10-3 (18 Aug. 1967): 40, https://www.marxist,org/subject/china/peking-review/1967/PR1967-34.pdf, [2016/10/12].

＊26 Cited in Jim Nichol, Soviet Views of the Association of Southeast Asian Nations: An Examination of Unclassified Soviet Sources (Washington, DC: Federal Research Division for the Library of Congress, 1985).

＊27 Jin Sun, Japan and China as Charm Rivals: Soft Power in regional Diplomacy (Ann Arbor: University of Michigan Press, 2012), pp.64-65.

＊28 Kishore Mahbubani, *The New Asian Hemisphere: The Irresistible Shift of Global Power to the East* (New York: Public Affairs, 2008). P.84.

＊29 Amitav Acharya, "ASEAN at 40: Mid-Life Rejuvenation?" *Foreign Affairs*, 15 Aug. 2007, https://www.foreignaffairs.com/articles/asia/2007-08-15/asean-40-mid-life-rejuvenation/, [2016/10/12].

＊30　Zheng Bijan, "China's 'Peaceful Rise' to Great-Power Status," *Foreign Affairs*, Sept./Oct. 2005, https://www.foreignaffairs.com/articles/asia/2005-09-01/chinas-peaceful-rise-great-power-status/, [2016/10/12].

＊31　Jin Kai, "Building 'A Bridge between China and Europe'" *The Diplomat*, 23 Apr. 2014 http://thediplomat.com/2014/04/building-a-bridge-between-china-and-europe/, [2016/10/12].

＊32　"Speech by Chairman of the Delegation of the People's Republic of China, Teng Hsiao-Ping, at the Special Session of the U.N. General Assembly" (Beijing: Foreign Languages Press, 10 Apr. 1974), https://www.marxists.org/reference/archive/deng-xsiaoping/1974/04/10.htm, [2016/10/12].

＊33　Ibid.

＊34　Mahbubani, *Beyond the Age of Innocence : Rebuilding*, p.1.

＊35　Ibid., p.144.

＊36　"Speech by Chinese President Xi Jinping to Indonesian Parliament", ASEAN-China Center, 2 Oct. 2013, http://www.asean-china-center.org/english/2013-10/03/c_133062675.htm, [2016/10/12].

＊37　Nicholas Berggruen and Nathan Gardels, "How the World's Most Powerful Leader Thinks", *Huffington Post*, 30 Sept. 2015.

＊38　Charles Patterson Giersch, *Asian Borderlands : The Transformation of Qing China's Yunnan Frontier* (Canbridge: MA, and London: Harvard University Press, 2006).

＊39　Michael Sullivan, "Ask the Vietnamese about War, and They Think China, Not the U/S." NPR, 1 May 2015, http://www.npr.org/sections/parallels/2015/05/01/402572349/ask-vietnamese-about-war-and-they-think-china-not-the-us, [2016/10/12].

＊40　Nayan Chanda, *Brother Enemy: The War after the War* (New York Harcourt, 1966), p.93.

＊41　Dien Luong, "Why Vietnam Loves the Trans-Pacific Partnership", *The Diplomat*, 16 Mar. 2016.

＊42　Bilahari Kausikan, "Standing up to and Getting Along with China", *Today*, 18 May 2016, http://www.todayonline.com/chinaindia/standing-and-getting-along-china/, [2016/10/12].

＊43　Ian Storey, "Thailand's Post-Coup Relations with China and America: More Beijing, Less Washington", *Trends in Southeast Asia* 20 (Singapore: ISEAS-Yusof Ishak Institute, 2013), p.14.

＊44　Ibid., pp.1-2.

＊45　Kishore Mahbubani, "Here's How the EU Should Start to Think Long-term", *Europe's World*, 26 Nov. 2015, http://eurolesworld.org/2015/11/26/heres-how-the-eu-should-start-to-think-long-tern/, [2016/10/12].

＊46　Jayakumar, *Be at the Table or Be on the Menu*, pp.77–78.

＊47　筆者らのＳ・ジャヤクマール教授とのインタビュー。2016 年 8 月 19 日。

＊48　筆者らのトミー・コー大使とのインタビュー。2015 年 12 月 23 日。

＊49　Development Co-operation Directorate (DCD-DAC), http://www.oecd.org/dac/, [2016/10/12].

＊50　"Indian MP Tharoor: Europe Must Stop Lecturing India", *EurActiv*, 19 Apr. 2001, http://www.euractive.com/section/global-europe/interview/indian-mp-tharoor-europe-must-stop-lecturing-india/, [2016/10/12].

＊51　Kofi A. Anan and Kishore Mahbubani, "Rethinking Sanctions", Project Syndicate, 11 Jan. 2016, https://www.project-syndicate.org.onpoint/rethinking-economic-sanctions-by-kofi-a-anan-and-kishore-mahbubani-2016-01, [2016/10/12].

＊52　"Frequently Asked Questions about DG Translations" < European Commission, last updated 21 Sept. 2016, http://ec.europa.eu/dgs/translationf/faq/index_en.htm/, [2016/10/14].

＊53　Lee, *From Third World to First*, p.487.

＊54　Andrew Trotman, "Angela Merkel: Greece Should Never Have Been Allowed in the Euro", *The Telegraph*, 27 Aug. 2013, http://www.telegraph.co.uk/finance/financialcrisis/10269893/Angela-Merkel-Greece-should-never-have-been-allowed-in-the-euro.html, [2016/10/12].

＊55　Ashis Nandy, *The Intimate Enemy : Loss and Rcovery of Self under Colonialism* (New Delhi: Oxford University Press, 1988), p.xi.

＊56　"ASEAN-India Eminent Persons' Report to the Leaders", ASEAN, Oct. 2012, http://www.asean.org/storage/images/2012/documents/Asean-India%20AIEPG%20(29%2010%2012)-final.pdf, [2016/10/12].

＊57　India ASEAN Trade and Investment Relations: Opportunities and Challenges (Delhi: Associated Chambers of Commerce and Industry of India, July 2016), http://www.assocham.org/upload/docs/ASEAN-STUDY.pdf, [2016/9/29].

＊58　Melody Zaccheus, "FiveThings to Know about the New Indian Heritage Centre", *Straits Times*, 8 May 2015, http://www.straitstimes.com/singapore/five-things-to-know-about-the-new-indian-heritage-centre/, [2016/10/12].

＊59　ASEAN-India Eminent Persons' Report to the Leaders (Jakarta: ASEAN, Oct. 2012), http://www.asean.org/storage/images/2012/documents/Asean-India%20AIEPG%20(29%2010%2012)-final.pdf, [2016/10/12].

＊60　Fukuzawa Yukichi, "Datsu-A Ron", Jiji-Shimpo, 12 Mar. 1885, trans. Sinh Vinh,

第 3 章　ASEAN と諸大国　*157*

in *Fukuzawa Yukichi Nenkan*, Vol.11 (Tokyo: Fukuzawa Yukichi kyokai, 1984), cited in "Fukuzawa Yukichi (1835-1901)", Nishikawa Shunsaku, *Prospects: The Quarterly Review of Comparative Education* 23-3/4 (1993): pp.493-506.（「脱亜論」の原文では次の部分。「左れば、今日の謀を為すに、我国は隣国の開明を待て共に亜細亜を興すの猶予あるべからず、寧ろ、其伍を脱して西洋の文明国と進退を共にし……」。──編集部）

＊61　"Speech by Prime Minister Lee Hsien Loong at the 19th Nikkei International Conference on the Future of Asia", Prime Minister's Office Singapore, 26 May 2013, http://www.pmo.gov.sg/mediacentre/speech-prime-minister-lee-hsien-loong-19th-nikkei-international-conference-future-asia/, [2016/10/12].

＊62　筆者らのジョージ・ヨーとのインタビュー。2016年2月5日。

＊63　筆者らのS・ジャヤクマール教授とのインタビュー。2016年8月19日。

＊64　"Speech by Takeo Fukuda", Contemporary Southeast Asia 2-1 (1980), pp.69-73.

＊65　William Haddad, "Japan, the Fukuda Doctrine, and ASEAN", *Contemporary Southeast Asia* 2-1 (1980), p.18.

＊66　インドネシアにおける窒素肥料プラントは1983年に、マレーシアでは1986年に完成した。Takeshi Imagawa, "ASEAN-Japan relations", *Keizaigaku-Ronsan* 30-3 (May 1989), pp.121-142, http://civilisations.revues.org/1664?file=1/, [2016/10/12].

＊67　Haddad, "Japan, the Fukuda Doctrine, and ASEAN", p.24.

＊68　Emilio de Miguel, "Japan and Southeast Asia: From the Fukuda Doctrine to Abe's Five Principles", UNISCI Discussion Paper 32, May 2013, https://revistas.ucm.es/index.php/UNIS/article/viewFile/44792/42219/, [2016/10/12].

＊69　Ibid.

＊70　Debito Arudou, "Tackle Embedded Racism before It Chokes Japan", *Japan Times*, 1 Nov. 2015, http://www.japantimes.co.jp/community/2015/11/01/issues/tackle-embedded-racism-chokes-japan/, [2016/10/12].

＊71　Chatrudee Theparat, "Tokyo to Help with East-West Rail Link", *Bangkok Post*, 28 Jan. 2015, http://www.bangkokpost.com/news/general/460975/tokyo-to-help-with-east-west-trail-link/, [2016/10/12].

＊72　"Speech by Takeo Fukuda", pp.69-73.

第4章　加盟国概観

　EU28ヵ国の子どもたちが歴史を学ぶとき、彼らの教科書は必然的にギリシャ＝ローマの共通の遺産を強調することになる。彼らがローマのパルテノン宮殿やギリシャのアクロポリスを訪問すれば、これら古代の建造物が彼ら自身の遺産の一部であるとみなすことができる。これと対照的に、東南アジアの驚異的な多様性は共通の遺産を提示しない。カンボジア人はアンコール・ワットとの、ミャンマー人はパガンとの一体感を見いだすのである。ASEAN各国は、単一のでなく異なる文明の下に描かれる独自の文化的伝統を強調する。

　多様性はまた、ASEAN各国が用いる文字にも表れる。ヨーロッパ人も多くの言語を書く。英語・フランス語・スペイン語・あるいはドイツ語などである。しかし、彼らは同一のラテン文字とアルファベット（もちろん、古いギリシャ文字を除いて）を使用している。これと対照的に、ASEAN10ヵ国は少なくとも6ヵ国語（ラテン文字・タイ文字・ラオス文字・ビルマ文字・クメール文字およびジャウィ文字[*1]）を書いている。そしてこれらは公用語のみを数えた場合である。この言語上の多様性は、ほとんど東南アジアに独自のものであり、アラブ連盟やメルコスールのような他の地域機構の加盟国は共通の文字を用いている。

　欧州連合ではたった一つの統治体制しかない。すべてのEU加盟国は民主主義体制である。実際、加盟国は民主国家でなければならないというのがEU加盟の条件なのである。スペインやポルトガルは1986年になってようやくEU——当時は欧州共同体（EC）——に加盟できたが、それは彼らがフランコやサラザールの独裁体制を放棄した後のことである。これと対照的にASEAN諸国には、民主主義から軍事政権、絶対君主制から共産党支配まで、実に多様な統治形態が見られる。こうした統治体制の多様性は有意義な地域協力を困難にしかねないものであるが、ASEANの実際の機能分化がこうした多様性を克

服してきた。

　ASEAN 加盟 10 ヵ国の本当の多様性は、彼らが営む宗教的行事に反映されている。東南アジアにはキリスト教徒、イスラム教徒、仏教徒、ヒンドゥ教徒、儒教信者、道教信者らがおり、それぞれの宗教的伝統の下にさらに多様な変種がある。マレーシアとブルネイは国教としてイスラム教を採用している。インドネシアはさらに多数のイスラム教徒を擁するが、異なる諸宗教の尊重を説く原則を含む五つの基本原則に基づく「パンチャ・シラ」哲学を標榜している。ミャンマー、タイ、ラオス、カンボジアおよびベトナムには仏教徒が多い。しかしベトナムで信仰される支配的なマハヤナ系仏教は、他の 4 ヵ国で信仰される大乗仏教とは大幅に異なる。東南アジアのこの驚異的な多様性は、EU 諸国のキリスト教的伝統や、アラブ連盟諸国共通のイスラム教や、米州機構共通のキリスト教的伝統などと――キリスト教的アラブ人、ヨーロッパのユダヤ人、ボスニアのイスラム教徒などの宗教的少数派を考慮に入れても――際だった対比をなす。もちろん、大きな宗教的信仰内部でも宗教紛争が発生することはある。たとえば、カトリックとプロテスタントの間、あるいはシーア派とスンニー派の間のごとく。かくして、東南アジアがもっとも深淵な多様性と高次の寛容さをもつことの顕著さがさらにいっそう際だったものとなるのである。

　東南アジアの長期にわたる多様性は、それぞれの ASEAN 諸国が体験した異なる植民地支配によって増幅された。ブルネイ・マレーシア・ビルマおよびシンガポールは英国の植民地支配を経験した。カンボジア・ラオス・およびミャンマーはフランスに植民地化された。インドネシアはオランダに、フィリピンはスペインと米国に植民地化された。タイのみはヨーロッパ諸国に植民地化されなかった唯一の東南アジア国家であった。

　これら異なる植民地体験は、とりわけ ASEAN 草創期には重大な問題をもたらした。東南アジア諸国は 1000 年もの間、隣国であったし、長期にわたり有機的な連携を保ってきたが、こうした絆は異なる植民地本国によって突如として断たれてしまった。シンガポールで育ったから、我々は英国の歴史について多くを学んだ。我々はインドネシア、タイ、フィリピンあるいはベトナムといった隣国の歴史について接することがほとんどなかった。

　近年にいたって状況はやや改善されたものの、ASEAN 各国の特異な性格の

理解を育てるためにはなお多くのことがなされねばならない。わずか1000語程度のペン・スケッチではASEAN各国の錯綜した性格を描き尽くすことは困難である。せめて、各ペン・スケッチはASEAN各国をよりよく理解しようという願望を刺激する食前酒を提供できればと願っている。以下のペン・スケッチはアルファベット順に並んでおり、ブルネイに始まり、ベトナムで終わる。

ブルネイ

50万人足らずの人口を擁するブルネイは、人口面ではASEAN最小のメンバーである。とはいえ、1人当たり収入ではシンガポールに次いで2番目に裕福である。小さいが裕福な国家は脆弱な位置にあるが、ASEANの平和の生態系がこの国に快適な環境を提供しているため、ブルネイ国民はほとんど脆弱性を意識していない。

ブルネイのスルタン［訳者注—ブルネイの国家元首。宗権と政権の最高権力者］は15〜17世紀に、ボルネオ島の一部からフィリピンにまでいたる領域を支配したが、後に独立した政治実体としての存続を脅かすほどの危機に直面した。ブルネイの弱体化につれて同国は、1841年サラワクの白人王（White Rajah）となったジェームズ・ブルックに河川渓谷単位で領域を割譲していった。1888年、ブルネイは英保護国となったが、1890年サラワクがリンバン地区を併合し、ブルネイを二分したとき、英国はこれを傍観した。しかし、英国はブルネイを完全消滅からは救った。1963年、シンガポールのリー・クアンユーがブルネイのスルタン・オマール・アリ・サイフッディン3世にシンガポール・サラワク・サバとともにマレーシア連邦への合流を推奨したとき、ブルネイはまたしても独立国としての存続を脅かされた。スルタンは逡巡した。2年後、シンガポールがマレーシアを離脱したとき、シンガポールとともにマレーシアに合邦しないでおくという決定は正しかったことが証明された。

今日のブルネイは、絶頂期にあったブルネイ帝国のほんの一部を占めるに過ぎないが、ブルネイの国民は、狭小な領土に膨大な石油・天然ガスの埋蔵が確認されているため幸福である。こうした原油と天然ガスの賢明な管理と国民と

第4章 加盟国概観 *161*

の富の共有政策は、ブルネイを人間開発指数においてシンガポールに次いで
ASEAN諸国中第2位に導いた。

　相対的に狭小で裕福な東南アジアの2ヵ国として、ブルネイとシンガポール
は親密な関係を築いてきた。シンガポールはブルネイが市政職員や外務職員を
養成するのを支援した。1980年代にキショールがシンガポールの国連大使で
あったとき、外務研修のためシンガポール外交団を訪問した若手ブルネイ外交
官数人を受け入れた。両国は互換性のある通貨を保有し、ブルネイは寛大にも
領域内におけるシンガポール軍の訓練を許可している。

　独立して30年余りのブルネイは自信に満ちた小国へと成熟した。同国は
2001年と2013年には首尾よくASEAN議長国を務め、2013年には東アジア
首脳会議の主催国となった（遺憾なことに、米政府の閉鎖という切迫した事態ゆ
えに東アジア首脳会議をキャンセルせざるを得なかった。このためブルネイは、米
国大統領を招聘（しょうへい）するという稀有な機会を失ったことになる）。

　ブルネイはその巧妙な外交の結果、外的脅威はほとんどないが、国内からの
挑戦に対処する必要がある。ブルネイは絶対王制の国である。スルタン・ハッ
サナル・ボルキアは、1967年の即位以来英明かつ有能な指導者であることを
証明され、ブルネイは彼の統治下で繁栄してきた。とはいえ、同国の成長しつ
つある中間層はスルタン一家がその統治スタイルを修正するよう希望するかも
しれない。ブルネイがインドネシア、マレーシア、シンガポールのごとく近く
民主主義になる様子はないが、中間層国民が政治的見解を表明する機会を提供
すべく諮問機関の増強を図ることはできよう。国際社会のさらなる民主化への
傾向はブルネイにとって無視しうるものではない。

　スルタン・ハッサナル・ボルキアや彼の父親の友人であるリー・クアンユー
はかつて、ブルネイ近代化のため、ペルシャ湾岸の諸君主国の成功した君主制
に倣（なら）うことを考慮するよう助言したことがある。湾岸の諸君主国は、保守的な
価値観を維持しつつ、世界に向けて門戸を開くことに成功してきた。ブルネイ
はその原油や天然ガスの収益に永遠に依存することはできない。実際、ブリテ
ィッシュ・ペトロリアム（BP）の国際エネルギー概観は、新たな資源が発見
されない限り、ブルネイは22年間で埋蔵原油は枯渇するであろうと予測した。
ブルネイはそれ以前に経済を多角化するのが賢明である。観光は容易な収入源

であり、かつ就業機会創造者であり得よう。観光業の成長のためにブルネイは湾岸諸君主国にならって五つ星ホテルの観光者にアルコール飲料の販売を許可するべきであろう。UAE やカタールが許可し得るならブルネイもそうすることができるだろう。

　総体的にいって、ブルネイの将来は明るい。巧妙にその独立を維持し、人的資源を開発し得たから、同国は継続的な平和と繁栄を確保するため要所に豊富な人材を配している。同時にすべての隣接諸国との友好関係を享受している。マレーシアとの領土紛争は封じ込められ、マレーシアとブルネイは、とりわけ沖合の原油・天然ガス資源の活用について緊密に協力している。

　マレーシア、フィリピン、あるいはベトナムと同様、ブルネイは南シナ海の若干の島嶼や岩礁に領有権を主張している。同様にまた、中国と台湾からの競合する要求に対処せねばならないだろう。こうした「グレート・ゲーム」におけるバーゲニング・パワーを保持するための唯一の方法は、強力で結束したASEAN を確保することである。ブルネイが 21 世紀のための戦略的優先事項を選択する際には、ASEAN は明らかにその第一順位を占めることになろう。幸運なことにブルネイは、その戦略的優先事項を実施するに足る物質的資源を擁している。ASEAN にさらなる投資を行う以上にこれら資源の優れた用法はない。

カンボジア

　カンボジアという国は幸運なのか不運なのか。人は、そのいずれともみなしうる。ある点では近代カンボジアは、同国が大量虐殺を体験した唯一の国家であるという点で東南アジアでもっとも不運な国家である。1975 ～ 79 年の 5 年足らずの間に、170 万人ものカンボジア人——総人口の 5 分の 1 ——がポル・ポトの短い残酷な統治のもとで命を失った。この虐殺は 1970 年にシアヌーク国王が退位させられた後、5 年におよぶ内戦に次いで発生した。そして 1979 年、ベトナム軍によってポル・ポト政権から「解放」された同国では外国による支配とこれへの抵抗が続いた。

　しかしカンボジアは、幸運な国とみなすこともできる。過去数世紀に多くの

第 4 章　加盟国概観　*163*

人々や国家が消滅したが、カンボジアもまた国家として消滅しかねない状況にあった。アンコールは、12世紀に全盛期を迎えた前工業時代の世界最大の都市であったが、9〜15世紀のクメール王朝の御座所であった栄光の時期以後、カンボジアは衰微し、タイとベトナムという二つの強大な隣国に対して領土を失っていった。カンボジアはその隣国に吸収されかねなかったが、その消滅の瀬戸際にヨーロッパ人が介入してきた。1863年、タイが為政者として即位させたカンボジアのノロドーム1世が、シャム人の支配に対抗してフランスの保護を求めた。1867年、シャム国王はカンボジアの支配をフランスに譲渡し、見返りとしてバッタンバンとシエムレアプという二つの巨大州の支配権を得た。1907年、両州はフランスとタイの新国境協定の結果カンボジアに返還された。フランスがカンボジア国家の消滅を救ったのは疑問の余地がない。

　近代カンボジアは、ノロドム・シアヌークとフン・センという二人の重要人物の名前と直結している。シアヌークは1941年、（当時18歳であった）この若き君主を扱いやすしとみたフランスによってカンボジア国王に推戴された。フランス人は誤っていた。シアヌークは1953年11月9日、フランスからの独立を勝ち取り、毛沢東、周恩来、ジャワハルラル・ネルー、ガマル・アブデル・ナセルあるいはヨシフ・ブロズ・チトーらと親交をもつ第三世界の指導者として台頭した。シアヌークは国王と首相の地位を行き来したが、そのいずれにおいても絶対的な権力を保持した。彼の統治は気まぐれであった。彼にとって不運なことに、ベトナムの隣国であったがためにカンボジアはベトナム戦争に巻き込まれた。北ベトナムは、カンボジア領を南ベトナムへの輸送のために利用した。米国は報復としてカンボジアを爆撃した。こうした混乱の渦中でシアヌークは1970年3月18日、ロン・ノルによって退位させられた。多くの人々は、CIAがクーデターを画策したと信じていた。

　シアヌークの人生はカンボジアがたどった悲劇の反映であった。彼は、ロン・ノル政権と戦い、クメール・ルージュの虜囚となり、ベトナムの占領と戦った。1990年代に名目上の君主として帰国したが、政治問題はフン・センが支配した。キショールは1980年代にシアヌークの友人になった。2012年10月に逝去するまでシアヌークは政治的に活発であった。

　フン・センの人生もカンボジア近代史の辛苦をなめた。彼はまず、ポル・ポ

ト派幹部として活動を始めた。1977年、彼はベトナムに逃亡し、1985〜1989年まで傀儡としてカンボジアの支配者となった。1989年、ベトナムがカンボジアからの撤退を強いられたとき、フン・センの政治経歴は断たれてしまうはずだった。そうはならず、抜群の抜け目なさで彼は政治的に軌道修正し、その後の選挙でなんとか（1997年には政敵ノロドム・ラナリットを無慈悲に排除して）勝利を収めさえした。

　フン・センはベトナム軍撤退後、伝統的なライバルたるタイやベトナムに対するカンボジアの地政学的空間を押し広げるべく、中国に忠誠心を移した。彼の強硬な強権支配は西欧のメディアから強く批判された。とはいえ、1995〜2015年にわたるフン・セン統治の20年間は、カンボジアがこれまで体験したことのないほど平和で生産的なものだった。彼の統治下で小さな奇跡が引き起こされた。カンボジアのGNPは1990年の9億米ドルから2010年の113億米ドルへと増加した。エク・ソン・チャン率いるプノンペンの給水当局はマーガレット・サッチャーに絶賛された全英民営給水部門のすべてを上回る実績を上げ、2010年、ストックホルム・ウォーター・プライズを受賞した。

　近年におけるカンボジアの対中接近は、ASEANにとっての挑戦をもたらしてきた。2012年、カンボジアはASEAN共同声明が南シナ海問題に言及しているとして、単独でこれを阻止してしまった。同様にカンボジアは2015年、昆明におけるASEAN＝中国会合でも同様の挙に出た。中国の手助けとなることでカンボジアは中国から寛大な援助を受け取った。ビアスナール・バルが述べているように、「1994年から2013年の間の中国の対カンボジア投資はおよそ100億米ドルで、農業・鉱業・インフラストラクチャー・プロジェクト・水力発電ダム・および衣料品生産などに集中していた。1992年以来、中国はまた、カンボジアに30億米ドルほどの低金利借款や贈与を供与してきた[*3]」。

　しかし、この点でカンボジアはある逆説に直面している。中国にとってカンボジアは、ASEANのメンバーにとどまることでもっとも有用である。同国のメンバーシップが撤回されたり、停止されたりしたら中国にとっての有用性は著しく損なわれるだろう。ASEANの友邦を疎外しすぎることはカンボジアにとって利益にならない。中国はこのことを理解し、カンボジアに自立的な立場をとるための政治的猶予を与えるという的確な判断を示してきた。端的にいっ

て、カンボジアはその有用性と適切性を保持するため、地政学的ゲームにおける基調に合わせて抜け目なく行動することを学ばねばならないのである。

インドネシア

インドネシアを記述する際には常に一つのキーワードが用いられる。「強靱性」である。地球の東西円周のほぼ８分の１、南北 1000 マイル余におよぶ地域に展開する島嶼を擁する群島国家で、人種・宗教・言語上驚くべき多様性に満ちたインドネシアは、ユーゴスラヴィアのように、歴史的に幾度か分裂の危機に直面した。実際にはそうはならず、インドネシアは幾度かの重大な危機を克服して結束し、まずまずの平和を維持し、安定的にその経済を成長させてきた。

インドネシアのそれなりの成功を説明するのは容易な業ではない。同国は巨大で複雑な国家である。ただ、最終的に成功し得たことの一つの理由は、同国の歴史上各時期に適正なリーダーを擁したところにある。スカルノ、スハルト、スシロ・バンバン・ユドヨノ（SBY）という３人の指導者が傑出している。スカルノは統一を、スハルトは繁栄を、そして SBY はインドネシアの民主主義を確立した。

スカルノは 1945 年から 1967 年までインドネシアを統治した。彼は熱烈なナショナリスト指導者であり、インドネシアの独立を宣言し、最終的に勝利した激しい独立闘争を指導した。彼の経済政策は破滅的（彼の統治下でインドネシアの経済成長は年率わずか２％）だったけれども、草創期のインドネシアにとってさらに重要な独立国民意識を提供した。

オランダが単一の植民地を創設するまで、ほぼ 400 年にわたって単一の単位としてのインドネシアという実態が存在しなかったという事実に鑑みれば、この単一国家への帰属意識は驚くべき成果であった。偉大なスリウィジャヤ帝国（７〜13 世紀）やマジャパヒト帝国（13〜14 世紀の）はインドネシアのほとんどの港湾や首長国の忠誠を勝ち得たが、全土にまたがってはいなかった。スマトラのバタック族と西パプアのパプア人とは文化的にこれ以上もないほど異質であった。

しかし、スカルノは、インドネシアという非常に異質な文化的織物を掌握し、単一の国家に編み上げることに成功した。彼は卓越した雄弁家であった。その偉大な演説によって彼は、共通の運命という夢を紡ぎだしたのである。しかし、1990年代にいたって、国営テレビがインドネシアの異なる人種グループについての番組を放映したところ、インドネシア人の多くは、自らの人種的多様性の大きさを発見して驚いた。スカルノはパンチャ・シラ5原則と、インドネシア最大の単一の人種グループの言語たるジャワ語でなくマレー語に基礎を置く国語インドネシア語という共通語を導入することによって国民的統合を生み出したのである。

　スハルト将軍は、1965年の暴力的転換を受けて権力の座についた。数百万人が命を落とした。軍人指導者の下でインドネシアは、ビルマ、パキスタン、イラク、あるいはシリアのような運命に苦しむ恐れがあった。しかしそうはならず、スハルトはその経済を開放し、切望された政治的安定をもたらすことで同国を近代化した。彼の統治下にインドネシア経済は、1967年の84億2000万米ドルから1998年の1350億8000万米ドルにまで成長した。さらに重要なことに、彼は貧困を一掃し、生活水準を目覚ましく向上させた。こうして国連の食糧農業機構（FAO）は1985年11月、コメの増産によってインドンネシアの食糧自給を達成したとしてスハルトに金賞を授与したのである。

　1998年のアジア財政危機の渦中にスハルトが失脚した後、西側諸国で一般的な判断は彼の失脚はクローニー資本主義のせいであるとした。彼の一族を巻き込んだ腐敗が横行していたことには疑問の余地がないとはいえ、彼が強固なインドネシア経済の基盤を構築したのも事実である。当時、アダム・シュワーツが述べているように、

　　経済的にいえば、スハルト政権は多くの事態に正しく対処した。それは、同国の石油資源をかなり賢明に利用し、農村のインフラ整備・学校・医療機関に投資した。インドネシアは、他のすべてのOAPEC諸国と異なり、その資源が枯渇する前に工業を発展させることによって原油への過重な依存を軽減し得たのである。……1980年代央に開始された関税引き下げは、安価で豊富な労働力の提供と相まって同国を軽工業品の主要な輸出国とした。[*4]

第4章　加盟国概観　*167*

スハルトによって確立された強固な経済的基盤なしには、インドネシアは21世紀に安定的な民主主義国家とはなり得なかったろう。

1998年のスハルト失脚後、彼の後を襲ったのはいずれも比較的非力な大統領で、長くはその地位にとどまらなかった。幸運なことにSBYは2004年に大統領に選出され、インドネシアを10年間統治した。SBYは元軍人として謹厳な軍事戦略家であり、広く読書した学者であり、インドネシアの民主的諸制度を強化すべく懸命に働いた。確かに彼はスハルト時代のような高度成長は達成できなかったが、彼の統治下の民主主義の発展は軍政への復帰を不可能なものとした。この民主主義の精神が、信じがたいほど貧しい出自の前市長ジョコウィ〔訳者注―ジョコ・ウィドド、1961年生まれ。家具商としての実績を基に2005年中部ジャワ・スラカルタ市長、2012年ジャカルタ特別州知事を歴任〕の大統領選出を可能にした。

我々はインドネシアの将来には楽観的であり得る。マッキンゼーは2030年までにインドネシア経済が世界第7位になると予測している。その楽観的な予測は、巨大な消費者人口、急速な都市化、熟練労働力、消費者サービス・農業・漁業・資源および教育面での豊富な市場機会に基づいている。[*6]

インドネシアは、これらの多くの有利な諸傾向にもかかわらず、ジョコウィが対処せねばならない真の挑戦に直面しつつあるともいえる。経済的局面においては、インドネシアはスカルノ時代以来つきまとう経済ナショナリズムという緊張によって抑制されかねない。多くのインドネシア人財界巨頭は、当然ながら、巨大なインドネシア市場を彼らで保持しようと望んでいる。彼らは、ASEANの実業界を含む競争者に対してインドネシア経済を開放することに抵抗している。ジョコウィがこうした経済ナショナリストを凌駕し得ないとなれば、彼は、経済発展をもたらす上で国内市場に依存するというブラジルのような他の中進国が陥ったのと同様の悲劇的誤りを犯しかねない。インドネシアはむしろ中国の例に倣うべきである。インドネシアが経済を開放しASEAN諸国との間で世上「ベビー・プール」といわれる競争に踏み込むのを忌避するならば、世界と競争し得る経済発展の力量を損なうことになりかねない。

インドネシアが直面するもう一つの挑戦は、聖戦主義者からのものである。

インドネシアの異なる宗教集団に対する許容と理解の軌跡は卓越しているが、ジャカルタが2003年8月5日、ASEAN諸国の首都でホテルへの自動車爆弾による攻撃を経験した唯一の都市であるのも事実である。（2015年3月時点で）ISISがインドネシアからイラクやシリアで戦う514名の戦士を動員し得たことは——人口1人当たりでいえば他のヨーロッパ諸国よりも低い数字とはいえ——インドネシアにとっては困惑の種である。インドネシアの指導者なら誰でも、ジョコウィのような人気のある人物でさえ、開放的で寛容なインドネシア文化を保持しつつ過激主義者への強硬策に打って出ることの困難さを認めざるを得まい。これら過激派の目標の一つは分極化を激化させることである。かかる分極化はインドネシアの強靱性への試練となるだろう。

　ASEAN成功の重要な理由の一つは、インドネシアの英知にある。ASEAN総人口の40％余を占める最大の加盟国としてのインドネシアが、ASEANを支配することによってASEANの成長を抑制することもあり得た。スハルトはそうはせず、賢明にも一歩引きさがり、マレーシアやシンガポールのようなASEAN諸国がリードすることを許容しようと決意した。彼は一貫してASEANを支持し続けた。

　SBY大統領も同様であった。ジョコウィはなおASEANへの順化の途上にある。不運にもジョコウィは、2014年10月20日の就任後間もなく11月20日に初めてASEAN会合に参加した。彼は精神的に同会合への準備を整えていなかった。ASEANダイアローグ・パートナーとの会合での多様な指導者らの一連の機械的な演説を聴取した後、ジョコウィ大統領は時間の無駄としか思えない長々しく、うんざりするような演説についてシンガポールのリー・シェンロン首相に対して不平を鳴らした。

　ジョコウィ大統領の短気さは理解し得るところである。彼は演説ではなく、経済発展に焦点を当てたかったのである。とはいえ、インドネシアの成功はインドネシアを取り巻く安定的な地政学的環境に依存していた。地政学的な退屈さは結構なことである。それは、平和と調和がこの地域を支配していることを意味するからである。

　これと対照的に、ASEAN+1会合における緊張は、地政学的な乱気流を意味している。インドネシアがASEAN問題に占める重要性に鑑みて、ジョコ

ウィ大統領は ASEAN 的手順にもっと寛容であるべきであろう。インドネシアの強力な支持は、ASEAN の進歩にとって不可欠である。幸いにも、ジャカルタからの最新の兆候はジョコウィ大統領が ASEAN につき一層熱心になりつつあることを示している。

　1967 〜 1971 年という幼少期の 4 年間をインドネシアで過ごしたバラク・オバマ大統領は、インドネシアが発散する楽観的兆候について述べている。2010年 11 月の演説で彼は「インドネシアの友人と私は水牛やヤギと一緒に田野を走り回ったものだが、新世代のインドネシア人は世界でもっともネット化されており、携帯電話やソーシャル・ネットワークで結びついている[*9]」と語っている。さらに重要なことに、彼はインドネシアが発揮する寛容の精神を称賛する。彼の言葉によれば、「多様性の統一（Bhinneka Tunggar Ika）。それが世界に向けた先例としてのインドネシアの基礎であり、インドネシアが 21 世紀においてかくも重要な役割を果たすであろうとみなす理由である」。

ラオス

　ラオスが 20 世紀に独立国家として登場し得る保証はなかった。カンボジアと同様、ラオスのアイデンティティは、フランス植民地下の保護国であった。今日の（ラオス）人民民主共和国は、ラオスとタイ東北部にあたるメコン川の両側を支配した 14 世紀のラン・サン王国まで起源を辿ることができる。17 世紀までに独立ラオスの文化的アイデンティティは確固として確立されたが、ラン・サン王国はシャム支配下の一連の諸小王国に分裂してしまった。高地ラオスは山脈を隔てた隣国たるビルマ、ベトナムなど南方の諸勢力や北方の中国などの興亡に影響された。20 世紀には、1975 年に共産主義者によるインドシナ掌握を受けて、ベトナムが事態を領導した。今日ではベトナムの影響力が中国のそれに取って代わった。端的にいって、内陸の山岳国家ラオスは東南アジアにおけるもっとも脆弱な国家の一つである。

　ラオスの言語や文化はタイのそれと同じ根源に発する。実際、東北タイのイサン人たちは、バンコクの人々よりもラオスの人々への親近感を抱いている。ラオスとシャムの絆は常に強固であったが、19 世紀のほとんどの時期には、

ラオスの諸首長国はシャムの諸州となっていた。1893年にラオスをシャムの支配から解放し、1904年と1907年のタイとの条約でラオスの独立を保障したのはフランス人であった。こうしたフランスの介入がなければ、ラオスは20世紀にいたるもシャム王国の一部にとどまったであろう。

　ベトナム戦争はラオスにとって壊滅的な結果をもたらした。米国は北ベトナム軍が南ベトナムへの人員や物資の搬入にラオス領を利用していると信じたため、ラオスは米軍機による無慈悲な爆撃を浴びせられた。200万トン以上もの爆弾——カンボジアへの270万トン、ベトナムへの460万トンに比してラオスには250万トン——がラオスに投下された。ラオスを訪問した最初の米国大統領となったオバマ大統領は、米国がラオスに過剰な爆撃を行ったと認めた。彼は、「ほぼ10年余りの間に米国は第二次世界大戦中のドイツや日本に対するより多くの爆弾をラオスに投下した。およそ2億7000万発ものクラスター爆弾がこの国に投下された。……ある推計によれば、人口1人当たりでは世界のいずれの国に対するよりも多くの爆弾がラオスに投下された[*10]」と述べている。

　それにもかかわらずラオスは、カンボジアやベトナムと異なり、重大な内戦で引き裂かれることはなかった。ラオスではベトナム戦争の期間中、左右両派と中間派からなる連立政権が機能し続けた。サイゴン陥落後、共産主義者がラオスをも制圧したが、その過程はかなり平和的なものであった。ラオスの共産主義支配者がカンボジアやベトナムのそれよりも残酷でなかったことの理由の一部は、ここにあったといえよう。もう一つの理由は、1984年に死去するまでラオスの共産主義政権の顧問であった中立派指導者スヴァナ・プーマ殿下の寛容な影響力にあったと思われる。

　ラオスは1975年から1990年までベトナムの支配下にあった。ソ連が崩壊し、ベトナムがカンボジア占領を断念し、その経済を世界に開放するという変化を強いられたとき、ラオスはこれに追随した。1995年、ベトナムはASEANに加盟した。ラオスは1997年これに続いた。

　ラオスの経済発展への基礎は、1990年代に同国が米国の同盟諸国、とりわけ日本との関与を深めるにつれて固められていった。1994年と2006年に、メコン川にタイに通じる二つの橋が架けられたことで、ラオスとタイやその他の自由市場経済への関与がさらに強められた。ラオスはまた、タイに向けてエネ

ルギーとくに水力電気を輸出した。同国のタイ向けエネルギー輸出はますます増大した。1993年、ラオスはタイとの間の初の覚書で1500メガワットの電力供給を約束した。最新の電力売却枠組みではこの数字は7000メガワットにまで増大されている。[*11]同国とタイの緊密な文化的親和性に鑑み、タイのラオス支配の力量を強化する結果をもたらしかねないタイ経済への依存過剰を懸念せざるを得まい。だからこそ、ラオスにとってベトナムや中国を含む他の隣国との緊密な経済関係を構築することでヘッジ政策をとることが賢明なのである。

1990年代に中国は、ラオスに対する主要な援助国として浮上してきた。その年間援助額は、1990年の1000万米ドルから、2012年の8500万米ドルへと増大した。ラオスの外交政策は一層親中的となり、親越性は明らかに後退した。中国と国境を接する小規模で相対的に脆弱な国家たるラオスは、賢明にも臨機応変に支配的な地政学的風向に合わせて行動してきた。しかしラオスは一貫してASEANを強化することに努めてきた。同国はASEANが東南アジアの弱小諸国にとっての戦略的な傘を提供していることを認識している。

長期的にいって、ラオスのような国家は、独立や自決がほとんど保証されていない。小国も独立と主権の権利があるとする想定は、1945年の国連憲章の賜物である。国連憲章やASEAN憲章という規範が有効である限り、ラオスはその政治的独立を失うことを恐れるには及ばない。しかし、同国の歴史を通じて、かつてそのような保証はなかったのである。

確かなことは、ラオスは拮抗する地政学的諸勢力の標的となり続けるだろうということである。21世紀にはラオスは米中間で高まる地政学的対峙状況に対処せざるを得まい。同国の隣接諸国も同様の挑戦に直面している。ラオスにとって、その独立と行動の自由を維持するためになし得るもっとも賢明なことは、率先してASEANの擁護者になることである。

2016年1月、ラオスがASEAN議長国となったとき、同国がこの集団を導く力量をめぐっていくつかの疑問が投げかけられた。ラオスは、カンボジアに倣ってASEAN声明において南シナ海問題に言及することを阻害するであろうか。同国は、米中両国の指導者を自国に迎えることができるだろうか。結果的には、ラオスはASEAN議長国という試練に合格して面目を施した。ラオスは7月の閣僚会議において南シナ海問題に言及する共同声明を獲得するのに

成功した。2016 年 9 月の ASEAN 首脳会議に際してオバマ大統領がラオスを訪問したことは国際的な注目を浴びた。同じ首脳会議では、中国の李克強首相が ASEAN ＝中国ダイアローグ関係 25 周年を記念してケーキカットを行っている。ラオスは、人口わずか 650 万人という小規模で貧しい国家の賢明な外交が何を成し遂げ得るかを、ASEAN の友邦に示したことになる。

マレーシア

マレーシアは真の意味で逆説に富んだ国家である。微視的に見れば同国は多くの問題を抱えているように見える。しかし、ヘリコプターから俯瞰すればマレーシアは第三世界諸国のうちでもっとも成功した国の一つであることが明らかである。

同国の経済的な記録は群を抜いたものである。1957 年にマレーシアが英国からの独立を達成して以来、同国の GNP は 70 億米ドルから 2080 億米ドルにまで成長し、1 人当たり所得も顕著に増大した。これらは 1990 年代初頭にはすでに明白となっていた。豪国立大学のグレグ・ロペスはいう。

1993 年、世銀はその刊行物『東アジアの奇跡——経済成長と公共政策』において、1960 〜 1990 年の間に実質 GDP がほぼ 4 ％かそれ以上の成長を達成したマレーシアを含む 8 ヵ国の東アジア経済 ［訳者注—日本をはじめ、台湾・韓国・香港・シンガポールという「4 匹の小竜」、およびマレーシア・タイ・インドネシアという ASEAN 3 ヵ国からなる 8 ヵ国で、「東アジア高業績経済群」(EAHPEs) と総称された］を列挙し、その実績は産業革命以降達成された成長率を凌駕する成果であると指摘した。さらに重要なことは、この経済成長が社会の最貧層に益をもたらしたことである。マレーシアはこの『成長記録』で過去 25 年以上にわたって年率 7 ％余の成長を記録した 13 ヵ国のうちの 1 ヵ国に数えられている。マレーシアは 1967 〜 1997 年までこうした刮目すべき実績を上げてきた。[*12]

今日マレーシアを訪れた訪問客は近代的な空港、東南アジアでもっとも高い

ビル（ペトロナス・タワー）、美しい高速道路、繁栄する農園や工場群、あるいは世界水準のリゾート地などに強い印象を抱くだろう。実際、マレーシアが達成した実績はほとんどの第三世界諸国の羨望の的である。過去50年におよぶ同国の経済発展の軌跡は東南アジアにおいてシンガポールのそれに次ぐものである。

　しかし微視的にみると、同国には多くの問題がつきまとっている。1969年の流血の人種暴動は再燃してはいないが、多数派のマレー人と少数派の華人の間の人種的緊張は、今なおくすぶっている。

　支配政党たる統一マレー人国民組織（UMNO）は、内部の政治的混乱にもかかわらず、依然として強靱である。敬愛されたマレーシア初代首相トゥンク・アブドル・ラーマンは1969年の人種暴動後、彼の副官たるトゥン・アブドル・ラザクによって辞任させられた。1976年、ラーマンが54歳というまだ若い年代で逝去したとき、彼の義弟トゥン・フセイン・オンが短期政権を担った後、マレーシア最強の指導者マハティール博士に権力を譲り、彼は1981～2003年まで首相を務めた。

　近代マレーシアの成功の栄誉のほとんどはマハティール博士に帰する。彼は断固たる実践型首相であり、文書ではなく結果に固執した。彼の「ヴィジョン2020」は、マレーシア人のイマジネーションを捉えた。彼の統治下に首都クアラルンプールは変貌を遂げた。彼はマレーシアを自家用車社会にし、国産車［訳者注―ブランド名「プロトン・サガ」］を開発し、1981年の3万1568キロメートルから2003年の7万9667キロメートルへと膨大な高速道路網を発展させた。

　彼はまた、自らの発言をもってマレーシアを国際的舞台に登場させた。2003年10月16～17日、プトラジャヤでの第10回イスラム諸国首脳会議において、なぜイスラム世界が他の国際社会からかくも後れを取ったのかと問いかけてイスラム指導者らを驚愕させた。彼は、通常言葉にし難いような部分を含む驚くほど勇敢な演説でスタンディング・オベーションを受けた。

　過去数世紀にわたり、ウンマー［訳者注―イスラム共同体］とイスラム文明はあまりにも弱体化したため、ヨーロッパ人に植民地化され覇権下におかれな

かったイスラム国家は一つもない。しかし、独立の達成もイスラム教徒を強化する助けにはならなかった。これらイスラム諸国は弱体で行政は貧弱だったから常に混乱状況に置かれてきた。ヨーロッパ人たちは、イスラム教徒の領土で好き放題に振る舞ってきた……。

我々は今や13億の人口を擁する。我々は世界最大の石油埋蔵量を保有する。我々は莫大な富を有する。我々はイスラム教を奉ずるジャヒーリア〔訳者注─イスラム教の宗教的時代区分で、イスラム以前の「無明時代」をいう〕のように無知ではない。我々は世界経済や財政の機能を知っている。我々は世界180ヵ国のうち57ヵ国を支配している。我々の票は国際的機構を支持したり破壊したりし得る。しかるに我々は、予言者を指導者として受け入れた少数のジャヒーリア転向者よりもさらに無力に見える。なぜなのか。[13]

悲しむべきことに、マハティール博士の統治末期は、国内外における論争に彩られた。西欧は、マハティールがアンワル・イブラヒムと不和になるや、マハティールを見限った。そして米副大統領アル・ゴアは1998年、クアラルンプールでのAPEC実務サミットで愚かにも、また無礼にも主催者に敬意を払うというアジア的慣習を無視してマハティール博士を攻撃した。

マレーシアはどれほど強靱であったろうか。強固なマレーシアについて語ることは可能である。1969～2015年の数次にわたる政治的危機に耐えつつも、マレーシア経済は順調に推移した。一般のマレーシア人の生活水準は急速に改善され、教育も広範に普及した。さらに注目すべきことに、マレーシアは普遍的健保制度に移行した。ラビ・P・ラナン＝エリヤ博士はマレーシアの健保制度がいかに驚異的な進歩を遂げたかを論じている。その公的および民間の混合型健保制度は医療・介護・経費軽減・健康維持に好結果をもたらしてきた。[14]

国際的にみてもマレーシアは高く評価される国家である。著名な論壇知識人のイアン・ブレマーは将来有望な7ヵ国を列挙するよう問われたとき、そのリスト中にマレーシアを加えている。[15]2015年1月22日号の『フォーチュン』誌所収の論文で彼は、企業が戦略的に投資するのに適した国として、安定し強靱なインド、インドネシア、メキシコ、コロンビア、ポーランド、ケニヤおよび

第4章　加盟国概観　*175*

マレーシアの諸国を挙げている。「これら諸国は、よき統治と持続的成長が相たずさえて進行すると思われる市場である」とし、「マレーシアでは、賢明な経済運営に向けて信頼のおける確約がなされている」と論じている。

しかし、マレーシア社会がとりわけ政治的局面で多くの構造的挑戦に直面しているのも明らかである。マレー人と華人との間の調和ある共存に向けて新たな社会契約が結ばれる必要がある。悲しむべきことに、ナジブ・ラザク首相の「一つのマレーシア」という大胆なイニシアティブは牽引力を失っている。マレーシアにおけるイスラム原理主義者の声の高まりは、トゥンク・アブドル・ラーマンおよびトゥン・アブドル・ラザクというマレーシア建国期の二人の首相が遺産として残した比較的に世俗的な社会文化を覆しつつある。

このため、2014 年 12 月、元マレーシア官房長官や元大使らを含む 25 名の著名なマレーシア人がマレーシアにおけるイスラムに関する合理的対話を呼びかけた。彼らの呼びかけで懸念の対象とされるのは次のような現下の状況である。

宗教組織が彼らの職分を逸脱した権威を振りかざしたり、連邦憲法に違反し、イスラムの民主的協議のプロセスたるシューラに反する一連のファトワ［訳者注―イスラム法学に基づく布告］を発したり、反イスラム・反君主・反マレー的な異教型不満の声を非難したりするイスラム至上主義的 NGO が合理的な論議や紛争解決を困難にしたり、さらに重要なことに、治安維持法が反対意見を抱く人々に沈黙を強いるための日常的威嚇として用いられるような現下の状況。[*16]

かくして彼らは、「すべてのマレーシア人が、人種関係の悪化をもたらし、法治主義の下での市民の安全と保護の意識を損ない、安定を脅かすような伝統的係争事項の解決を見いだすことにさらに積極的に尽力することが喫緊の課題である」と主張する。

ほかにも問題がある。マレーシアの順調な経済成長がおよそ 200 万人もの不法外国人労働者を呼び込んだ結果、マレーシアはかつてのように安全ではなくなった。2004 年には人口 10 万人あたり 84 件であった暴力的犯罪は、2013 年

には 98 件と 16.7％の上昇を示した。また悲しむべきことに、マレーシアの大学は実績に乏しい。マレーシア最高の大学たるマラヤ大学は、2016 ～ 2017 年 QS 世界大学ランキング［訳者注―英国系大学評価機関によるランキングで、参考までに日本では京都大学が最高位の 38 位］で 133 位である。セルダン選出議員のオン・キアンミン博士は、「わが地元の大学さえ、英国やオーストラリアの基準に到達するには、教育の質・インフラストラクチャー・研究費などの面で多大の進歩を要すると認めるだろう[18]」と語る。これは部分的には大学環境が業績主義からブミプトラ（マレー原住民）優先主義へと移行した結果でもあろう。

　差別されているという意識が多数の非ブミプトラ・マレーシア人の不満を呼んでいる。2011 年の世銀報告は、「頭脳流出は、高収入国家たろうとするマレーシアの意欲の根幹にかかわる。……マレーシアは才能を必要とするが、その才能が流出しつつあるのである[19]」。人種としての華人はマレーシアのディアスポラ中で不釣り合いに大きな人口を占める。

　端的にいって、その顕著な経済発展の軌跡にもかかわらず、マレーシアはその実績に胡坐をかくことはできないということである。幸いなことに、ナジブ首相はマレーシアがその市場をさらに開放することでさらなる成果を得ることができると認識している。TPP 参加は彼の大胆な決断の一つである。短期的にはそれは経済の混乱をもたらすが、長期的にはマレーシアをさらに競争力ある国家とするだろう。

　マレーシアはまた ASEAN の強力な支持者である。地政学的にいって、マレーシアは他のいかなる ASEAN 加盟国よりも多くの国境を接するがゆえに、ASEAN の平和的生態系の最大の受益国である。その地政学的位置が同国を ASEAN の中心たらしめている。かくしてマレーシアは ASEAN の経済自由化の最大の受益国の一つである。これが、2015 年、マレーシアが ASEAN 議長国であったときにナジブ首相が ASEAN 経済共同体（AEC）を予定通り発足させるのに成功した一因である。この年、国内の政治的難局にもかかわらず、ナジブ首相は ASEAN 経済自由化への焦点を失わなかった。もし AEC が発足して ASEAN の GDP 成長をもたらせば、マレーシア経済も貴重な追い風を得るであろう。ラフィダ・アジス（1987 ～ 2008 年）やムスタファ・モハメド（2009 年～現在）など数人のマレーシア貿易相は ASEAN 経済自由化に向けた健全な

リーダーシップを提供した。もしマレーシアがこうした ASEAN への確固た
るコミットメントの軌跡を今後とも維持すれば、ASEAN の将来にさしたる不
安を抱く必要はあるまい。

ミャンマー

　我々にとっての現代の奇跡の一つは、ミャンマーが数十年にわたる軍政から
平和裏に離脱したことである。この奇跡は「ASEAN Way」の力の証である。
西欧がサダム・フセインやカダフィのような長期にわたる軍事独裁者を排除す
べく軍事的に介入していれば、それはイラクやリビアにおけるような災厄を残
すことになっただろう。西洋の制裁はシリアのアサドを排除するのにも失敗し
た。対照的に、ミャンマーを孤立化させるのでなく関与するという ASEAN
の政策は平和的変容をもたらした。

　では、ミャンマーはなぜ1990年代に、数十年に及ぶ自ら課した孤立に終止
符を打つことを決意したのだろうか。多くの要因がかかわったに違いない。他
の東南アジア諸国を訪問したミャンマーの指導者らは、ミャンマー経済がいか
に後れを取ってしまったかを目のあたりにしたに違いない。これと同様に重要
なのが地政学的要因であった。ASEAN がなぜミャンマーを受け入れたのかを
問われたインドネシアの伝説的外相アリ・アラタスは、ミャンマーを内部に受
け入れることで、ASEAN はミャンマーを勢力圏に取り込もうとする中国やイ
ンドの動向から守ることになると答えた。そして、アラタスはまったく正しか
った。

　ミャンマーはインドの勢力圏内にあると見るインドの認識は、1976年8月
のスリランカのコロンボにおける非同盟運動首脳会議において明瞭に表明され
た。キショールは南アジアと東南アジアにどのように議席が配分されるべきか
を論議するアジア・グループの会合に参加した。インド代表は、ミャンマーは
南アジアに属すると主張した。時のミャンマー外相がミャンマーは東南アジア
に属すると気弱な姿勢で表明したとき、当時のインド外相ヤシュワントラウ・
チャバンは、「貴官はわかっていない。貴官はわかっていない。ミャンマーは
南アジアに属するのだ」と怒鳴りあげた。

チャバンはミャンマーの歴史への無理解を曝した。その歴史のほとんどの期間を通じて、同国の運命は、南アジアより東南アジアと密接に連携していた。実際、16世紀にビルマのパワーが絶頂にあったとき、同国は大陸部東南アジアにかつて出現した最大の帝国を樹立した。同国は、近代ミャンマー、タイ、およびラオスを含む地域を傘下に置いていた。ミャンマーは、英国がインドに到達し、インドとミャンマーを制圧した期間だけインド経由で支配されたにすぎない。

伝統的にミャンマーは、インドに対するより中国に対する恐怖心を抱いてきた。同国は中国との間でより多くの戦争を戦ってきた。1765～69年という短い期間にミャンマーは4回も中国の侵攻を駆逐した。ここに1990年代にミャンマーが数十年に及ぶ孤立主義の放棄を決意した主要な原因がある。

ミャンマーの指導者らは、自らに課した孤立主義は彼らを中国の経済的勢力圏に引き入れることになるだけであることを納得し得た。主要なダム建設に関する中国との取り極めの一方的破棄という2011年のミャンマー政府の決定は、中国の影響力に均衡を保とうとする熱望を物語っている。

1997年のミャンマーのASEAN加盟と、これに付随して経済を開放しようとする決定は賢明なものではあったが、依然として国内政治上の挑戦を解決してはいなかった。2011年以来、テイン・セインに率いられた軍事政権は、賢明にも政治権力の分有を決定した。しかし、2015年総選挙でノーベル賞受賞者アウン・サン・スー・チー女史の党が勝利を収めたにもかかわらず、彼女がミャンマー大統領になるのを忌避する憲法規程の修正を拒否した。彼女は、その子弟が英国民であったため、資格なしとされていた。

アウン・サン・スー・チーは、国際的な偶像の地位にまで上り詰めていた。彼女は、軍政期に数次にわたって——1989年7月～1995年10月、2000年9月～2002年5月、および2003年9月～2010年11月——数十年に及ぶ自宅軟禁に処せられたことで、ネルソン・マンデラと同程度に尊敬され称賛されてきた。彼女は1947年7月、悲劇的にも暗殺された伝説的軍人たるアウン・サン将軍の娘だったから、軍政もこれを完全に抑圧することはできなかった。その国際的名声は、彼女がミャンマーの真の至宝であることを意味していた。

ミャンマーが直面している挑戦は、アウン・サン・スー・チーにも軍政指導

者にも受け入れられる政治的妥協を見いだすことにある。理論的には、民主主義への全面復帰と軍部の兵営復帰が問題解決となるはずであった。しかし、軍部指導者は彼らが国家運営に発言権を有するべきだと信じている。彼らの体験が教えるところでは、ミャンマーの領土的一体性は、主としてミャンマー国境周辺の山岳地帯における少数民族からの挑戦に対して脆弱であった。ミャンマー軍政がもっとも苛酷であった数十年においてさえ、カレン族やシャン族の反乱部隊との平和維持に腐心してきた。これら集団との内戦は、1948年以来ずっと継続してきた。カチン族の6グループ連合はいまなお政府と戦闘中である。

　多数派ビルマ族の一員たるアウン・サン・スー・チーは、民族的一体性に関するビルマ人の懸念を共有している。人権の闘士たる彼女の国際的名声に鑑み、西欧の多数は、彼女がアラカン州におけるイスラム系ロヒンギャ族への惨めな処遇に対する反発の声をあげないことに当惑し、失望してきた。ヒューマン・ライツ・ウォッチ専務理事のケネス・ロスは次のようにいう。

　　アウン・サン・スー・チー自身も失望している。陸軍が彼女の大統領選出馬の可否を決定すると承知している彼女は、陸軍の権力乱用を批判せぬよう配慮している。そして脆弱で国家なき民たるロヒンギャがミャンマーで非常に不人気であるため、彼らが暴力的攻撃にさらされた際にも彼らを擁護する発言を拒否してきたのである。[20]

　アウン・サン・スー・チーやミャンマー軍政に対するこうした批判は、全面的に公平とはいいがたい。ミャンマーは、雑然として錯綜した政治的転換の渦中にある。たとえその孤立が自らに課したものであれ、一国が数十年に及ぶ孤立から脱却することは容易ではない。多くの公的機構、とりわけ数十年にわたる孤立期間に硬直化した公共サービス部門を再建するには時間を要する。同時に、ミャンマーは非常な多人種国家であり、多くの異なった人種グループが、とりわけ高地における自らの領土を支配した歴史を有する。このような国家において平和を維持することは、常に挑戦に満ちている。外部世界がとり得る最善の策は忍耐強く、ミャンマーの人々が妥当な政治的妥協を見いだすことを許すことである。アウン・サン・スー・チーは、国家を取りまとめるため苦痛に

180

満ちた政治的妥協をなさねばなるまい。

1997年のASEAN加盟以来ミャンマーが達成した優れた経済的発展は、同国の現下の潜在能力を実証するものである。同国の人間発展指数は、1990年の0.347から2013年の0.524まで上昇した[21]。その1人当たりGDPも1990年の190.70米ドルから2015年の1308.70米ドルにまで増加した（2010年当時の固定価格による[22]）。GDPは1990年の80億米ドルから2013年の608億米ドル、2015年の705億米ドルへと増加した（2010年当時の固定価格による[23]）。ミャンマーの経済的成功は確かに目覚ましいものではあるが、まだ緒についたばかりである。1995年のベトナムのASEAN加盟以後、そのGNPは1995年の207億4000万米ドルから2015年の1936億米ドルにまで9倍増している。ミャンマーはベトナムと同程度の急成長の潜在力を有している[24]。

ミャンマーは1997年にASEANに加盟したが、その経済開放は政治権力がアウン・サン・スー・チーへの移行が達成された2015年以後のことにすぎない。ミャンマーは、他のASEAN友邦から経済的な教訓を学び得る。同国は、カンボジア、ラオス、ミャンマーおよびベトナムのASEANへの統合を支援するため創設されたASEAN統合イニシアティブをフルに活用することができる。ASEAN発展の軌跡は、ミャンマーが経済を早く開放すればするほど優れた社会・経済発展を達成できることを物語っている。

ミャンマーはその他にも利点がある。同国は主要大国の地政学的要衝として浮上してきた。同国は、中国、インド、米国あるいは日本などから積極的に扱われてきた。かくしてミャンマーは他のほとんどのASEAN諸国よりも多くの援助を受けられる位置にあった。中国は、ベンガル湾から中国昆明にいたる大規模パイプライン・プロジェクトによってミャンマーを支援してきた。このパイプラインだけでも同国財政に年間18億米ドルをもたらす[25]。インドは、北東部ミゾラム州とミャンマーのシットウェ港とを結びつけるカラダン多機能物流プロジェクトを推進しつつある。2015年1月、日本はタイとともにミャンマーのダウェイを東南アジア最大の産業・貿易地帯としようとするダウェイ港プロジェクトに参加することに合意した。

同時にミャンマーは、ASEANの声高な支持者となることで、ASEANが同国の平和裏の政治的移行を支援してくれたことへの謝意を表明するべきである。

最近にいたるまでアウン・サン・スー・チーは、かつての軍政指導者と
ASEAN との緊密な絆を目にしてきたから、ASEAN に対して個人的にやや あ
いまいな姿勢を保ってきた。しかし、彼女は、こうした緊密な絆が軍部指導者
らに政治的妥協の必要を説く結果となったことを認めるべきである。このよう
な妥協こそアウン・サン・スー・チーの実権掌握に道を開いたのである。その
ことが彼女に重要な地域的果実をもたらし、ASEAN の地位向上にも資すると
ころとなったのである。実際、彼女自身、ノーベル平和賞受賞者として
ASEAN を同賞にノミネートすべき人物なのである。

フィリピン

ASEAN 共同体においてフィリピンは独自の文化的問題に直面している。他
の ASEAN 9ヵ国は疑問の余地なくアジア諸国であるが、フィリピン人はア
ジア的アイデンティティと西洋アイデンティティの間に文化的に引き裂かれて
いる。歴史がその理由を物語っている。フィリピンはもっとも長期にわたる西
欧植民地支配に耐えてきた。フィリピンは、1565 〜 1898 年の 330 年余りの間、
スペインに支配された後、1898 〜 1946 年まで米国の植民地支配が続いた。

フィリピンの政治的植民地支配は 1946 年に終わった。しかし、心理的な植
民地化は続いた。独立から数十年を経て、幾人かの著名なフィリピン人が独立
を放棄して米合衆国の 51 番目の州になることを優先する意向を表明したこと
がある。東南アジアの他国の人々でそのような運動を甘受するものはなかった。
前国会議員のルフィノ・D・アントニオは、フィリピンを合衆国の 51 番目の
州とするというフィリピン州化プロジェクトを提唱した。彼は、1972 年 5 月
の「マニラ・タイムズ」紙への書簡で次のように述べた。「この運動のメンバ
ー 600 万人は、今日の腐敗し、悪辣な体制にうんざりし、よりよい人生を希求
するものの、誰一人その心底において売国奴たる者はいない」[*26]。

それから 15 年後、『アトランティック・マンスリー』誌所収の有名な論文で
ジェームズ・ファローズはフィリピン人の米国文化への依存を指摘している。
彼は次のようにいう。

フィリピン人は、心の奥深いところで致命的にも、米国が中心であり、彼らは周辺にすぎないという考えを抱いている。現地の多くのCMは、米国製であれば優秀であるという考え方を植え付けている。あるウィスキーのCMは、笑顔を浮かべたブロンドのモデルが「本品は米国級（ママ）に達しています！」バン消臭剤のCMは、「ちょっと待って！　あなたの消臭剤はあなたの皮膚を暗く見せませんか？」と警告している。TVショーでもっとも魅力的な人物たちは通常色白で、まるでロス・アンジェルスで育ったかのようにしゃべる……。スモーキー・マウンテンでボランティアを行っていたある米国人は、「この国の人々の野心は国籍を変えることにあるみたいだ」と私に語った。[27]

　この国の文化的アイデンティティの不確実性は、経済的な不確実性と相まって自信喪失の原因ともなっている。ASEAN加盟国のうちでフィリピンは移民率がもっとも高い。ほぼ1億人のフィリピン人がフィリピンに居住しており、1200万人のフィリピン人が海外に居住している。こうした移民熱は、自国では成功が覚束ないという自信のなさを反映している。これと対照的にインドネシアは1人当たりではフィリピンよりも貧しいが、海外に居住するインドネシア人はわずか530万人で、（フィリピンの12％に比して）人口の2％でしかない。

　この巨大なフィリピン人移民は今日、フィリピンの最大の資産の一つとなりつつある。とりわけシリコンバレーのインド人移民がインドの経済発展を垣間見せる一助となっているように、フィリピン移民も同様の結果をもたらす。フィリピン政府は、同国の移民を活用するような新たな国家的戦略を展開すべきである。

　とはいえ、このような文化的挑戦は、同国が独立以来直面してきた歴史的な難局を説明するものともなっている。1950年代に、幾人かの主要なエコノミストが、フィリピンは最善の経済成果をあげる国家として輝くであろうと予言した。合衆国はそれなりの公共統治を残して去った。フィリピンは強大な米国市場へのアクセスを享受できた。1950年代には、専門家らは韓国は失敗するがフィリピンは成功するだろうと予測した。まったく逆の事態が出来した。

　明らかにその他の構造的問題が事態に影響を及ぼした。多年にわたるスペインの支配が、最悪のラテン・アメリカ社会と同類の封建的制度という痕跡を残

第4章　加盟国概観　*183*

した。第二次世界大戦終結時に、フィリピンは重要な土地改革をほとんど実施できなかった。それゆえフィリピンは、ASEAN 諸国のうちもっとも集中的な土地所有階級を擁していた。フィリピン大学労働産業関係学院のボニファシオ・S・マカラナスが論じているように、「フィリピンにおける貧困は植民地という過去、とりわけ 300 年余にわたるスペイン植民地支配における統治様式を特徴づけ、その後ほぼ 50 年にわたる米国統治下でも形を変えて存続した封建的労働関係に根ざしている」[28]。

フィリピンが東南アジア最悪の独裁体制を持つにいたったのは、こうしたラテンアメリカ流の封建体制に影響されたためであった。タイやインドネシアにも軍部独裁体制があった。スハルトやマルコスのファミリーは、それぞれの統治から利益を着服した。しかし、スハルトはインドネシア人の生活水準向上にも意を用いたが、マルコスはもっぱら彼のファミリーの富を図った。注目すべきことに、マルコスを失脚させた 1986 年の劇的なピープル・パワー革命の後でさえ、フィリピンはまたしても 2001 ～ 2010 年の間グロリア・マカパガル＝アロヨ大統領の腐敗した（裁判では無罪とされたものの）統治下で苦しめられたと見られていた。

これらの挑戦にもかかわらず、フィリピンは（アジアででではないにしても）ASEAN 域内でもっとも将来有望な経済の一つとして浮上した。コラソン・アキノ、フィデル・ラモス、ベニグノ・アキノら、率直で勤勉な数人の大統領が、フィリピンの展望を安定させ始める良き統治の期間を提供した。フィリピン経済のいくつかの部門が次第に輝きを増していった。インドは国際的なアウト・ソーシング事業、とくにコール・センターに先鞭をつけたが、いまやフィリピンがインドを凌駕した。フィリピンのコンタクト・センター協会の推計によれば、インドで雇用されている交換手の 33 万人に比して、フィリピンでは 35 万名が雇用されているという[29]。

インドと同様フィリピンはソフトウェア開発の中心になりつつある。フィリピン・ソフトウェア産業協会によれば、彼らの事業は、フィリピンにおけるアウト・ソーシング部門において最速の成長を達成しつつあり、2011 年に 37％の成長を遂げ、総収入は 9 億 9300 万米ドルに達し、5 万人ものフルタイム雇用者を増加させたという[30]。このソフトウェア産業の発展は、フィリピンには活

用できる若く精力的で有能な人口があることを証明している。フィリピンが真に必要とするのは良き統治のみである。2010 ～ 2016 年にベニグノ・アキノの統治が立証したように、わずかばかりの良き統治があれば、フィリピンはうまくやっていけるであろう。彼の統治下でフィリピンの GDP 成長率は、前政権下での 10 年間における年率 4.45％から 6 ％超へと改善された。

　それゆえフィリピンは、50 年以前には見込まれていたほどの成果を上げることには失敗したものの、今やそれを達成する展望が生まれた。これまで主たる挑戦は国内的なものであった。フィリピンは今やその経済を開放し、世界と一体化すべきであるという強固な国民的合意が成立したことで、それらは解決されつつある。ドゥテルテの気まぐれな統治がいかなるインパクトを有するかを語るのは時期尚早であるが、彼がラモスや両アキノのように正直であろうというのは良いニュースではある。フィリピンの主要な挑戦は、同国が南シナ海をめぐり中国との紛争中であることから分かるように地政学的なものである。ASEAN の他の 3 ヵ国も同様に中国と係争中である。しかし、ブルネイ、マレーシア、そしてベトナムまでも、これら紛争を静粛に実務的に解決しようと試みてきたが、フィリピンはハーグの常設仲裁裁判所に強制的仲裁を求めて中国への公然たる挑戦を選んだ。フィリピンは調停の裁定では勝利したが、ドゥテルテ政権は中国に裁定を強引に押しつけることは不可能であると知っていた。かくして同政権は他の ASEAN 係争国と同様、現実的になり、二国間対話を試みることになろう。ドゥテルテは 2016 年 10 月に訪中することでこの二国間対話に着手した。もしこうした不和が制御され封じ込められれば、フィリピンが 21 世紀の「タイガー経済」の一国として浮上することを阻止するものは何もない。

　とはいえ、フィリピンが経済的再起を達成したとしても、しばらくは他の ASEAN 諸国との関係はぎこちないものにとどまるかもしれない。フィリピンが西欧とアジアのアイデンティティとに引き裂かれている限り、同国は ASEAN ファミリーの文化的仲間外れになりかねない。こうした文化的異質性は ASEAN の歴史の初期に浮上したことがある。1967 年 8 月の ASEAN 初会合に参加したシンガポールのナザン大統領が語るには、フィリピン代表が内実よりも形式について焦点を当てるべきだと固執したため、ASEAN 宣言の起草

は最終段階で手こずったという。彼の主張は、通常使用されている英国風スペルではなく米国風スペルを用いるべきだというのであった。

　幸いにもフィリピンは、国連憲章の署名者の一人たるカルロス・ラモスをはじめとする多数の卓越した外務大臣を擁してきた。カルロス・ラモスの息子のボビーや故ドミンゴ・シアゾンを含むフィリピン外相は、時につれて ASEAN ファミリーがいかに機能するかについて深く理解するようになった。優れたフィリピン人の ASEAN 事務局長ロッド・シアゾンも同様である。フィリピンと他の ASEAN 加盟国との文化的乖離を克服するためには、ASEAN に関するこうした知識がマニラにおいて制度化される必要があった。

　ASEAN 憲章をめぐる論議は、議長国フィリピンが起草にあたり西欧の法理的アプローチをとったため進展は緩慢なものになった。しかし、シンガポールのトミー・コー大使が議長職に就いたとき、スムーズに進展するようになった。彼は起草過程にアジア的、より正確にいえば ASEAN 的現実主義を採用したのである。このエピソードはフィリピンと他の ASEAN 諸国との間の文化的乖離が著しいものであることを物語っている。

　フィリピン人やフィリピンのエリートの西欧的思考様式を変化させることは難しいだろう。2014 年のギャラップによる 36 ヵ国の世論調査によれば、フィリピンはイスラエルに次いでもっとも親米的な国家である。実際、この調査が明かすように、フィリピン人は米国人よりも親米的である。

　この状況はドゥテルテ大統領の下で変化しようとしている。大統領就任から 4 ヵ月足らずの間に彼は、ラオス、インドネシア、ブルネイ、ベトナム、中国、および日本を訪問した。彼は、ASEAN、中国、日本などとの関係を優先したいと述べたが、彼の閣僚は彼が米国を放棄するつもりではないとつけ加えている。実際、大統領としての彼の最初の外遊先はブルネイで、象徴的かつ強力なメッセージであった。

　ドゥテルテ大統領は ASEAN でもっとも効率的な指導者の一人たり得る。ASEAN が強力な指導者を必要としている時点で、このことは重要である。我々のフィリピン人の友人たちはドゥテルテ大統領に対する若干の提案を持っている。

　第一に、ドゥテルテはフィリピンの外交・貿易政策にとっての ASEAN の

重要性を再確認することができる。フィリピンの貿易の60％はかつて米国や
EU諸国相手であったのに比して、今日では60％はASEANおよびアジアと
の貿易である。フィリピンはミンダナオのイスラム反乱の解決に際してブルネ
イ、インドネシア、マレーシアの支援によって大いに助けられた。同国はコメ
の輸入についてベトナムやタイに依存している。それゆえ、フィリピンが軌道
修正してASEAN諸国を外交の正面かつ中心に置くことは同国の国益となる。

　第二に、2017年のASEAN50周年に議長国としてドゥテルテは、記念会合
を利用してASEANおよび中国に南シナ海での拘束力のある行動規範に署名
させることが可能である。彼は同様に、この機会を利して海のシルクロードを
経由したASEAN＝中国間の経済統合を促進し、ASEAN域内の社会統合を促
進することができる。

　第三に、そして最後に、ドゥテルテ大統領は、個人的にドナルド・トランプ
大統領とならんで習国家主席とプーチン大統領をASEANサミットに参加す
るよう招待することができる。ドゥテルテがもしこれら3名の主要リーダーを
ASEANサミットに参加するよう招待するのに成功すれば、彼の外交政策にと
って重要な成果になりうる。それはまた、フィリピンと他のASEAN友邦と
の乖離が埋められたことの象徴ともなりうる。

シンガポール

　シンガポールは正常に誕生したのではなく早産であった。マレーシアの将来
動向に関してマレーシアとシンガポールの指導者間のビジョンの相違が和解不
能なまでに拡大したため、1965年8月9日、シンガポールはマレーシアから
放逐された。シンガポールが放逐されたとき、マレーシアとシンガポールの指
導者が唯一同じ見解を抱いたのは、その後背地から切り離された都市国家は存
続し得ないから挫折するだろうということだけだった。

　失敗が運命づけられた国家としては、シンガポールは驚くべき成功を収めた。
会話を盛り上げるため、キショールはしばしば次のように語ったものだった。
人類史始まって以来、シンガポールほど急速かつ総合的にその住民の生活水準
を向上させた社会は存在しなかった。これまでのところ、この主張に反証し得

たものは一人もいない。シンガポールの驚異的成功はギネス世界記録に掲載されるに値する。

　この驚異的な成功をどのように説明できるだろうか。簡潔な説明は、同国の卓越した指導部に求められる。米国と同様に、シンガポールは偉大な建国の父に恵まれた。世界中の人々がリー・クアンユーについて耳にしたことがあろう。実際、2015年3月の彼の葬儀に際して世界中の赫々たる指導者が参列し、彼に対して最大級の賛辞が捧げられたという事実そのものが彼の国際的な位置を物語っていた。

　リー・クアンユーがいなければシンガポールはその例外的成功を収めることはなかったろう。しかし、リー・クアンユーがゴー・ケンスイ博士やS・ラジャラトナムなど傑出した一群の人々と協働したという事実は必ずしも十分に知られていない。

　これら卓越したグループの同志的結合は、独立前のシンガポールにおける強力な共産主義者との生死をかけた闘争の過程で培われたものである。ゴー・ケンスイ博士は鮮やかにも、「我々は遊郭を彷徨う無邪気な処女のようなものだった。不運を回避することはほとんど不可能だった[31]」と語っている。リー・クアンユーは共産主義者とのたたかいにおいてライオンのごとき勇気を発揮した。ゴー・ケンスイ博士やS・ラジャラトナムもまたライオンだった。

　彼らは同時に偉大な知識人でもあった。彼らは世界について飽くことを知らずに読み、理解した。ゴー・ケンスイ博士は明治維新を子細に検討することでシンガポールの奇跡の設計士として成功した。彼は徹底した現実主義者であった。ラジャラトナムは卓抜な演説をし、国際社会をシンガポール支持に引き寄せた。要するに、シンガポールの成功は優れたチームワークの産物だったのである。

　この例外的なチームはMPH——業績主義（Meritocracy）・現実主義（Pragmatism）・そして公正（Honesty）——という三つの例外的な政策を実施した。キショールはリー・クアンユー学園で、あらゆる外国人学生とこのMPH方式を共有し、彼らがこの方式を実施するならばシンガポールと同様の成功を収めることができると説いた。業績主義は、国家の運営に際し支配階級の縁者ではなく最良の市民を精選することを意味する。現実主義は、国家は一

からやり直すことはないということを意味する。ゴー・ケンスイ博士なら「シンガポールが直面する問題が何であれ、誰かがどこかでそれを解決するだろう。その解法に倣ってシンガポールに適用すればよいのだ[32]」というだろう。最善の解法をコピーすることはどんな国にも可能であろう。しかし、公正さの履行は、三つの政策のうちもっとも困難なものである。腐敗は第三世界諸国が何故挫折したかのもっとも重要な原因である。シンガポール建国の父たちの最大の強みは、彼らが冷酷なほどに公正であったことにある。彼らがまた例外的なほど鋭敏かつ抜け目ないことも力にあずかっていた。

とはいえ、シンガポールが公平な批判にさらされてきたのも事実である。西洋のメディアは、容赦のない批判を浴びせてきた。実際、西欧の見識高い人々の多くは、シンガポールがリー・クアンユーという名の独裁者の支配下にあり、北朝鮮と変わるところがないと信じている。「ニューヨーク・タイムズ」紙のウィリアム・サファイアは、著名な批判者の一人である。彼は「余人をもって代えがたいリー・クアンユーは、世界で最も知的で、ある人々にはもっとも好ましい独裁者である[33]」と書いている。彼はゴー・チョクトンについても「独裁者リー・クアンユーの息子たちの誰かのために首相の座を温めておくための傀儡[34]」と述べている。1980年代から1990年代にかけてシンガポールのリーダーたちは、「ニューヨーク・タイムズ」紙、「インターナショナル・ヘラルド・トリビューン」紙、「ウォールストリートジャーナル」紙、あるいは『ファー・イースタン・エコノミック・レビュー』誌などの西欧の新聞や雑誌に対する幾多の裁判に勝訴している。これら紙誌は罰金を支払ったが、これらがシンガポールと西欧メディアとの反目の歴史をもたらし、西欧におけるシンガポールの評価を損なってきた。

国内的にも、シンガポール政府は批判を浴びてきた。著名なシンガポールの作家キャサリーン・リムは2014年6月、「我々は人々が彼らの政府を信頼しておらず、政府は信頼を回復しようともしないという危機的状況下にある[35]」と語った。彼女は、シンガポールの指導部がそのような不信感をもたらす主要因として、反対派に対する名誉毀損訴訟を利用してきたことに言及し、「この国には平坦なグラウンドは存在せず、敵対者を破産に追い込むことをためらわぬあまりにも強大で報復的な政府の有利な方向に傾斜したグラウンドしか存在しな

い」と論じている。主要な出版メディアは政府に好意的だが、社会的メディアは猛烈に批判的であり得る。こうした理由により、シンガポールでは新たな政治環境が育ちつつある。

シンガポールにとって、リー・クアンユーの後を継いだ2人の首相が好評かつ効率的であったのは幸運であった。ゴー・チョクトンは1990年から2004年まで首相を務め、シンガポールの政治環境の自由化をもたらしたと広く評価されている。リー・クアンユーの息子のリー・シェンロンはシンガポールの偉大な指導者である。彼は全身全霊でシンガポールに関与し貢献した。彼の両親と同様、彼は非常な知性の持ち主であった。シンガポールが三代続けて優れた首相に恵まれたのは幸運であった。

シンガポールにおける新たな動向というのは、シンガポール人の誰も、過去30年で初めて次期首相の名を知らないという事実である。幾人かの可能性は浮上しつつある。しかしそれらの誰についても合意が生まれてはいない。リー・シェンロンは、2022年に70歳になったら辞職するという計画を明らかにしたから、シンガポールは数年以内に政治的不透明さに直面することになり得る。

きたるべき数十年間にシンガポールが直面するのは政治的後継者問題だけではない。近著『シンガポールは存続できるか』（2015年）でキショールは、シンガポールに劇的な影響を与えそうな三つの危機の可能性を指摘している——つまり、ポピュリスト政党の誕生という危機、米中間の地政学的な対峙がシンガポールを引き裂く危険性、および北極海航路開設などシンガポール港の重要性を減じる稀有な事態の浮上などである。

シンガポールをめぐる公然の秘密の一つは、同国が多年にわたり、ASEANの静かだが重要なリーダーシップ役を果たしてきたということである。ASEAN自由貿易地帯（AFTA）というアイデアはシンガポールで芽吹いたものである。ASEAN地域フォーラム（ARF）というアイデアも同様である。同じく、アジア＝欧州会議（ASEM）というアイデアを提唱したのはゴー・チョクトンであった。

しかも、シンガポールは賢明にもこれら三つのイニシアティブを自らの功績であると喧伝すべきではないと決めていた。それは羨望や反発を招くことにな

っていただろう。それゆえ、他の ASEAN 諸国がこれらのイニシアティブを打ち出したのは幸いであった。あるタイ人ジャーナリストはかつて、シンガポールが新たなアイデアを思いつくたびにタイがこれを誕生させてきたとずばりと指摘している。AFTA や ASEM を提唱したのはいずれもタイであった。

シンガポールは、ASEAN にとっての貴重な知的ハブとして機能してきた。その政治的安定や強力な政治指導部のおかげで同国は長期的な構想を示唆し、推進することができた。それゆえに、シンガポールの ASEAN 事務局についての近視眼的な政策は首を傾げざるを得ないものであった。本書の結論部分でも指摘するが、シンガポールが ASEAN 事務局予算を加盟 10 ヵ国が均等に負担すべきであると固執したことは、事務局の発展を低迷させた。率直にいって、シンガポールはこういう政策をとることで自らの国益を損なった。この政策は ASEAN の自然な成長を阻害した。ASEAN という平和生態系の最大の受益者の一国たるシンガポールは、近視眼的政策をとることで墓穴を掘っているのである。

シンガポールは、自国の例外的な成功にもかかわらず、あらゆる小国がそうであるように、依然として脆弱であるがゆえに、ASEAN を強化し続ける必要がある。シンガポールの宿命的な挑戦は単純なものである。存続するために同国は、新たな挑戦について臆病で警戒的でなければならない。しかし、シンガポールからの大量流出をもたらさぬよう、同国の未来について強固な確信を維持せねばならない。臆病であり同時に確信を抱くことは例外的な精神力を必要とする。

タイ

タイは、少なくとも三つの点で傑出している。第一に、同国はヨーロッパ人に植民地化されなかった東南アジアで唯一の国家である。それは驚くべき事実だが、偶然の産物でもあった。(ビルマとマラヤを植民地化した)英国や(インドシナを植民地化した)フランスは、それぞれの勢力圏の間に緩衝地帯を維持したほうが賢明であるとしたのであろう。あるいは、タイがその独立を維持し得たのは賢明なタイ外交の強固な伝統の反映とみなすこともできよう。タイ王室

は数世紀にわたり中国の古典『三国志演義』から地政学的教訓を学んでいた。[36]

　第二に、タイには豊かな文化があった。日本の学者たちは、キショールに対して個人的に、日本は「文化の甘い香り」に惹かれてタイとの間で緊密に協働してきたと語っている。タイの他の観察者らも同様の見解を述べている。ナッタブド・ピンパは「タイ文化は独特で錯綜している点で知られている」と論じた。[37]

　第三に、中国とインドが東南アジア上空で遊弋（ゆうよく）する二大国として台頭するに及んで、タイは同国の文化が両国の影響下にあるがゆえに両国を理解する独特の位置にあるといえる。タイ王家は13世紀にその淵源を持つ。タイ王室文化は強くインド文化の影響を受けている。今日でも、タイ王室の多くの儀礼は我々の時代の最初の数世紀から引き続きバラモン教僧侶によって司祭され、タイ王室儀礼においてはサンスクリット語が広く用いられている。タイ王室はインド伝統に強い影響を受けているが、タイは（シンガポールという顕著な例外を除けば）他の東南アジア諸国よりも外来の華人社会を完璧に吸収している。

　チャクリ王朝の創始者ラーマ1世は、中国系の家系を持つ。彼は1782年から彼が没する1809年までタイを統治した。1851〜1868年の間統治したモンクット王は、中国系の出自を誇らしげに公言した。マレーシア・インドネシア・ブルネイあるいはベトナムにおけるのと対照的に、タイにおける華人社会は外国人とはみなされなかった。彼らは完全に統合され吸収された。ほとんどの華人はタイの名前を名乗っている。彼らは流暢（りゅうちょう）にタイ語を話し、彼らの精神は恐らく中国よりタイを意識しているだろう。クリストファー・ベイカーやパスック・ポンパイチットらの学者がいうように、「華人はタイ語を学び、新たな行動様式を採用し、自らをタイ国民たる市民とみなしてきた。しかし同時に、会話や味覚、あるいは美意識などについては自らの伝統という鋳型から都市的文化を形作ってきた」。[38]

　その豊かな歴史や文化あるいは植民地化されなかったことの利益にもかかわらず、タイは、成功した近代アジア社会として浮上するのにはかなり難航してきた。日本や韓国社会にならって政治経済システムを完全に近代化する最初の東南アジア国家はタイであるべきところだった。しかしそうではなく、それはシンガポールだった。

確かに、同国の経済的近代化は成功した。タイのGNPは、1965年の145億8000万米ドルから2015年の2320億1000万米ドルと、ほとんど16倍増加した（シンガポールのGNPは、同時期に35.6倍に増加した[39]）。IMFは2020年には購買力平価で1兆3780億米ドルになるだろうと予測している。タイは総体的に幸運な経済動向を辿ってきた。しかし、経済的文脈において好機を逸してきたともいえる。チトリヤ・ピントン博士がいうように、「タイは、最終的には離脱を決定するとしてもTPP論議には参加すべきだった。しかし、当時我々は国内問題に忙殺され、それだけの余力がなかった」。

　政治状況はさらに活気に乏しかった。タイ軍部は2014年には同国を戒厳令下におき、政治に決定的な役割を演じ続けてきた。冷戦期には、タイ軍部はインドシナにおける共産主義者の膨張によって脅かされていると意識していたため、米国は米国利害にとって信頼できる同盟者とみなし、喜んでタイ軍政を援助した。冷戦が終わると、タイは東南アジア諸国の先鞭を切ってより開放的で自由民主主義な国家に移行した。1990年代にはタイ政治家はASEAN友邦に対して民主主義の美徳を説き始めるにいたった。タイの新聞各紙は他の東南アジア諸国政府が非民主的であるという批判的論調を展開した。

　タイ政治が民主主義の説教じみた時期があったことを思えば、タイが軍政に逆戻りしたことは皮肉であった。こうした事態はすべて、2001年、2005年、2006年の選挙でタクシン・チナワットの党派が連続して勝利したことの結果であった。タクシンの成功は、タイ東北部の多数の比較的貧困な人々の票を獲得し得たことによる。彼は、これらの人々への多額の補助金に基づく健保サービス、3年間の借金凍結、村民による小規模起業への資金供与、あるいは農業補助金などのバラマキによって勝利した。タクシンの成功は、従来タイの政治権力を支配してきたバンコクの伝統的エスタブリッシュメントからの権力の移行をもたらした。これら強力なバンコクのエスタブリッシュメント勢力は、タクシンの赤シャツ派に反対するために黄シャツ運動に着手することで反撃した。不運なことに黄シャツ派は数において劣勢であったから、権力回復のため非民主的な手法に訴えた。いくつかの手法は非常に過激なものだった。2008年、彼らはバンコク空港を襲撃・占拠し、政府ビルを襲撃し、議会を封鎖した。

　タイの人々は、紆余曲折を経つつ2006年まで続いた持続的な内紛で疲弊す

るほかなかった。同年、プラユット・チャンオチャ将軍に率いられた軍事クーデターが断行された。プラユット将軍は、この軍政期は暫定的なもので、タイは民政に復帰するであろうと宣言した。彼は、「我々は新憲法の下で実施される自由で公正な総選挙が完全なタイ民主主義の確固たる基礎となることを期待する[40]」と語った。加えて彼は、「今日我々が総選挙を実施すれば紛争がもたらされ、国家は政界内の影響力ある勢力によって紛争・暴力・腐敗、テロリズムや戦時の武器使用という旧来のサイクルに回帰する結果となろう」とも付け加えた。2016年8月、軍部発案の新憲法（1932年以来17度目の憲法）が国民投票によって採択された。

　パンドラの箱という比喩がもっとも適切であろう。タクシンは、タイ農村部の有権者に投票箱を通じて行使し得るパワーに目覚めさせるのに成功し、いったん力を自覚したこれら農村人口を再び眠りに押し戻すことは不可能であった。彼らはタイで総選挙が実施されるたびにそのパワーを行使するであろう。本書執筆時にもタイは不透明な政治的未来に直面している。2016年10月13日にプミポン・アダルヤテート国王が逝去したため、この政治的不透明性はいっそう先鋭化することになろう。

　タイはどの程度強靭であろうか。様々な形でタイは、すでにその強靭性を実証してきた。2006年以来タイにつきまとう政治的不透明性にもかかわらず、タイ経済は緩やかだが着実に成長し続けている。タイはまた、最近の外交的荒波の中を巧みに航海してきた。さらに、東南アジアにおける影響力を競う米中両国からインド、日本にいたる諸大国との緊密な関係を維持してきた。同国は外交的手腕を失っていない。

　とはいえ、タイの内政没頭がASEANを弱体化させてきたことは否定できない。ASEANはタイで誕生した。スチット・ブンボンカーン教授が回想しているように、

　　1967年にASEAN宣言起草のための会合が行方を見失ったとき、ASEAN指導者らはバンサエン海岸に移動し、平和的で静謐な雰囲気の下でかろうじて最終的なASEAN宣言を起草し得た。それは当時タナット・コーマンの私設秘書であったソムポンによって起草された[41]。

1967 年 8 月バンコクにおける ASEAN 創設以来、タイはこの協力体の貴重なアンカーとして機能してきた。AFTA や ARF など多くの ASEAN イニシアティブはタイによって発案されたことで実現された。タイの利点の一つは、シンガポール・マレーシア・インドネシア・フィリピンなど ASEAN 原加盟国に信頼されていることにある。さればこそ ASEAN 諸国はタイ国内政治の難局が早急に解決されることに関心をもつのである。

　しかし、ASEAN 諸国がタイ内政に介入することは賢明ではあるまい。2009年 4 月、タイでデモ隊が警察の隊列を破って ASEAN サミット会合開催中のホテルに乱入したとき、ASEAN 指導者らが急遽解散したことは ASEAN 史上の最低潮期を記することになった。世界は ASEAN 指導者らがヘリコプターで退去する不快な光景を見せつけられた。こうした面倒なエピソードにもかかわらず、ASEAN 指導者らは賢明にも、タイの国内問題を論評したり干渉したりしないことを決意した。この忍耐深さには英知が見られる。タイは最終的には現下の政治的難局から脱却するであろう。同国は誇り高く古い歴史を誇る国家であり、再び立ち直ることができよう。

ベトナム

　東南アジア諸国はそれぞれ独特である。しかしベトナムはほとんどの他国にも増して特殊である。なぜか。同国はそのルーツ深奥部に中国文化をもつ唯一の国家である。ベトナムのアイデンティティは 2000 年に及ぶ中国との闘いの中で形成されたから、皮肉なことに、強固な共通の文化を中国と共有する国家である一方で、ASEAN 諸国のうちもっとも中国を警戒する国家でもある。

　紀元前 111 年から西暦 938 年までの 1000 年余にわたり、ベトナムは中国に占領されていた。次いで同国はその後の 1000 年間、かろうじて勝ち得た独立の維持に努めた。チュン姉妹〔訳者注——当時南越国を支配していた後漢に対する反乱を指導した徴側と徴弐の姉妹（ハイバー・チュン）〕は、中国による最初のベトナム占領と戦った。彼女らは南越国を解放し、西暦 43 年後漢によって掃討されるまで 3 年間同地を支配した。ベトナム史上もっとも高名な英雄はレ・

ロイである。彼は明帝国との10年に及ぶ戦いを経て1427年、独立を勝ち得た。彼はこれによって大越皇帝の座に就いた。

　政治的な不正確性を冒していえば、ベトナムは東南アジアで「もっとも硬質な」国家といえるかもしれない。これが、我々著者両名の本能的な認識である。ほとんどの東南アジア文化は温和で柔軟であるが、ベトナムのそれは硬質で不屈である。タイは強靱で柔軟な竹のように、風に従って曲がることで独立を維持した。タイはこのようにして植民地支配を免れた。対照的にベトナムは、硬い岩盤のようである。それはもっとも凶暴な嵐にさえ耐えてすっくと立ち尽くした。かくして、世界最大の軍事大国・米国がその全力を挙げてこれを攻撃したときにも、ベトナムはくじけなかった。実際ベトナムは米国を打ち破り、ベトナム軍戦車がサイゴンに突入したとき、米外交官はぶざまに逃げ惑わねばならなかった。

　もう一つの皮肉として、ベトナムは中国の支援を受けて米国を打ち破ったものの、今日のベトナムは、台頭する中国からの圧力強化に対応するのに米国の支援を期待しているという点があげられる。近年ベトナムが示した驚くべき転進はこれに尽きるものではない。ベトナムはASEAN諸国を「米帝国主義者の手下ども」と声高に非難したが[*42]、冷戦終結後、速やかにASEANに加盟した。1991年にソ連が崩壊するや、ベトナムは1995年にはASEAN加盟に走った。重要なことに、ベトナムは創設時の原加盟国ではないが、ASEAN最強の支持国として浮上してきた。

　同国がASEANに加盟することで、ベトナムは世界貿易への開放というASEANの潮流にも合流した。ベトナムは数十年にわたりソ連型の中央計画経済を採用してきたが、急速に経済改革を実施し得た。その結果、2000年以来、ベトナムは世界最速で発展する経済の一角を占めるにいたった。2013年にはベトナムの貿易は同国のGDPの164％に達し、中印両国の3倍もの増大であった[*43]。

　まことに驚くべきことに、ベトナムの改革は中印両国よりはるかに遅れて出発したが、生活水準が極貧状態にある人口比率は中印両国、インドネシアあるいはフィリピンよりも低い[*44]。世銀のキム総裁はベトナムを繰り返し称賛しつつ、「わずか30年間でベトナムは世界最貧国の一つから世界最大の発展成功物語の

一角を占めるまでに変身した」と指摘している。[45]

重大な経済的成功にもかかわらず、ベトナムは深刻な問題に直面している。これも皮肉なことに、その問題はほとんど中国と同様なものである。中国がそうであるように、ベトナムは強力で有能な共産党が安定した政府を提供したことで成功した。またこれも中国と同様に、党の支配は最上層の幹部の腐敗——2006年、運輸副大臣が逮捕されている——が認識されるにつれて弱体化しつつある。

ベトナムは、一連の地政学的要因によって救われるだろう。同国は、急速に台頭する中国に微妙に対処せざるを得ないが、他の諸国が中国とバランスをとる上で協働しているという事実にも依存し得るだろう。近年では日米両国がベトナムとの接近を示している。

理論的には、米国とベトナムが協力することは困難なはずである。米国はベトナムにおける悲惨な戦争に敗北した。米国はベトナムにおける人権侵害や一党独裁に批判的である。しかし、通例、地政学的配慮は倫理的な諸原則を凌駕する。米国はベトナムのTPP交渉参加を熱烈に歓迎し、ベトナムは2016年2月4日、最終合意に署名した。同様に注目すべきことに、米軍艦がカムラン湾に寄港し始めた。さらに驚くべきは、2016年5月23日、オバマ大統領が、ほぼ50年間継続してきた対ベトナム武器禁輸を解除すると発表した。キショールは30年余りも以前に米越間の緊密な関係を体験し、1985年の米外交評議会での講演でスービック湾における米海軍基地は、最終的にはカムラン湾に移動することになろうと予告したことがある。これを予測するのに非凡な才能は要しない。地政学的な配慮は、ときには、数学的配慮と同じくらい正確かつ予測可能なものであり得る。

ベトナムの経済的展望の主たる指標は、海外直接投資（FDI）の年次流入によって示される。それは1995年の17億米ドルから、2015年の155億8000万米ドルへと20年間で9倍に増大した。[46]ベトナムの主要な投資国は（2014年時点で）、シンガポール、韓国および日本であった。[48]日本が主要な投資国となったことは驚くに足りない。これもまた政治的配慮の産物である。日本は、米国と同様、中国とのバランスに注目している。それゆえ、ベトナムは当然に支援すべき国家となる。

ベトナムの指導者らにとっての最終的な政治的挑戦は単純なものである。つまり、中国を阻害あるいは敵対させることなく、これに対する懸念の増大からいかに地政学的有利を引き出すかである。

　とはいえ、これはベトナムにとって新たな挑戦というわけではない。同国は2000年余にわたり中国と接してきた。かくしてベトナムは、何世紀にもわたって中国に対処する政治的英知を蓄積してきたのである。

　台頭する中国に対するベトナムの深遠な地政学的懸念に鑑みれば、ASEANの弱体化はベトナムにとって重大な損失となる。ASEANはベトナムに対して貴重な地政学的緩衝地帯を提供する。したがって、ASEAN強化にコミットするのは、明らかにベトナムの国益にかなう。理論上は、これを行うことは容易なはずである。実際上は、「硬質」国家たるベトナムが「柔軟な」ASEAN友邦とともに踊ることは困難だとみなしているため、容易な業ではない。これがどのような挑戦であるかは、ほんのわずかな実際上の事例によって示し得る。2014年5月、中国がベトナムと係争中の海域に石油探査リグを派遣したとき、ベトナム国内では広範な政治的怒りが燃え上がった。反中デモが荒れ狂った。この時点でASEAN事務局長はベトナム人のレ・ルオン・ミンであった。彼は、中国を公的に非難しようと決意した。これは賢明ではなかった。これは中国とASEANの紛争ではなかったのだから、彼は中国を非難するにあたってASEAN内での地位を用いるべきではなかった。端的にいって、ベトナムは中国とのバランスにASEANを利用するに際して、より巧妙で洗練されることを学ぶ必要があった。同国はASEANを中国に対する破城槌として利用するべきではなかった。その代わりに、ASEANのソフト・パワーを強化するよう試みるべきであった。こうすることで長期的には中国を自制させる一助となるのである。

　全体として、ベトナムについて楽観的となるのは困難ではない。あらゆる状況から見て、同国は今日の韓国のように重要な経済力として浮上するであろう。同国の経済開放以来、達成された顕著な経済発展はベトナムがASEANファミリー内における経済的超大国となる潜在力を物語っている。

注 [　]内は著者による閲覧日

＊1 ジャウィ文字［訳者注記─マレー語をアラビア文字中心とする文字で表記した
もの］はマレーシアの保守的マレー人居住地域における日常生活、ブルネイにお
ける看板や宗教学校、インドネシアの幾つかの州の政府系看板などに用いられて
いる。

＊2 "Cambodian Genocide Program", Yale University Genocide Studies Program,
http://www.yale.edu/case-studies/cambodian-genocide-program, [2016/10/13].

＊3 Wasna Var, "Cambodia Should Be Cautious when It Comes to Chinese Aid",
East Asia Forum, 9 July 2016, http://www.eastasiaforum.org/2016/07/09/
cambodia-should-be-cautious-when-it-comes-to-chinese-aid/, [2016/10/13].

＊4 Schwartz, "Indonesia after Suharto".

＊5 Endy M. Bayuni, "SBY, the Military Strategist Besieged by War on Two
Fronts", *Jakarta Post*, 25 Nov. 2009, http://www.thejakartapost.com/
news/2009/11/25/sby-military-strategist-besieged-war-two-fronts.html/,
[2016/10/10].

＊6 Raoul Oberman *et al.*, "The Archipelago Economy: Unleashing Indonesia's
Potential", McKinsey & Company, http://www.mckinsey.com/insights/asia-
pacific/the_archipelago_economy, [2016/10/13].

＊7 Catriona Croft-Cusworth, "Beware ISIS' Threat to Indonesia", *National
Interest*, 24 Mar. 2015, http://nationalinterest.org/blog/the-buzz/beware-isis-
threat-to-indonesa-12472, [2016/10/13].

＊8 これは、あるインドネシア外交官がキショールに語ったことである。

＊9 "Remarks by the President at the University of Indonesia in Jakarta,
Indonesia", White House, 10 Nov. 2010, https://www.whitehouse.gov/the-press-
office/2010/11/10/remarks-president-university-indonesia-jakarta-indonesia,
[2016/10/12].

＊10 "Remarks by President Obama at the Cooperative Orthotic and Prosthetic
Enterprise (COPE) centre", White House, 7 Sept. 2016, https://www.whitehouse.
gov/the-press-office/2016/09/07/remarks-president-obama-cooperative-orthotic-
and-prosthetic-enterprise, [2016/10/12].

＊11 "Country Profile: Laos", International Hydropower Association, http://www.
hydropower.org/country-profiles/laos, [2016/10/13].

＊12 Greg Lopez, "Malaysia: A Symple Institutional Analysis", *Malaysia Today*, 22
Aug. 2011, http://www.malaysia-today.net/malaysia-a-simple-institutional-
analysis/, [2016/10/13].

＊13 "Dr. Mahathir Bin Mohamed at the Opening of the Tenth Session of the
Islamic Summit Conference at Putrajaya Convention Centre on October 16",

第4章　加盟国概観　*199*

Sydney Morning Herald, 22 Oct. 2003, http://www.smh.com.au/artic le/2003/10/20/1066502121884.html, [2016/10/13].

＊14　Ravi P. Rannan-Eliya, "Achieving UHC with Limited Fiscal Resources: Lessons for Emerging Economies", Speech, Ministerial Meeting on Universal Health Coverage (UHC): The Post-2015 Challenge, Singapore, 2015, https://www. moh.gov.sg/content/dam/moh_web/PressRoom/Highlights/2015/ UniversalHealthCoverage/Session2Slides3Rannan-Eliya.pdf, [2016/10/14].

＊15　Ian Bremmer, "The New World of Business", *Fortune International*, 22 Jan. 2015, http://fortune.com/2015/01/22/the-new-world-of-business/, [2016/10/12].

＊16　"Group of Prominent Malays for rational dialogue on Position of Islam in Malaysia", *The Star*, 7 Dec. 2014, http://www.thestar.com.my/news/ nation/2014/12/07/group-prominent-malays-calls-for-moderation/, [2016/11/9].

＊17　Muhammad Amin B. et al., "A trend Analysis of Violent Crimes in Malaysia", *Health and the Environment Journal* 5-2 (2014).

＊18　Haikal Jalil, "Malaysia's Tertiary Education Not up to Par, Says Nurul Izzah", *Sun Daily*, 22 Feb. 2015, http://thesundaily.my/news/1335663, [2016/12/1].

＊19　"Malaysia Economic Monitor 2011", World Bank, 2011, http://siteresources. worldbank.org/INTMLSYSIA/Resourses/324392-1303882224029/malaysia_ ec?monitorapr2011_execsumm.pdf, [2016/10/14].

＊20　Kenneth Roth, "Rights Struggles of 2013", Human Rights Watch, 2014, https:// www.hrw.org/world-report/2014/essays/rights-struggles-of-2013, [2016/10/13].

＊21　Expantion, "Myanmar: Human Development Index", Country Economy, http://countryeconomy.com/hdi/burma, [2016/10/12].

＊22　"GDP per Capita of Myanmar (Constant 2010 US$)", World Bank, http://data. worldbank.org/indicator/NY.GDP.PCAP.KD?locations=MM, [2016/10/10]

＊23　"GDP at Market Prices (Constant 2010 US$)", World Bank, http://data. worldbank.org/indicator/NY.GDP.MKTP.KD?locations=MM, [2016/10/10].

＊24　"GDP of Vietnam (Current US$)", World Bank, http://data.worldbank.org/ indicator-/NY.GDP.MKTP.CD?locations=VN, [2016/10/10].

＊25　Hong Zhao, "China-Myanmar Energy Cooperation and Its Regional Implications", *Journal of Current Southeast Asian Affairs* 30-4 (2011), pp.89-109, http://journals.subuni-hamburg.de/giga.jsaa/article/view/502, [2016/10/14].

＊26　Rufino Antonio, "We the People", (Letters to the Editor), *Manila Times*, 11 May 1972.

＊27　James Fallows, "Damaged Culture: A New Philippines?" *The Atlantic*, 1 Nov. 1987, http://www.tjeatlantic.com/technology/archive/1987/11/a-damaged-culture- a-new-philip-pines/7414/, [2016/10/13].

＊28　Bonifacio S. Macaranas, "Feudal Work Systems and Poverty: the Philippine Experience", International labour and employment Relations Association,2009, http://www.ilera-directory.org/15thworldcongress/files/papers/Track_4/Poster/CS2T_2_MACARANAS.pdf/, [2016/10/13].

＊29　Gregory Walton, "Sarcasm Gives Call Centres in Manila the Edge", The telegraph, 9 Mar. 2015, http://www.telegraph.co.uk/news/newstopics/howaboutthat/11460424/Sarcasm-gives-call-centres-in-Manila-the-edge.html, [2016/10/13].

＊30　"PHIL Emerging as a Strong Software Development Hub", Team Asia, 26 Nov. 2012, http://www.teamasia.com/newsroom/read-client-news.aspx?id=407:phl-emerging-as-a-strong-software-development-hub, [2016/10/14].

＊31　Goh Keng Swee, "A Holy Order to Scale New Heights: Dr. Goh Keng Swee's Last Major Speech before Retiring from Politics, 25 September 2984", in *Goh Keng Swee: A Legacy of Public Service*, ed. Emrys Chew and Chong Guan Kwa (Singapore: World Scientific, 2012), p.311.

＊32　Kishore Mahbubani, "Why Singapore Is the World's Most Successful society", *Huffington Post*, 4 Aug. 2015, http://www.huffingtonpost.com/kishore-mahbubani/singapore-world-successful-society_b_7934988.html, [2016/10/12].

＊33　William Safire, "Essay; The Dictator speaks", *New York Times*, 15 Feb. 1999, http://www.nytimes.com/1999/12/5/opinion/essay-the-dictator-speaks.html, [2016/10/14].

＊34　William Safire, "Essay; Singapore's Fear," *New York Times*, 20 July 1995, http://www.nytimes.com/1995/07/20/opinion/essay-singapore-s-fear.html, [2016/10/14].

＊35　Catherine Lim, "An Open Letter to the Prime Minister", 7 June 2014, http://catherinelim.sg/2014/06/07/an-open-letter-to-the-prime-minister/, [2016/10/14].

＊36　Malinee Dilokwanich, "A Study of Somkok: The First Thai Translation of a Chinese Nobel", *Journal of the Siam Society* 73 (1985): pp.77-112.

＊37　Nattavud Pimpa, "Amazing Thailand: Organizational Culture in the Thai Public sector", *International Business Research* 5-11 (16 Oct. 2012), http://www.ccsenet.org/journal/index.php/ibr/article/view/21408/13905, [2016/10/12].

＊38　Christopher John Baker and Pasuk Phongpaichit, *A History of Thailand* (New York: Cambridge University Press, 2005), p.207.

＊39　"GDP of Thailand (Constant 2010 US$, 2005)", World Bank, http://databank.worldbank.org/data/reports.aspx?sourse=wdi-database-archives-(beta), [2016/10/10].

＊40　"Thai Army Promises Elections in October 2015", BBC News, 28 june 2014, http://www.bbc.com/news/world-asia-28069578, [2016/12/1].

＊41　筆者らのスチット・プンボンカーン教授とのインタビュー。2015年4月23日。

＊42　Stephen Vines, "Vietnam Joins ASEAN Grouping", *The Independent*, 29 July 1995, http://www.independent.co.uk/news/world/vietnam-joins-asean-grouping-1593712.html, [2016/10/14].

＊43　"Trade (% of GDP)", World Bank, http://data.worldbank.org/indicator/NE.TRD. GNFS.ZS, [2016/10/14].

＊44　"Millenium Development Goals Database", INDATA, http://data.un.org/Data. aspx?d=MDG&cf~seriesRowID%3A580, [2016/10/14]. 極貧とは、一日当たり1.25米ドル以下の収入で暮らす生計状態と定義されている。

＊45　Jim Yong Kim, "Lessons from Vietnam in a Slowing Global Economy", *Straits Times*, 24 Feb. 2016, http://www.straitstimes.com/opinion/lessons-from-vietnam-in-a-slowing-global-economy, [2016/10/14].

＊46　"Foreign Direct Investment, Net Inflows (BoP, Current US$)". UNDATA, http://data.un.org/Data.aspx?d=WDI&f=Indicator_Code%3ABX.KLT.DINV. CD.WD, [2016/10/14].

＊47　"Vietnam's FDI Pledges Dip, but Actual Infoows Jump in 2015", Reuters, 29 Dec. 2015, http://www.reuters.com/article/vietnam-economy-fdi-idUSL3N14J11120151230, [2016/10/14].

＊48　"Vietnam", US Department of State, http://www.state.gov/documents/orgaanization/229305.pdf, [2016/10/14].

第5章　ASEAN の強さと弱さ

　本書は 2016 年に執筆された。2017 年 8 月 8 日には ASEAN が創設 50 周年を祝うことになるが、これまでの経緯からして、疑問の余地なくその後 10 年余りは持続するであろう。とはいえ、ASEAN が 2067 年 8 月 8 日に 100 周年を祝うことになるかどうかとなると、さほどに確信は持ち得ないだろう。

　他のあらゆる生体と同様、ASEAN も生者必滅という懸念に直面している。興味深いことに、地域協力機構は増殖し、過去数十年間、随所に見られてきたが、我々はこうした地域機構の相違や、その独自の強さと弱さを類別したりする努力には無頓着であった。[*1]　米国の政治学者らが、このような努力を払うとは思われない。というのは、彼らは政治を科学するに際して数量的指標を研究することを優先するからである。しかし、それぞれの地域機構を特徴づけ、ある機構の独自性を他の機構から類別するのは、地理や歴史、経済や政治、文化や民族的心理の独自の組み合わせなのである。端的にいって、それぞれの地域機構は独自の存在なのである。

　奇妙にも、これらの存在のうち、ASEAN は相対的に強力かつ健全な方である。他の主要な地域機構と比較すればこのことが明らかになろう。主要な地域機構に含まれるのは、アルファベット順に、アフリカ連合、ASEAN、EU、湾岸協力機構（GCC）、メルコスル、米州機構（OAS）、上海協力機構（SCO）、および南アジア地域協力連合（SAARC）である。

　この短いリストのうち最強の存在は、いうまでもなく EU である。その GDP 総額は 16 兆米ドルで、[*2]　他の機構のそれははるかに劣勢である。とはいえ、その本質を判別することは容易ではない。理論上は、それは経済統合の推進を意図する経済的存在である。実際上は、主として欧州におけるもう一つの大戦を阻止するために創設された。それは組織的には強固であるが、2012 年のギ

リシャの離脱（Grexit）の脅威や2016年の英国の離脱（Brexit）をめぐる驚くべき経緯のごとく、独自の挑戦に直面している。地域協力機構のうち最強のものでさえ、かくも脆弱なのである。

　他の地域機構を概観すれば、それぞれの発展を阻害するような特殊な機能不全が見いだされるだろう。OASは米国に牛耳られているために機能不全である。その意味するところは、OASはASEANと異なり、キューバのような共産党統治下の国家を包摂し同化し得ないということである。SCOは中国が支配し、議案を策定するという点で機能不全である。明らかに中国は、SCO加盟国に対して寛大ではあろうが、SCO加盟国はASEANやEU加盟国のようには当事者意識を持てないだろう。

　1985年に創設されたSAARCは、インド＝パキスタン間の敵対関係が真の協力を阻むがゆえに機能不全である。GCCは1981年以来存続してはきたが、加盟国間の信頼感欠如のせいで機能不全である。原則的にいえば、加盟国が共通の言語（アラビア語）・宗教（イスラム教）および社会構造（伝統的な支配家族）・地政学的な利害関心（イランへの恐怖感）などを共有するがゆえに、GCC域内の信頼感や結束のレベルは高いはずである。とはいえ、GCCやSAARCの政策決定者らとの頻繁な交際を経てキショールは、信頼感が最も高いのはASEAN域内であると確信をもって断言できる。

　地域協力機構はそれぞれ独自であり、ASEANは明らかに他の多くのものより機能的である。本節の目的は、SWOT（強さ strengths・弱さ weaknesses・好機 opportunities および脅威 threats）分析の手法によってASEANの独自性を明らかにすることである。好機と脅威については結論部分に回したい。

ASEANの強さ

　ASEANは多くの強さを有するが、本書はすでにそのうちいくつかに焦点を当ててきた。第一に、そしてもっとも重要なのは、非常に多様であるにもかかわらずASEAN10ヵ国間に見られる共同体意識である。ASEANの人々が培ってきた一体感は、ヨーロッパの人々が形成してきた一体感と同じものではない。シンガポールの故S・R・ナザン大統領が我々に想起させてくれたように、

「ASEANにおいては人々と人々の関係は、今日なお確立されていない。ASEAN域内で教科としてASEANのことを教えている学校は皆無である[*3]」。

　それでもなお、ASEAN域内の政府や指導者らはASEANの共同体意識を維持・強化することに責任を感じている。1967年のASEAN創設以来、加盟諸国が——2008年にカンボジアとタイがプレア・ビヒア寺院をめぐって危うく激突しそうになったし、2005年にはインドネシアとマレーシアが争うシパダン・リギタン両島周辺で攻撃的な軍事パトロールを展開したように——厳しい軍事的対立に巻き込まれたことはあるが、域内2ヵ国間で戦争に訴えたことは一度もない。

　戦争の不在は共同体意識にとっての最低限の基準である。これこそ、ASEANのエリートや政策決定者らの間に、目には見えないとしても心理的に真の共同体意識を育てることが重要であると強調するゆえんである。冷戦期およびその後にいかにASEANが生成・発展したかについては、第2章の「ASEANの平和生態学」であとづけてきた。それ以来、数千回におよぶ正式会合や、やや非公式なゴルフ試合が数千もの主要なアジアの当局者の間に目に見えぬ信頼と協力のネットワークを育ててきた。ゴルフに言及することに一部読者は当惑するかもしれない。ASEAN賢人会議（EPF）がなにゆえシンガポールの前外相S・ジャヤクマールが準備した報告書原案に賛成したかについて、彼は自著の中で「ラモス、アリ・アラタス、ムサ、ジョク・センと私が長きにわたる良きゴルフ仲間であったことが助けになった！[*4]」と述べている。ゴルフはそもそものはじめからASEANの成功にとって非常に重要だった。シンガポールの元外相S・ダナバランも我々にゴルフの重要性について次のように語っている。

　上級当局者・閣僚らの頻繁な会合はたとえ何らかの具体的成果を生み出さない場合でも非常に強力なものである。時間の無駄に見えるかもしれない。しかし、［ゴルフを含む］それらの会合は一体感を育て、グループとしての連帯感を培い、我々が一体であるという感覚を生み出すのである。これらの頻繁な会合がなかったら、我々の間に一体感や結束は生まれなかったであろう[*5]。

加盟国の指導者間の相互信頼と親密さは、国際社会には明瞭には見えないとしても、ASEANの最大の強みの一つである。このことは、なぜスシロ・バンバン・ユドヨノ大統領やマルティ・ナタレガワ外相のようなインドネシアの主要政策決定者が、2012年7月のプノンペンにおけるASEAN外相が共同声明をめぐって合意に達するのに挫折したことで生じた禍根を癒すのを急いだかの理由を説明している。ASEANを擁護し、治癒しようとする意欲は、ASEANエリート間にはASEAN共同体に対する真の関与が形成されていることを物語っている。

　第二の主要な強さは、ASEANが目に見えぬ共同体意識を補完する制度を形成してきたことである。ASEAN制度化の過程は2007年のASEAN憲章の採択をもって重要な進展を見た。ASEANの制度的特徴を変容させる、この錯綜した過程がかなり順調に進行したことは注目に値する。それは2005年ASEAN憲章の概要を策定するため、フィデル・ラモス、ムサ・ヒタム、アリ・アラタス、およびS・ジャヤクマールなどASEANのもっとも卓越した政治家を含むASEAN賢人グループ（EPG）の発足をもって開始された。その結果、彼らの報告書は高い信頼性を確保した。EPG報告書を論議する高官級作業部会（HLTF）は報告書のほとんどの勧告に同意した。実際、HLTFが2007年に1年もたたずにASEAN憲章の起草を完了できたことは政治的な奇跡であった。

　慧眼なASEAN観察者たるタームサック・チャラームパラヌパップは、この過程における両グループの異なる役割に注目した。彼は、EPGメンバーは「彼らの国家も政府も代表してはいなかった。彼らは、国家の外で考える完全な自由を与えられていた」と語っている。タームサックはさらにいう。

　EPGメンバーは彼らの勧告がいかに実施されるかについては思い悩まない。彼らは実施問題を官僚に任せることになる。他方、（HLTF）起草者らは、憲章の各条項の実現と順守を確保する必要性を十分に了解していた。もし、あまりにも理想主義的であったり非現実的な項目を採択することになれば、彼らがその責任を問われることになるのである。[*6]

明らかに、ASEAN 憲章の起草は複雑な過程であった。EPG メンバーらは彼らの勧告について大胆さと先見の明を発揮すべく努めた。HLTF メンバーらはどの勧告を受け入れるかの選択につき、慎重かつ現実的でなければならなかった。彼らはまた憲章の起草にあたり、ASEAN 指導者らや諸閣僚、経済統合高級作業部会、ASEAN の諸機構の高級事務官あるいはその他関係者ら、多方面からのインプットにも配慮する必要があった。彼らは ASEAN の既存のコミットメントにも配慮せねばならなかった。この結果、EPG 提案のいくつかは断念せざるを得なかった。

- 最終目標としての ASEAN 連合への言及なし。
- ASEAN 加盟国の資格停止・除名・脱退に関する言及なし。
- 票決制なし（EPG は、全会一致が達成しえないとき、非敏感問題に限って票決を勧告した）。
- ASEAN 研究所なし。
- 発展格差縮小のための特別基金なし。

　実際、ASEAN 憲章最終案がいくつかの EPG 勧告を含まなかったのは事実だが、EPG および HLTF は ASEAN に重要な限界を超越させた。これまでは、ASEAN 諸国は政治・経済その他の協力を推進してきたが、強力な機構の創設には抵抗感があったのである。

　それゆえにこそ、EPG 報告は先駆的であったのである。EPG 報告は ASEAN 内部に ASEAN 憲章に法制化された共通の制度的枠組みの強化に向けて新たなコンセンサスを生み出したのである。EPG の成功は、チトリヤ・ピントン博士が我々とのインタビューで「ASEAN はその適合性を見いだすべく対応し得たからこそ成功できた[7]」と指摘したものの具体例でもあった。

　EPG や HLTF の努力は幾つかの制度や過程の強化をもたらした。これまで ASEAN 憲章について 2 冊の優れた書物が刊行されてきた。ウォルター・ウーンの『ASEAN 憲章：論評』（2015 年）と、トミー・コー、ロザリオ・ゴンザレス・マナロおよびウォルター・ウーン共編『ASEAN 憲章の創設』（2009 年）である。これら著作は、憲章に関する合意によってもたらされた重要な進展を子細に記述している。憲章によって導入された制度的な変化についての記述は、次のような諸点に注目している。

- ASEAN 指導者は少なくとも年に２回会合する。
- ジャカルタに駐在する加盟各国の常任代表からなる ASEAN 常駐代表委員会を創設する。
- 非加盟国や国際機関には ASEAN 大使の任命が認められる。
- ASEAN 共同体の三本柱のそれぞれ［訳者注—政治・安全保障、経済、社会・文化の三分野における共同体］を担当する ASEAN 共同体理事会が設置される。
- すべての主要な ASEAN 諸機関を統括する単一の ASEAN 議長制を採用する。
- ASEAN 人権機構を創設する。
- ASEAN 事務局長の役割と権限を拡大する。
- ASEAN 財団は信託理事会でなく ASEAN 事務局長に直接報告する。

　上述した、目に見えぬ ASEAN 共同体意識をめぐる顕在的な ASEAN の諸機関や制度的手続きの効用は、まさに ASEAN を顕在化させることにある。ASEAN 諸国の市民らがこれら諸機関の機能を目の当たりにすることができるという事実が、次第に彼らの ASEAN 当事者意識を育ててゆく一助となることを物語っている。さらに、ASEAN を結びつけている目に見えない共同体意識がときに挫折しても、これら諸機関はその性質上 ASEAN を存続させ得る。いったん建築されれば橋は両岸を結びつけるものである。EPG や HLTF 報告によって創設されたより大規模で複雑な諸機構は、孤立した ASEAN 諸国を結びつける橋として機能する。これら諸機関はまた、それ自体の動態を生み出し、EU の諸機関がそうであったように、ASEAN 協力のあらたな道筋を開くことになる。

　第三の強みは、多くの大国が、ASEAN を存続させることに既得利益を有していることである。ASEAN 地域に対するそれぞれの利害の相違にもかかわらず、米国、中国、日本、インドなどの主要な大国が、いかに ASEAN の存続と成功に共通の利害を見いだしているかについては第３章で述べたところである。ASEAN はアジア太平洋地域にとって不可欠な存在となり、他のいかなる機構もこれに取って代わることができない。ASEAN のみがこれを通じて相互に関与し得る中立的で効果的な場としてすべての諸大国から信頼されている。

過去数十年を経て、米国、中国、日本、インドさらにはロシア、EUの外務大臣がASEANの年次会合に出席することの価値を認めるにいたった。同様に、ASEAN+3、ASEAN+6などの会合が首脳レベルに到達したことで、これら諸国の大統領や首相もASEAN会合への参加の価値を見いだすようになった。トミー・コー大使によれば、

EUは域内の二大経済によって動かされている。しかしここでは、米国、中国、インドなどは共通の案件を持たないため地域を動かす役割を果たせない。ASEANは、これら三大国が合意に達し得ないがゆえに地域を先導し得るのである。我々は、三大国が我々を中立で自律的であるとみなしている間は、今後もそうし続けることができる[*8]。

かつてASEAN外相らは、非ASEAN諸国外相をASEAN定期閣僚会議のディナーで寸劇を演じるよう招待したものだったが、遺憾ながら今日では見られなくなった。これらパフォーマンスとしてマデレーン・オルブライトやギャレス・エバンスなど重要人物による歌やダンスや芝居などは記憶に残る。これら傑出し、しばしば堅苦しい指導者らが、ASEANのディナーではくつろいだ様子を見せ、彼らも人間なのだと証明するような言動を通じて参加者間の同志的友愛を高めたのである。

アジア太平洋地域の奇跡の一つは、域内の大国間の力関係の変容にもかかわらず、我々が大国間の重大な紛争を食い止めてきたということである。もちろん、こうした紛争の不在の理由は複雑である。それらの理由の一つは、ASEANの中立性が域内におけるその中心性を維持する一助となってきたことに求められよう。本書の冒頭でジョージ・ヨーが説明しているように、

結局のところ、ASEANの対応がいかに不体裁で、非効率的で、雑駁であろうとも、ASEANがないよりましだということだ。それこそASEAN外交政策の特性なのである。つまり諸大国は、ほとんど自嘲気味ながら、ASEANが運転席に座るべきであると受け入れたのである。そう、他のいかなるドライバーも他国から信頼されないがゆえにASEANのリーダーシップが優先

されるのである。

ASEAN 関連の会合が諸大国間の不可思議な関係を変容させた結果、彼らの間の対立を減じ、協力を高めるのを助けてきたのである。仮にこれだけが過去50年にわたる ASEAN の唯一の成果であったとしても、ASEAN が真に貴重な地域機構であり、ノーベル平和賞に値することを立証するに十分である。

ASEAN の弱さ

ASEAN にはいくつかの重大な弱さがある。第一に、それが本来的な守護者を持たないことである。EU は、仏独両国が機構の存続に共同責任を受諾しているために強さと強靱性を維持してきた。かくして、シャルル・ドゴール、コンラッド・アデナウアー、フランソワ・ミッテラン、あるいはヘルムート・コールなど強力な指導者は、彼らが EU を維持・強化する重い責任を有すると信じてきた。EU は決して無視される脅威に直面したことがない。

本来的な守護者の欠如は ASEAN にとっての挑戦である。誰が ASEAN を所有するのか。誰が長期にわたり ASEAN を保育し、保護し、発展させるのか。ASEAN の誕生と初期の発展の背後には、第2章で論じたように、恐怖・幸運・賢明な指導者など諸要素の特異な組み合わせが存在した。ASEAN の発展を促した諸要素の多くは、今や失われてしまった。ASEAN に信を置き、これを養育してきた指導者らはいまや、「誰が ASEAN に庇護をもたらし得るか」を自問せざるを得なくなった。米国・ヨーロッパ・中国あるいはインドなど ASEAN に関心を抱いてきた諸大国はもはやその役割を担うことができない。守護者は域内に求めねばならない。

ASEAN 人口のほぼ40％を擁するインドネシアは、論理的には守護者の候補たり得る。巨大で地理的に分散された国家たるインドネシアは、ASEAN が創造した平和の生態系の最大の受益国である。青年期に相当な混乱を体験し、東ティモールのような小国の占領でさえいかに重大なインドネシアを苦しめるかを見聞したスハルト大統領は、この点を十分に理解している。彼は、インドネシア経済を他の ASEAN 諸国に開放することには懸念を抱いてはいたが、

平和の貴重さを十分に認識し、ASEANを擁護・発展させることに懸命に努めてきた。第2章で論じたように、この点につきスハルトは、インドネシアの経済的配慮の両極の間に挟まれてきた。つまり、バークレー・マフィアに率いられた自由解放市場派と、ウィジョヨ・ニティサストロら民族派の両派である。

この両義性はインドネシアの政治的光景の恒常的特徴をなしている。2004〜2014年の間インドネシアを統治したスシロ・バンバン・ユドヨノ大統領はインドネシアを自由・開放という軸に向けようと努めた。ジョコウィ大統領は、当初、インドネシア民族派の主張に耳を傾けがちだったが、統治2〜3年目ころから貿易開放アプローチを支持するにいたった。インドネシア貿易商のトーマス（トム）・レンボンはラップラー［訳者注—フィリピンのオンライン・ニュース社］のマリア・レッサに対し、近年APECは経済発展を阻害する保護主義的政策を採用しつつあるとし、「正直に言おう。我々はすべて自由で公正な経済を口にするが、その実、2008年の国際的財政危機以来、我々が実行してきたのは、インドネシアを含む多くの国が静かに保護主義的手段を講ずるというものだったというのが現実である[*9]」と語った。まことに驚くべきことに、ジョコウィ大統領はこうした傾向の逆転に着手し、TPPへの参加さえ示唆したのである。ホワイトハウスにおける米大統領との会見で彼は、国内における民族派を激怒させる危険を冒しつつ「インドネシアはTPPに参加の意向である。インドネシアは2億5000万の人口を擁する開放経済であり、東南アジア諸国最大の経済である[*10]」と言明した。レンボンは2015年10月、インドネシアにおける投資は持続するであろうとし、もし政府がそれを実現すれば、「我々は2〜3年でTPPおよび対欧合意を実現できよう[*11]」と語っている。

ジョコウィがこうした傾向を維持できるかどうかは、今後を見る必要がある。もしASEAN最大の加盟国が内向きに転じれば、ASEANが漂流感を帯びて見えることは当然である。インドネシア当局はインドネシアにとってのASEANの価値について開かれた実り多い議論を重ねる必要があるが、幸いなことにインドネシアの強さの一つは、そうした開かれた論議が行われる可能性をもつことである。

ユスフ・ワナンディはインドネシアの指導的な論客の一人である。ジャカルタの戦略国際問題研究センター（CSIS）の代表として、ASEAN協力に「トラ

ック2」（NGO）路線を提供するシンクタンクの集団たるASEAN-ISIS（ASEAN戦略国際問題研究所連合）の会合に参加してきた。キショールはユスフを熟知しており、ユスフがASEAN共同体を高く評価していることも承知している。しかしインドネシアのナショナリストとしてユスフはASEANの欠陥について批判的である。

　ASEANの将来は、インドネシア政府内部で成立する合意のありように依存するところが非常に大きい。もし強力なナショナリストの声が勝利を収めれば、彼らは、インドネシア市場をASEANの市民と共有することで経済的に敗退し、インドネシアが独自に強力かつ自律的な国家となることをASEANに制約されてしまい政治的にも敗北するだろうとインドネシア人大衆に説得することになるだろう。インドネシアのナショナリストは、人口規模で（中国、インド、米国に次ぐ）世界第4位の大国であり、ASEANのごとき地域機構に帰属する必要もなく、これを支持するにも及ばないと論じたてるだろう。疑いもなく、インドネシアにおけるこの不確実性こそASEANが域内で直面する最大の脅威であろう。もしナショナリストが勝利し、最悪の場合、インドネシアにASEANを離脱させるようなことがあれば、ASEANは2067年に創設100周年を祝うこともできまい。インドネシアはASEAN加盟国にとどまるだろうが、相対的に冷淡な加盟国になっていくかもしれない。そうなればASEANはその存続のためにインドネシアのリーダーシップに期待できないことになる。

　インドネシアのリーダーシップが期待できないとすれば、これに代わる他のASEAN守護者候補は、マレーシア、シンガポールおよびタイである。これを理解するためにはASEANの地図を見ればよい。ミャンマー、ベトナム、あるいはフィリピンと異なり、マレーシア、シンガポールおよびタイは、地理的にいって、ASEAN共同体の中核国家である。それゆえ、地理学と政治学の結合──つまり地政学──がマレーシア、シンガポールおよびタイにリーダーシップを与え、次善の主要なASEAN守護者の位置につかせるはずである。しかし、これら諸国のリーダーシップが早急に実現するとは思われない。

　2006年にタクシン首相がタイを退去させられて以来、同国は政治的混乱で難破してしまった。2014年8月30日、プラユット・チャンオチャ将軍による暫定軍事政権樹立以降、混乱は沈静したが、タイは依然として政治的不透明の

状況のままである。2016 年 10 月 13 日、敬愛されたプミポン・アダルヤデート国王の逝去は、この不透明性を増幅する結果となった。タイの指導部はしばしば ASEAN の発展に貴重な推力を与えてきたので、この事態は不運であった。ASEAN は 1967 年、タイのタナット・コーマン外相の後見の下で誕生した。ASEAN 自由貿易地帯（AFTA）はもう一人のタイ首相にして長老政治家たるアナン・パンヤラチュンによって提案された。タイ指導部は ASEAN の発展に積極的に寄与してきたが、現下の国内的挑戦ゆえに、中期的には ASEAN にリーダーシップを提供できるとは思われない。タイのリーダーシップを失ったことは ASEAN にマイナスの影響を及ぼしかねない。

　マレーシアも短期的には ASEAN にリーダーシップを提供できるとは思われない。ナジブ首相は ASEAN の強力かつ献身的な支持者であり、彼の父親［訳者注―トゥン・アブドル・ラザク元首相］が 1967 年のバンコク宣言の署名者であったがゆえに、これへの感情的な愛着を抱いている。彼は 2015 年 11 月、ASEAN 経済、政治・安全保障、社会・文化共同体が発足したとき ASEAN 議長職にあった。しかし、2015 ～ 2016 年のほとんどの期間、ナジブ政権はタイ政府と同様、政治的混乱ゆえに難破していた。内政上の危機への対処に忙殺され、ASEAN 協力を推進しようとする大胆な動きは見合わされざるを得なかった。これら三つの共同体における ASEAN 協力のための目標は本来あるべき水準より低めに設定されるところとなった。1988 ～ 1994 年のシンガポール外相ウォン・カンセンが指摘したように、「指導者が国内的に強力である場合には、既得権益が彼らの外交政策決定を攻撃することをさして懸念するには及ばない」[12]のである。

　シンガポールはこうした政治混乱を体験してはいない。2015 年のリー・クアンユーの死去は衷心からの服喪をもたらしたものの、政治的不透明性はもたらされず、政治的真空も生じなかった。リー・シェンロン首相は世界一ではないまでも ASEAN 域内でもっとも有能な指導者の一人であるが、シンガポールは小国であるため、インドネシア、マレーシア、タイのように ASEAN のリーダーシップ欠如を補完することはできない。実際、かつてシンガポールが強力に ASEAN 協力を推進しようとした折にはこれへの反発が見られたことがある。

第 5 章　ASEAN の強さと弱さ　*213*

ASEAN のリーダーシップは少なくとも当面のところ他の３ヵ国（ミャンマー、フィリピン、ベトナム）によっては提供され得ない。ベトナムの ASEAN 加盟は 1995 年と立ち遅れたが、加盟によってベトナムは、強力で台頭する中国との国境に小規模とはいえ貴重な地政学的緩衝地帯を提供されたから、もっとも積極的な ASEAN 支持国となった。しかし、文化的歴史的理由で、ベトナムは ASEAN のリーダーとしては機能し得ない。

　このように、本来的な守護者の不在は、ASEAN の第一の主要な弱点である。この弱点は、強固な制度の欠如という第二の弱点によって増幅される。本節冒頭では ASEAN の強みの一つはその制度にあると述べたから、読者はこの記述には驚くかもしれない。しかし、こうした逆説は容易に説明がつく。2008 年の ASEAN 憲章の採択以後、ASEAN は過去数十年にわたって積み上げてきた連帯感の上に、より複雑な制度的枠組みを構築してきた。これらの制度は ASEAN の結束を支えてきたが、それらは、EU 理事会がそうであるようには ASEAN にリーダーシップを提供するほどに強固なものではなかった。同様にこれらは、ASEAN 各国指導者が自国の国益を ASEAN の利害よりも優先することを阻むほどに強力でもなかった。

　S・ジャヤクマールによれば、EPG は報告書を策定するに際して、数人の前 ASEAN 事務局長らと会見している。EPG は各前事務局長に対して次のような点を尋ねている。「あなたが何か一つ ASEAN にしてほしいと望むことがあるとすれば、それは何ですか」と。いずれの前事務局長も決定の実施と回答している。ASEAN の最大の問題は、決定を強制し、遵守ぶりを監視し、違反を制裁する力がないという点にあるというわけである。事務局長は何事かを提案し、加盟国をこれに賛同せしめることはできるかもしれないが、その遵守を確保する手段を持たないのである。

　ASEAN が強力な制度を持たないことには構造的な理由がある。それらのうちの一つは、マレーシア、シンガポール、タイなどいくつかの加盟国が、ASEAN 各国は、ASEAN 事務局の年次財源を平等に支出すべきであると固執してきたことにある。かくして 2015 年には ASEAN 加盟各国は 1900 万米ドルの事務局予算に対してそれぞれ 190 万米ドルを負担してきた。これと対照的に EU では、2015 年の 1453 億ユーロ（1590 億米ドル）という総額を割り当て

金として確認している。EU人口はASEANより少ないが、その事務局予算は8000倍も多いのである。

ASEAN諸国のGDPには巨大な相違がある。GDPにおいて巨大なのはインドネシア（8887億米ドル）、タイ（3738億米ドル）、およびマレーシア（3269億米ドル）であり、対照的に弱小な3ヵ国はカンボジア（166億米ドル）、ブルネイ（151億米ドル）、およびラオス（117億米ドル）である。こうしたASEAN10ヵ国GDPの巨大な経済格差からして、全加盟国の平等な経費負担を主張することは不公平であり賢明でもない。幸いにも、この問題には単純で容易に受け入れられる解法がある。

ASEAN加盟10ヵ国政府は、とりわけ国連系の主要な国際機構への年次負担については「支払い能力による」という概念を受け入れてきた。かくしてASEANはASEAN事務局の年間経費の負担についても「支払い能力による」という原則を適用することができよう。ASEANの第二の重要な弱点はこれほどまでに単純な措置で緩和することができるのである。

ASEANが直面する第三の重要な弱点は、この機構への限定的な当事者意識でさえもっぱら域内諸政府によってのみ自覚されているということである。EUの偉大な強さは域内市民らが強固な当事者意識を持ち、自らをヨーロッパ人として意識していることにある。ASEANの重大な弱点は、域内市民がASEANへの当事者意識を欠いていることにある。ASEANが2027年まで存続すべきであるとすれば、主要な当事者意識は政府から市民へと徐々に移行せねばなるまい。同機構への大衆的な支持がなければ、政治家らはこれを存続させることにほとんど動機を見いだせないであろう。シンガポールを拠点とするメディア・アナリストたるソーラフ・ロイは、「ハフィントン・ポスト」（Huffington Post）紙で次のように書いている。

ほとんどすべてのASEAN諸国で、事情はほとんど変わらない^{（ママ）}。私は一般の東南アジア人がASEANはいかにあるべきと考えているかについて、百科事典を編纂し得るほど多くの逸話を知っている。シンガポールの少数の屋外屋台食堂店主らはこれをアーセナル（Arsenal）と聞き違え、ヨーロッパのサッカー・チームと理解し、他の店主らは毒薬のヒ素（arcenic）と思った。

こうした話や無害な不案内には際限がない。肝心なことは、ASEANは西欧からアジアへのパワーの移行の前段となる高尚な政治経済的集団たるべきものであるが、その市民自体はほとんどこれを無視しているというのが現実である。ASEANはより大きな役割を果たす統一された共通市場を目指しつつあるとしても、その準備ができているだろうか。[*13]

　これまでにも当事者意識を向上させるための小さな象徴的な措置は取られてきた。たとえば、ASEAN市民が海外旅行をするとき、彼らの海外の大使館が自国の国旗とASEANの旗という2本の旗を掲げているのを見つけてとまどうことになる。ASEANはこのアイデアをEUから学んだ。これはよいアイデアである。というのは、ASEANの多くの「巷の一般市民」にとって、こうして2本の旗が掲揚されている光景は、彼らのASEANにおける位置づけを知る初の遭遇ともなったであろうからである。

　ASEANの一般市民に、現に生き呼吸する奇跡としてのASEANの当事者意識を持つべきであると説得すること、それが本書の主要目的の一つである。この目的のために、ASEAN10ヵ国のすべての小学生にASEANに関する共通の教科書が与えられれば役立つと思う。ASEAN域内のすべての子どもは、ASEANの隣国の歴史・地理・文化・そして特性など基本的事項を記憶にとどめるべきである。2007年にASEAN財団は、加盟10ヵ国大学生の2170名にASEANに対する態度や認識についての調査を実施した。調査対象の39％はASEANについてほとんどあるいは全く馴染みがないと回答した。回答者は平均的にいってASEAN10ヵ国のうち9ヵ国しか答えられず、7ヵ国しか地図上で位置を示すことができず、26％はASEANの旗を正確に識別できず、50％以上はASEANがいつ結成されたかを知らなかった。

　このASEAN財団の調査が正確だとすれば、ASEANの弱点は危機的なものである。ASEANの人々が共同体としてのASEANについての基本的事実に無関心であるとすれば、彼らがいかにして当事者意識をもち得るだろうか。本書は結論部分で、いかにしてASEANの人々の当事者意識を高めるかにつき具体的な勧告を提示している。

ASEAN に対する脅威

　地政学的な対立は ASEAN が直面するもっとも明白な脅威である。きたるべき数年間にアジア太平洋地域は重大な力関係の変動を見ることになろう。とくに、米国は 2030 年あるいはそれより早い時期に世界最大の経済という位置を中国に譲ることになろう。歴史の示すところでは、世界最大のパワー（今日では米国）が、台頭するパワー（今日では中国）に凌駕されようとするとき、これら両国間の対抗関係は激化する。ドナルド・トランプの移り気な性格が事態を悪化させ、米中関係の予測不可能性のレベルを高めることになりかねない。ASEAN はまた、中・日間あるいは中・印間の対立によって打撃をこうむるかもしれない。地政学的な暴風雨が接近しており、これへの備えに失敗すれば ASEAN は引き裂かれかねない。

　一つの早期警報が 2012 年 7 月、プノンペンでの ASEAN 外相会議で出現した〔訳者注─同外相会議は南シナ海論議をめぐるコンセンサス不成立のため、ASEAN 史上初めて共同声明を発出することなしに閉幕した〕。議長国カンボジアは、中国の圧力を受けて南シナ海問題に関するパラグラフを挿入することに反対した。米国に支持されたフィリピンとベトナムは、南シナ海問題に言及することを主張した。中国はその「九段線」を正当化する根拠を国際法上で明示し得なかったものの、本書は中国の南シナ海領有権主張の当否を論じるにはふさわしくない。明らかに米国は、南シナ海における中国の領有権主張を頓挫させることを国益とみなすだろう。2010 年 7 月ハノイでの ASEAN 地域フォーラムにおいてヒラリー・クリントン米国務長官は南シナ海について論評した。中国の楊潔篪外相は南シナ海問題を国際的問題であるとする見解を峻拒し、「この地域の平和と安定を脅かす問題があると信じるものは一人もいない」と論じた。中国外交部のウエブサイトにおける声明で彼は、「明らかに不当な発言は結果的に中国への攻撃であり、国際社会に南シナ海情勢が重大な懸念の原因となっているという誤った印象を与えようとする意図に基づいている[14]」と論じた。

　共同声明をめぐる合意失敗は、ASEAN にとって予期せぬ出来事であった。2012 年のプノンペン、2010 年のハノイにおける出来事は、ASEAN が米中対

第 5 章　ASEAN の強さと弱さ　*217*

峙の影響を受けることになるという明白な警告をもたらした。

　同様の警告は、2014 年 10 月、中国がアジア・インフラ投資銀行（AIIB）設立に着手したときにもたらされた。米国はこの動きに反対し、ASEAN 諸国を含むアジア諸国の首都には AIIB への参加を見合わせるよう説得する米財務省からの電話がかけられた。東京、ソウル、キャンベラは局外にとどまったが、ASEAN 諸国は賢明にも彼らが主要な受益国たり得るとみなして参加を決定した。

　様々な問題で ASEAN 諸国は異なる立場をとる。南シナ海問題に関しては、ほとんどの ASEAN 諸国は親米的とみなされている。AIIB 問題では、ASEAN 諸国はより親中的であるように見える。

　きたるべき数十年には米中両国間に多くの挑戦的問題が浮上するだろう。最悪の場合には、単一機構としての ASEAN の結束が脅かされるという恐れも排除できない。たとえば、明白に親中的なカンボジア政府は、強固な親米国家たるフィリピンと衝突しかねない。こんな事態が発生すれば ASEAN は分裂してしまうだろう。したがって、共同体としての ASEAN がこうした最悪事態に備えないとすればまことに賢明さを欠くことである。

　ここで第 3 章の主要メッセージを反復することは有意義である。米、中、日、印など諸国の指導者らは、ASEAN が東南アジアに安定をもたらす単一の共同体として結束するのと分裂するのと、いずれが彼らの長期的な国益にかなうかを慎重に考察すべきである。第 3 章では、これら 4 大国にとって ASEAN が「結束する」ことが彼らの国益であることを（S・ラジャラトナムの印象的な言葉を引用しつつ）詳細に論じた。幸いなことに、ワシントン、北京、東京、ニューデリーの主要な政策決定者らは、ASEAN が確固たる地域機構として結束することが彼らの国益となるという信念を共有している。

　これは良いニュースである。他方、悪いニュースは、大国が必ずしも常に賢明な決定を下すとは限らないことである。彼らはしばしば、突発事件や短期的な政治利害に左右される。振り返ってみれば、2012 年 7 月、中国が ASEAN の共同声明を阻害したことは賢明ではなかった。同様に、米国が ASEAN 諸国の AIIB 参入を阻止しようと試みたのも賢明ではなかった。こうした米中両国のゼロ・サム型行動は今後も浮上し得るだろう。ASEAN はこうした地政学

的ストレスや緊張に対処する強靱性を強化する必要がある。

　強靱性確保の一つの方法は、台頭したり衰退したりする大国との深い関係を構築することである。日本もインドもASEANの擁護・強化に長期的にコミットすることを言明してきたし、ASEANはニューデリーや東京と協調することに優先順位をおくべきである。同様に、EUやロシアはASEAN擁護には相対的に非力であったが、ASEANはEUやロシアとの緊密かつ広範な関係構築に励むべきである。

　ASEANが構築すべきその他の地政学的緩衝としては、オーストラリアやニュージーランドとのより緊密な関係である。ゴー・チョクトンとポール・キーティングがそれぞれシンガポールとオーストラリアの首相であったとき、彼らはASEAN10ヵ国とオーストラリア・ニュージーランドからなる新「12ヵ国共同体」の構築について語り合ったことがある。この提案を冷静に検討すればコストより利益が勝ることが判明するだろう。もしこれが2015年に実現していれば、ASEAN（2兆3280億米ドル）、オーストラリア（1兆2520億米ドル）、およびニュージーランド（1910億米ドル）のGDP総額は3兆7720億米ドルに達し、「12ヵ国共同体」は世界第4位の経済規模となったことになる。

　このような追加的な地政学的バッファー構築の重要性を理解するには、ASEAN諸国はASEANの歴史をよりよく理解する必要がある。米中両国間の戦略的利害の一致から利益を得られた1970年代および1980年代にはASEANは非常にうまくいき、有利な地政学的条件は東南アジアにおける平和の生態系の発展にも役立った。有利な地政学的風向が不利な暴風に変化したとき、ASEAN諸国にはより強固な強靱性の源泉が必要となる。

　ASEANが直面する第二の脅威は、その指導者らが地域的問題よりも国内的挑戦を優先しがちだということにある。振り返ってみれば、1980〜1990年代がASEANの黄金時代だった理由は、リー・クアンユー、マハティール・モハマド、スハルトといった強力なリーダーが舵を握っていたからである。彼らは国内的に強力であったから、地域協力のための時間と政治的資源を存分に発揮し得たのである。

　ASEANが創設50周年に近づきつつある時点で、ジョコウィ大統領、ナジブ首相、プラユット・チャンオチャ首相を含むほとんどのASEAN諸国指導

第5章　ASEANの強さと弱さ　*219*

者らは、国内的挑戦に忙殺されている。リー・シェンロン首相は国内的焦点に直結した危険について以下のように述べている。

国内問題は重要ではあるが、それがあまりにも多忙で ASEAN 協力の余地を失ったり、たとえば投資保証・貿易・技術協力あるいは人的資源に関する協力などに関する ASEAN 協力に賛同できないほどになったら、たとえ形式は整えられたとしても十分に実をあげることはできないだろう。[*15]

上述のごとく、こうした問題は、ASEAN の諸制度が成長しつつあるとはいえ依然として弱体で、これにリーダーシップを与え得ないために悪化することになる。EU の担当者らは、ASEAN＝EU 地域統合支援プログラムの進展に不満を表明し、ASEAN 事務局について「人員も財源も不足しており、権能も脆弱で、執行力を欠いており、職員は常に駆けずり回っている[*16]」と語っている。

理論上は、ASEAN におけるトップ・ダウン型リーダーシップの欠如はボトム・アップ型リーダーシップで補完され、何らかのトラック２がこうした役割を果たし得るところである。たとえば一連の ASEAN のシンク・タンクは、ASEAN-ISIS という枠組みの下に定期的に会合している。この定期的な会合の結果、彼らは ASEAN 協力に関する興味深い提言にたどり着いている。クリパ・スリダランと T・C・A・スリニバサ＝ラガバンによれば、「ASEAN-ISIS の協議、とりわけそれが主宰するアジア太平洋ラウンドテーブル年次対話は、域内の信頼と信託の気運を構築する主軸をなしている[*17]」。

ASEAN が、地政学的挑戦の高まりや内政上動揺した指導陣などという困難な環境の下にあることに鑑みて、賢人グループの第２バージョンを創設すべき時が来ているといえるだろう。在任中 ASEAN の強化に献身し、最近退任した一連の ASEAN 指導者が存在することは幸運であった。これら諸氏は、自国および域内で高い評価を得ている。そのリストには、インドネシアのスシロ・バンバン・ユドヨノ大統領、シンガポールのゴー・チョクトン首相、タイのアナン・パンヤラチュン首相、およびフィリピンのラモス大統領らが含まれる。これら指導者は、相互に熟知の仲であり、国内にかかずらわっておらず、彼らの後任者より ASEAN により強い関心を抱いている。

2017年8月にASEANが創設50周年を祝賀する際には、第二期賢人会議を招集し、きたるべき50年間にASEANが対処すべき挑戦に関する検討を求めるのが望ましい。彼らの職務は、ASEANが2067年にも活力ある機構にとどまるためになすべきことは何かを問うことである。要するに第二期EPGは、ASEANのために「プロジェクト2067」報告書を策定することである。

　ASEANが直面するであろう第三の脅威は、上記二つの脅威への対応に失敗することで派生する。ASEANが地政学的対立から打撃を受け、指導者らが国内問題に拘泥していたら、ASEANは著しく弱体化されるか引き裂かれることになる。そのような事態に陥ったら、東南アジアに潜在する活断層が浮上するだろう。

　英国の歴史家チャールズ・フィッシャーが、東南アジアの底流に潜む文化的基礎構造は同地域を「アジアのバルカン」と化し、域内各所で宗派紛争が勃発するだろうと指摘したのは正答である。その一つの兆候は、ミャンマーにおけるイスラム系少数派たるロヒンギャ族と支配的な多数派仏教徒との緊張が示すところである。その対立は2015年5月急速に激化したため、多数のロヒンギャ族が東南アジア諸地域に脱出するボート・ピープルの急増をもたらした。当初、タイ、マレーシア、およびインドネシアはこれらボートを追い返していた。こうした措置が国際的批判を巻き起こし、ASEAN諸国は何らかの対応をとる圧力の下におかれた。幸いにもASEANは、問題の緩和に資する地域的対応に乗り出すことができた。そうした措置には、ロヒンギャ族支援のための合同作業部会の設立や、シンガポールが20万米ドルの初動資金を提供した人道的基金の創設などが含まれる。

　ASEANが依然として機能的機構としてとどまっていたからこそ、このような対応が可能だったのである。しかし、弱体なリーダーシップのゆえにASEANが機能不全に陥ったら、これに代わる機構や、国境をまたいで勃発する新たな宗派間紛争に対処し得る共同体意識が残存しているか否かは明白ではない。

　ASEANの研究者らは、東南アジアの文化的地勢における活断層を真剣に研究し、論述する必要がある。例えば、南部タイにはより高い自治を求めて闘うタイ・イスラム教徒による長期におよぶ低烈度反乱という問題がある。2013

第5章　ASEANの強さと弱さ　*221*

年のタイ政府との和平交渉における最初の要求声明で「マレー・パタニ民族革命戦線（Barisan Revolusi Nasional Melayu Patanii）」は次のように記している。「タイ王国政府はパタニの地におけるマレー・パタニ民族の権利を承認せねばならない[18]」。バンコクが南部タイ問題を適正に処理すれば、反乱の深刻度は軽減されようが、バンコクが愚かな動きを見せれば、反乱は激化することになろう。ザカリー・アブーザの控えめな評価によれば、暴力行為はタイが軍政下にあった2007年に頂点を迎えた。それはサマック・スンダラヴェット首相が率いるピープル・パワー党が政権に就いた2008年には沈静化した。2009～2014年の間には、死傷者数は月間86名前後で一定化した。2014年の軍事クーデター後、2月中に死傷者数わずか27名へと減少した。アブーザにインタビューされた反乱勢力は、大規模な洪水や逮捕治安部隊への恐怖が当初の減少の原因であると論じたと報じられた。しかし、2015年5月には陸軍部隊が深南部から撤退し、アブーザによれば反乱に対処する態勢の乏しい内務省傘下の兵士や[19]レンジャー部隊、村落治安集団、あるいは地方の防衛ボランティアで代替されるにいたって再び月間80名へと増加した。

　ASEANはまた、中東における最近の事態についての独自の研究を必要とする。イラク・シリア・レバノン、イエメンあるいはバーレーンにおける宗派的分裂は新しいものではなく、これら地域に緊張がくすぶってはいたが、米国がイラクに侵攻するまでは戦闘状況には至らなかった。つまり、外部からの地政学的ショックが久しく沈静してきた宗派紛争の引き金となったのである。

　東南アジアは、きたるべき数十年は域外からなんらかの地政学的ショックの影響を受けるだろうから、ASEANとしてはこうした外的ショックが同様の結果をもたらすか否かについて熟考する必要がある。たとえば、タイが親中国家となり、マレーシアが親米姿勢をとった場合、両国間の地政学的対立は南部タイの宗派間紛争を激化させることになろう。タイ・イスラム教徒の多数派は人種的にはマレー系だから、容易にマレーシアの外交姿勢を支持するだろう。地政学的ショックは、しばしば予期せざる結果をもたらす。ASEANは久しく沈潜してきた何らかの活断層が突如として再燃する事態に対して、心理的な備えを持たねばならない。

ASEAN にとっての好機

　ASEAN は多くの脅威に直面してはいるが、広大な好機の海にも面している。こうした海洋の比喩をもう一歩進めるならば、ASEAN は少なくとも三つの有利な上げ潮に乗ることができる。

　第一は多国間協調である。これほど簡潔な表現は多くの読者、とりわけ研究者の間でさえ、国連のような多国間機構を悪しざまに論じるのが流行となっている米国の読者を驚かすだろう。米国の一般的な感覚では、多国間機構はぜい肉たっぷりで肥大化し、非効率かつ不要なものと見られている。米国の圧倒的なパワーは同国の一方的行動を許しており、現にしばしば一方的に行動してきた。かくして米国人は、世界の他国がますます多くの多国間機構を創設しつつあることに気づかないのである。

　ブレグジットも多国間主義が死に絶えようとしているという印象を与える出来事であったかもしれない。確かに、EU を離脱するという英国の決定は大きなショックではあったが、我々は立ち止まって、英国が EU 離脱について今後いかに折衝するかを注意深く見守らねばならない。英国は、可能な限り多くの EU の制度や過程に参画し続けようとしているように見える。それらからも離脱することは多くの苦痛を伴うであろう。ブレグジットという愚行が鎮静すれば、世界はなにゆえにより多くの国が多国間機構に参加しつつあるかを理解するだろう。

　2013 年の著作『偉大なる収束』（The Great Convergence）でキショールは、ビル・クリントンがどのように多国間機構や過程の価値を論じたかを述べている。クリントンは次のように語った。

　もし諸君が、パワーと支配権そして行動の絶対的自由や主権を維持することが諸君の国家の将来にとって重要だと信じるならば、米国が一方的行動の継続で失敗することはない。米国は、今や世界最大かつ最強の国家なのだから。我々はその果実を掌中にし、それを活用していくだろう。……しかし、我々がもはや軍事・政治・経済的な超大国ではなくなった時点で、我々が規範や

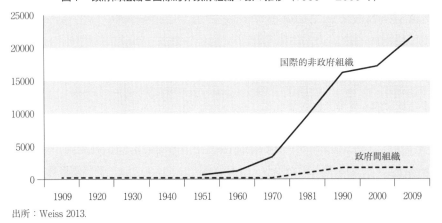

図1　政府間組織と国際的非政府組織の数の推移（1909〜2009年）

出所：Weiss 2013.

パートナーシップに基づく世界を構築し、とるべき行動様式を樹立すべきであると信じるならば、もはや一方的な行動はとれないであろう。問題は、諸君がどのように信じるかにかかっている[20]。

　クリントンは、賢明にも多国間主義の進展という世界の趨勢を予期していた。多くの米国人は、ともに各種の多国間機構に参画している中ロ両国の国際的動向を疑いの目で見ていた。たとえば中国は2001年に上海協力機構を設立し、ロシアは2014年ユーラシア経済連合を創設した。

　多国間主義は政府によってのみ推進されたのではなく、世界の人々によっても進められた。2013年のある論文によれば、「20世紀には3万8000もの政府間組織（IGO）あるいは国際的非政府組織（INGO）が創設された。それは1日1組織をこえる割合であった[21]」という。同論文に所収された上記図1は、国際的非政府組織の増大がいかに急激であったかを示している。この図は、国際主義が明らかに上り坂にある事業であることを物語っている。

　新たな機構は、多国間協力にとっての最高の基準を備えた役割モデルを見いだすという当然の希望を体現している。ごく最近までこうした最高の基準を体現した地域機構はEUであった。それはもっとも緊密に構築された地域機構であり、数千もの協定によって加盟諸国を結束させていた。前述のように、

ASEAN 諸国間には戦争が一度も勃発しなかったが、EU 諸国間には戦争の可能性さえないという点で、EU は ASEAN に一歩先んじていた。とはいえ、ASEAN は世界ナンバー・ツーである。マレーシア戦略国際問題研究所（ISIS）議長のタン・スリ・ジョワール・ハッサンは「ASEAN を他の地域的事業と比較してみたまえ。EU を除けば、何物もこれに匹敵しえないのである[*22]」と述べている。経済協力を例にとってみよう。EU に次いで第二番目に成功した地域機構は ASEAN である。2015 年に発足した ASEAN 経済共同体（AEC）は、「ASEAN を財・サービス・および投資の自由な流通によって特徴づけられる単一の市場・生産拠点とする[*23]」ことを目指す。AEC への助走段階で ASEAN は、2010 年以来、事実上関税を撤廃した。ASEAN への海外直接投資は、2010 年の 760 億米ドル[*24]から 2015 年の 1200 億米ドルへと増加した[*25]。ASEAN 連結性〔訳者注—2009 年の ASEAN サミットで合意された概念で、ASEAN 共同体構築に向けて地域的・国家的・物理的・制度的・人的な連携を強化することで経済成長や域内格差是正の実現を目指す〕は急速に向上した。たとえば、2009 〜 2014 年に、ASEAN 域内における空の旅の成長率は 10％ もの高率に達した。2000 〜 2014 年のインターネット普及率は 8 ％から 44％にまで上昇した[*26]。

　市場統合においては EU の方が先行していたが、それは厳格な過程や手続きに依存していたのに対し ASEAN は柔軟性や現実主義によっていた。各種の協力について加盟国を詳細な取り極めで拘束してきた EU と異なり、ASEAN では柔軟性を許容する単純で一般的な取り極めによっていた。

　EU における現実主義の欠如と ASEAN におけるその豊富さの顕著な事例は、その言語政策にあった。ヨーロッパ人は、それぞれの国語に敬意を払わねばならぬと信じたが、EU における言語の多様性を考慮すれば、公用語の使用は象徴的な場合に限定するのが賢明であった。官僚的レベルでの実際的文書については別物であろう。悲しむべきことに、24 もの公用語で勤務してきた EU の担当者らには、そのような基本的現実主義さえも理解の外にあった。日々の使用という意味では彼らは二つの言語を使用していたが、何トンもの EU 文書（これは誇張ではない）が 22 ヵ国語に翻訳されねばならなかった。ASEAN 諸国は、いずれの国の母国語でもない英語という単一の言語で機能している。もちろん ASEAN 諸国の指導者らは首脳レベルでの会合では通訳を必要とする。

第 5 章　ASEAN の強さと弱さ　225

しかし、ほとんどの場合、職員や閣僚らは英語で語り勤務し、文書もまた英語で作成される。

　多国間主義がとりわけ地域レベルで世界大に伸張するにつれて、世界は地域協力のモデルとして EU に学ぶべきであるが、我々はその弱点の原因をも理解せねばなるまい。そればかりか、世界の指導者らは代替モデルとしての ASEAN にも目を向け始めるべきである。ほとんどの国々は発展途上世界の一部を構成するのだから、ASEAN は彼らにとってより優れたモデルたり得る。たとえばアフリカ諸国は、EU をアフリカ連合のモデルとして選択することで誤りを犯したといえよう。「連合」という用語を含むことで、アフリカ人は地域協力へのヨーロッパ的道筋を歩むことを意味した。誤ったモデルを選んだために、アフリカ連合は失敗への過程をたどることになったのである。アフリカ諸国が、A が「協議体」（Association）を意味する ASEAN に倣っていれば、より低次元で現実的な地域協力を志向する、よりよい道を歩んだであろう。

　幸いにも、2000 年の湾岸協力評議会、2005 年の上海協力機構、2008 年のメルコスルなど、発展途上世界のますます多くの諸国が、ASEAN との絆を育てつつある。さらに ASEAN は、南アジア地域協力機構、米州機構、アフリカ連合、経済協力機構、アラブ連盟、ユーラシア経済同盟、あるいは南部アフリカ開発共同体などと非公式な絆を強めつつある。当然、これら地域機構が ASEAN をよりよく知るにつれて、彼らは ASEAN の最善の営為に倣い始めるだろう。

　もし ASEAN が地域協力のモデルになれば、ASEAN 域内に住む 6 億 3000 万人の人々にとってのみならず、他の発展途上世界に住む 55 億人もの人々の生活にとっても価値を増やすことになるだろう。実際、EU もまた ASEAN 型協力モデルを学ぶことに利益を見いだすことができるだろう。かつては、EU が他の地域機構から何事かを学ぶなどということは考えられなかったが、いまや考えられないことが考えられるような事態になりつつある。

　世界における ASEAN の位置づけを向上させる第二の潮流は、アジア太平洋地域における地政学的競合の激化である。本書は、アジア太平洋地域における地政学的競合がいかに、そしてなぜ激化することになるのか、そして地政学的競合がまさに ASEAN の存続にもたらす危険性を説明してきた。しかし、

ASEANがある程度の結束性を回復できれば、地政学的競合をも有利に活用し得るであろう。たとえば、中国は、ASEAN、韓国、およびオーストラリアとの自由貿易取り極めを提唱するため最初に動き出したが、米国もASEANの４ヵ国（ブルネイ、マレーシア、シンガポールおよびベトナム）を含むアジア諸国を環太平洋パートナーシップ協定（TPP）に引き込むことでゲームに参戦してきた。

　地政学はしばしばゼロ・サム的だが、地経学はこの限りではない。ミシガン大学アナーバー校のシンガポール人教授リンダ・リムはウィン・ウィンという結末も可能であるとして次のようにいう。

　経済的観点から見ると、TPPとAIIBとはゼロ・サム・ゲームではない。これらがそれぞれ直面する内部的挑戦にもかかわらず、いずれも潜在的に中国や米国を利するものであり、いずれかの国の参加を排除するものではない。むしろ、それぞれの制度を国際的支配にむけての闘争へと変容させているのは各国における現下の国内政治上の文脈なのである。[*27]

　彼女は米中両国に向けて、それぞれの主張を軟化させるよう呼びかけている。

　太平洋を挟んだ両国の政策決定者や専門家は、国際経済の現実を覆っている国内神話の言辞を緩和するよう努めるべきである。さもなければ、相手方が覇権を意図していると罵倒して対立を激化させ、それ以外の国々をより貧しく、より不安定にさせる結果となろう。

　リムは、激化する米中対峙をめぐるジャーナリストや政治家の論調は、経済的取り極めに関しては過剰に単純化され、自己完結的となりがちであると指摘している。こうした論調は、TPPを、中国に環太平洋貿易のルールを決めさせまいとする米国の企てとして描き、AIIBの運営はルーズであるとし、中国は通貨操作者であり、米国はドル防衛のため際限なく努力を擁することになるという陰謀説を生むのである。リムは、こうした主張は根拠薄弱であると指摘し、こうした論調を維持し続けると、それがもたらす恐怖心が米中間に真の緊

張をもたらすことになると論じる。ASEAN はリムとともに米中両国が地経学的な競合の負の側面ではなく正の側面を強調するよう訴えるべきである。

　米中両国が、日本やインドあるいは EU の例に倣って、ASEAN に地経学的な美味のシャワーを浴びせるならば、ASEAN 諸国は最終的にアジア太平洋地域における地経学的な競合の激化から最大の勝利を勝ち得ることになるだろう。若干の ASEAN 諸国は、すでに日中間の競争激化から利益を得てきた。インドネシアがジャワ島最大の 2 都市であるジャカルタ＝バンドン間の高速鉄道を敷設すると発表すると、日中両国が本プロジェクト請負に向けて熾烈な競争を展開した。当初日本が契約にこぎつけそうに見えたが、日本人を含め多くの人々が驚いたことに、契約は中国のものとなった。この激しい競争の結果、インドネシアが本鉄道のための長期融資で有利な条件を獲得したことには疑問の余地がない。

　日中両国は、タイ、ラオス、カンボジアあるいはベトナムでの鉄道や道路建設に入札することで、ASEAN を支援することでも競いあった。こうした競合は明らかに ASEAN を利した。S・ラジャラトナム国際研究所が刊行した報告書は、この競争について見事に叙述している。

　日本は ASEAN 加盟諸国間の発展格差是正を目指す ASEAN 統合イニシアティブ（IAI）にとって主要なパートナーであった。東京は人的資源開発を主眼とする IAI 第一フェーズ（2002 ～ 2008 年）における最大の貢献者であった。中国も IAI に寄与したが、その力点はむしろ内陸部 CLMV 諸国における水運改良にあった。CLMV すべてとタイおよび中国の若干の省を含むメコン地域は二つの経済的大国間の競合にとって絶好の事例を提供した。東京は価値の共有・法の支配・持続可能な発展を促進するグリーン・メコン・イニシアティブ（GMI）［訳者注―2009 年、第 1 回「日本＝メコン首脳会議」で採択された「東京宣言」に基づく国際プロジェクト］を選択した。これが日本の戦略と中国のそれとの差異を物語る。

　北京にとっては、CLMV 諸国との協力は国内的利益をももたらすものであった。CLMV 諸国は雲南省に隣接するから、繁栄するメコン地域は中国南

端の地域にも直接的利益をもたらすものであった。援助供与はまた中国の「善隣外交」や「国際化」路線の達成でもあり、いずれも寛大な中国イメージ創出と、「中国脅威論」認識の否定を目指していた。CLMV諸国における開発援助は「西部大開発戦略」（WDS）［訳者注—先行する中国東部沿海部との経済・社会格差を縮小すべく、経済発展が遅れている中国西部内陸部の重点的開発を目指す中国政府の国家戦略］に資するものであった。[28]

　ミャンマーは中国とインドの競合から利益を得た。ミャンマーの外向的軍事政権は、中国最大の国営コングロマリットたるシティック・グループにチャウピュー経済特区の開発および、ミャンマーとインドとの国境に近いラカイン州における港湾建設の契約を与えた。[29]2001年2月13日、インドとビルマ（ママ）は、一般にはインド＝ミャンマー友好道路と呼ばれる250kmにおよぶタムー＝カレワ＝カレミヨー高速道路の建設に着手した。同道路は、もっぱらインド陸軍の辺境道路機構によって建設され、北東インドと南アジア、東南アジア間を結ぶ主要な戦略的・商業的輸送路の提供を目指した。[30]インドとミャンマーは、インド、ミャンマー、タイを結ぶ3200キロメートルの4車線の高速道路建設を2020年までに完了することで合意した。この道路はインド北東部からミャンマーに至るもので、うち1600キロメートル余はミャンマーで建設あるいは補修される予定である。[31]カラダン多角的輸送路プロジェクトは、東部インドのコルカタ港とミャンマーのシットウェ港を海路で結び、シットウェ港とカラダン河川路を経由してミャンマーのラショーに至り、ラショーから陸路でインドのミゾラムまでを結ぶものである。[32]

　ASEANを利する第三の上げ潮は、キショールがしばしばアジアの世紀の到来として言及してきた国際情勢におけるアジアの全般的な台頭である。アジアの世紀という考え方は最初、日本の飛躍、香港、韓国、シンガポール、台湾という「4匹の小竜」の目覚ましい成功によって端緒が開かれた。しかし、中国とインドの台頭は、膨大な人口がこれら両国の巨大な経済の基盤となって、アジアの世紀の不可避性に真の重みを与えた。中国とインドは人類史のほとんどを通じて世界最大の経済であったから、これは常態への復帰であるともいえる。

　ASEANはこうした状況から大きな利益を得る位置にあった。世界地図を一

瞥すればその理由は明白であろう。地理は運命的であり、東南アジアは地理的に中印両国に隣接している。中央アジアも同様に物理的近接性の利益を享受し得たが、中国の経済的成長中心部から遠く隔たり、インドと中央アジアの間にはヒマラヤ山脈という天然の障害がそびえていた。これと対照的に、東南アジアと中印両国は2000年余にわたり主要な通商路で結ばれてきた。

　シンガポールのゴー・チョクトン前首相は、鮮やかで記憶に残る比喩を用いてASEANの繁栄を説明した。

　私は、新興アジアを新たに開発されつつある超巨大ジャンボ機として思い描きたい。中国・日本・韓国などで形成される北東アジアは強力なエンジンを備えた片方の翼で、第二のエンジンたるインドも強力なエンジンを備えている。東南アジア諸国が胴体をなす。我々10ヵ国を発展させる強力なエンジンを欠くとはいえ、我々は二つのエンジンによって浮揚させられるであろう。[33]

　かくして、中国とインドが浮揚するにつれ、ASEAN地域も当然両国とともに経済的に浮揚する。多くの観点からして、ASEANと両国の間の貿易と投資の増大が示すように、こういう状況はすでに現実となっている。

　地理的近接性がASEANに中印両国の経済発展から利益を享受させてきたが、文化的両立性や親和性も同様に重要である。数千年にわたる交流に鑑みれば、東南アジアと中印両国が再接近を期待し、ヨーロッパによる植民地支配の軛が過去のものとなるのは当然であった。

　数十年をかけて中印両国政府は東南アジアに接近してきた。両国の現指導者たる習近平国家主席やナレンドラ・モディ首相は両国を東南アジアに接近せしめるよう説き、実行してきたダイナミックで開明的な改革派である。2015年11月23日のシンガポール・レクチャーでモディ首相は次のように語った。

　ASEANは我々の東方政策の核心である。我々は地理と歴史によって結びつけられ、多くの共通の挑戦への対応で結束し、共通の願望で結びついてきた。我々はASEAN加盟各国と政治・安全保障・防衛および経済的な絆を強めてきた。そしてASEAN共同体が地域統合への道を先導するにつれ、我々

は 19 億人にとって豊かな展望をもたらすインド = ASEAN 間のよりダイナミックなパートナーシップに期待を抱いてきた。[34]

習主席は、2013 年 10 月、インドネシア議会で次のように語った。

中国と ASEAN 諸国は共通の山河で結ばれ、歴史的紐帯を共有してきた。本年は中国 = ASEAN 戦略的パートナーシップ 10 周年記念にあたる。我々の関係は、今や新たな歴史的出発点に立っている。中国は ASEAN におけるインドネシアの位置と影響力に大きな力点をおいている。中国はインドネシアや他の ASEAN 諸国と協力して、中国と ASEAN が平和と繁栄を共有し、良い時も悪い時も結束し、良き隣人、良き友人、良きパートナーとなるよう熱望している。ともに努力することで我々は、中国と ASEAN およびこの地域の人々により多くの利益をもたらすべく、運命を共有する緊密な中国 = ASEAN 共同体を構築するであろう。[35]

李克強 中国首相は、2015 年 11 月クアラルンプールにおける中国 = ASEAN 首脳会議で、次のように語った。

中国と ASEAN 諸国は地理的近接性と文化的親和性を享受する良き隣人である。近年我々は 21 世紀海上シルクロードの構築を推進し、2 + 7 協力枠組み［訳者注—2014 年、ネピドーでの中国 = ASEAN 首脳会議で採択された協力枠組みで、政治協力と経済発展を両輪とするとともに、政治・ビジネス・連結性・財政・海洋協力・安全保障・および人々と人々の科学的・環境という優先分野での協力を目指す］を創設し、共通の未来・利害の一体化・緊密な精神的絆で特徴づけられる中国 = ASEAN 関係の健全な動向を培ってきた。我々の関係は東アジアにおける平和・安定・発展を確保する礎石となるべく、二国間関係をはるかに超越した視野に立ったものである。[36]

第 5 章　ASEAN の強さと弱さ　231

結論

　ASEAN の強さと弱さ、脅威と好機は容易に認識できるし、この地域は明らかに重大な挑戦に直面している。とはいえ、強さは弱さよりはるかに実体的であり、好機は脅威を上回っている。もし ASEAN が 21 世紀を導く正しい指導者を見いだすことができれば、ASEAN が培ってきた強さはさらなる速度でこれを推進することになろう。本書の目的は、（一定のアジア指導者らには最近その傾向があるのだが）より多くの ASEAN 諸国の政策決定者らと人々に、無視することもできず、当然視すべきでもない貴重な資源を継承したということを気づかせることにある。ASEAN は、創設の父達から現世代の指導者らへの贈り物なのである。もし、この贈り物が無視や貧弱な指導者らのせいで失われることになれば重大な悲劇であろう。

注　　　　　　　　　　　　　　　　　　　　[　]内は著者による閲覧日
＊1　「ソフト・パワー」という用語を案出するに先立って、政治学者ジョセフ・ナイは 1971 年、*Peace in Parts: Integration and Conflict in Regional Organization,* (Boston: Little, Brown, 1971) を刊行した。同著内で彼は、様々な地域機構とそれが平和に貢献する態様を論じている。ASEAN はこの書物で言及されるには時期的に及ばなかったが、彼が提唱しようとした平和過程にとって模範となり得るような実践を積み重ねていた。
＊2　"European Union", World Bank, http://data.worldbank.org/region/european-union, [2016/12/1]. データは、2015 年の経常米ドルによる表示。
＊3　筆者らと故ナザン大統領とのインタビュー。2015 年 6 月 27 日。
＊4　このグループには、インドネシア前外相アリ・アラタス、マレーシア前副首相ムサ・ヒタム、フィリピン前大統領フィデル・V・ラモス、ベトナム［訳者注—誤記。正しくはタイ］前副首相カセムサモソーン・カセムスリ、ブルネイ・ダルサラム前外交・貿易相ペヒン・ダト・リム・ジョク・セン、ジャヤクマールなどの諸氏が含まれていた。
＊5　筆者らと S・ダナバランとのインタビュー。2015 年 7 月 30 日。
＊6　Termsak Chalermpalanunpap, "In Defence of the ASEAN Charter", in *The Making of the ASEAN Charter*, ed. T. Koh, R. G. Manalo and W. C. Woon

(Singapore: World Scientific, 2009), pp.117-136.
* 7　23 Apr. 2015.
* 8　筆者らのトミー・コー大使とのインタビュー。2015 年 12 月 23 日。
* 9　Maria Ressa, "Indonesia's Tom Lembong: 'Let's Move Away from Playing Games'", Rappler, 20 Nov. 2015, http://www.rappler.com/thought-leaders/113434-indonesia-minister-tom-lembong-trade-politics, [2016/10/10].
* 10　Agence France-Presse, "Indonesia Will Join Trans-Pacific Partnership, Jokowi tells Obama", The Guardian, 27 oct. 2015, https://www.theguardian.com/world.2015/oct/27/indonesia-will-join-trans-pacific- partnership-jokowi-tells-obama, [2016/10/13].
* 11　Bernadette Christina, "Indonesia's Trade Minister Calls for TPP Membership in Two Years", Reuters, 9 Oct. 2015, http://www.reuters.com/article/us-trade-tpp-indonesia-idUSKCN0S312R20151009, [2016/10/13].
* 12　筆者らとウォン・カンセンとのインタビュー。2015 年 7 月 24 日。
* 13　Sourav Roy, "ASEAN: What's That and Who Cares? Certainly Not the Common Man in Asia", Huffington Post, 9 oct. 2013, http://www.haffingtonpost.com/sourav-roy/asean-whats-that-and-who-cares_b_3894984.html, [2016/10/13].
* 14　"Chinese FM Refutes Fallacies on the South China Sea Issue", China Daily, 25 July 2010, http://www.chinadaily.com.cn/2010-07/25/content_11046054.htm, [2016/10/10].
* 15　"Dialogue with Prime Minister Lee Hsien Loong at the Singapore Summit on 19 September 2015", Singapore Summit, https://www.singaporesummit.sg/downloads/Dialogue%20with%20PM%20Lee%20Hsien%20Loong_SS2015.pdf, [2016/10/12].
* 16　Laura Allison, The EU, ASEAN and Interregionalism: Regionalism Support and Norm Diffusion between the EU and ASEAN (Houndmills: Palgrave, 2015), p.108.
* 17　Kripa Sridharan and T.C.A. Srinivasa-Raghavan, Regional Cooperation in south Asia and Southeast Asia (Singapore: ISEAS, 2007).
* 18　N. Hayipiyawong, "The Failure of Peace Negotiation Process between Government of Thailand and Revolution National Front (BRN) in Southern Thailand Conflict (Patani)", BA thesis, Universitas Muhammadiyah Yogyakarta, 2014, http://thesis.umy.ac.id/datapublik/t39343/pdf, [2016/10/12].
* 19　Zachary Abuza, "The Smoldering Thai Insurgency", CTC Sentinel, 29 June 2015, https://www.ctc.usma.edu/posts/the-smoldering-thai-insurgency, [2016/10/10].
* 20　William J. Clinton, "Transcript of 'Global challenges': A Public Address Given

by former US President William J. Clinton at Yale University on October 31, 2003", *YaleGlobal*, 31 Oct. 2003, http://yaleglobal.yale.edu/content/transcript-global-challenges, [2016/10/13].

＊21　Thomas G. Weiss *et al.*, "The Rise of Non-State Actors in Global Governance: Opportunities and Limitations", One Earth Future foundation, 2013, http://acuns.org/wp-content/uploads/2013/11/gg-weiss.pdf, [2016/10/13].

＊22　筆者らとタン・スリ・モハメド・ジョワール・ハッサンとのインタビュー。2016年6月17日。

＊23　"ASEAN Economic Community: How Viable Is Investing?" Invest in ASEAN, http://investasean.asean.org/index.php/page/view/asean-economic-community/view/670/newsid/758/single-market-and-production-base.html, [2016/10/13].

＊24　"Foreign Direct Investment into Asean in 2010", ASEAN, http://www.asean.org/storage/images/resources/Statistics/2014/StatisticalPublications/fdi_statistics_in_focus_2010_final.pdf, [2016/10/13].

＊25　"Foreign Direct Investment Net Inflows, Intra and Extra ASEAN", ASEAN, http://asean.org/storage/2015/09/Table-252.pdf, [2016/10/11].

＊26　"ASEAN Economic Community (AEC) 2015: A Guide to the Practical Benefits", Ministry of Trade and Industry Singapore, https://www.mti.gov.sg/MTIInsights/MTIImages/MTI%20AEC%20202015%20Handbook.PDF, [2016/10/11].

＊27　Linda Lim, "The Myth of US-China Economic Competition", *Straits Times*, 16 Dec. 2015, http://www.straitstimes.com/opinion/the--myth-of-us-china-economic-competition, [2016/10/13].

＊28　"Impact of the Sino-Japanese Competitive Relationship on ASEAN as a Region and Institution", Report, S. Rajaratnam School of International Studies (RSIS), Nanyang Technological University, 24 Dec.2014, https://www.rsis.edu.sg/wp-content/uploads/2014/12/PR141224_Impactof_sino-Japanese.pdf, [2016/10/10].

＊29　Thurein Hla Htway, "Military Party Awards Major Projects to China", *Nikkei Asian review*, 13 Jan. 2016, http://asia.nikkei.com/Business/Companies/Military-party-awards-major-project-to-China, [2016/10/10].

＊30　Tony Allison, "Myanmar Shows India the Roads to Southeast Asia", *Asia Times*, 21 Feb. 2001, http://www.atimes.com/reports/CB21Ai01.html#top5, [2016/10/13].

＊31　Dean Nelson, "India to Open Super Highway to Burma and Thailand", *The Telegraph*, 29 May 2012, http://www.telegraph.co.uk/news/worldnews/asia/india/9297354/India-to-open-super-highway-to-Burma-and-Thailand.html,

[2016/10/13].

＊32 Government of India,Ministry of Development of Northeastern Region, *Kaladan Multi-Modal transport Project*, 2014, http://www.mdonewr.gov.in/content/introduction-1, [2016/10/12].

＊33 "Singapore Is the Global City of Opportunity", Ministry of Communications and Information Singapore, 2005, http://www.mci.gov.sg/web/corp/press-room/categories/speeches/content/singapore-is-the-global-city-of-opportunity, [2016/10/12].

＊34 "Text of 37th Singapore Lecture 'India's Singapore Story' by Prime Minister Narendra Modi during His Visit to Singapore", 23 Nov. 2013, https://www.iseas. edu.sg/images/events_highlights/37thsingaporelecture/Textof37thsingaporeLecture.pdf, [2016/10/10].

＊35 "Speech by Chinese President Xi Jinping to Indonesian Parliament", ASEAN-China Centre, 2 Oct. 2013, http://www.asean-china-centre.org/english/2013-10/03_133062675.html, [2016/10/10].

＊36 "Remarks by H.E. Li Keqiang Premier of the State Council of the People's Republic of China at the 18th China-ASEANsummit", Ministry of Foreign Affairs of the People's Republic of China, 22 Nov. 2015, http://www.fmprc.gov. cn/mfa_eng/zxxx_662805/t1317372.shtml, [2016/10/10].

第5章 ASEAN の強さと弱さ 235

第6章　ASEAN の平和賞

　本書の主要な目的は、ASEAN が東南アジアおよび世界に向けて提供してきた多くの便益を称賛することである。ASEAN は奇跡的な平和の果実をもたらしてきた。その非凡な業績はノーベル平和賞に値する。しかし、その賞は近々には授与されそうにない。ASEAN に関する理解不足は広範にわたり、幾多の業績を矮小化するような傾向が邪魔している。また、ASEAN は必ずしも自らの最善の推賞者という位置になかったともいわれてきた。

　人生の大部分を東南アジアで過ごした本書の著者らさえ、ASEAN のいくつかの重要な発展を見逃してきた。たとえば、我々筆者のいずれも、2008 年にASEAN 諸国が ASEAN 賛歌を採択したことを知らなかった。「ASEAN Way」と題された歌詞は次のように歌っている。

　　われらの旗を高く掲げよう　天高く
　　われらの心に誇りを抱き
　　われら ASEAN 一致団結
　　眼を世界に開き
　　平和こそわれらの目標
　　そして永遠の繁栄

　　われら夢見よう、支えあい気遣おう
　　手を携え ASEAN のため
　　われらは夢見る
　　われらは支えあい気遣う　それが ASEAN Way

ASEANに深く関与してきた人々でさえASEAN賛歌を聞いたことがないという事実は、ASEANが機構としての自分自身に関する理解を育てる上で直面する挑戦を見事に物語っている。

本書は最終章で、ASEANの三大成果を再確認し、ASEAN域内で進行中の今後とも維持し強化すべき積極的動向に焦点を当てる。結論として、ASEAN域内の協力をさらなる高みに押し上げるための三つの大胆な勧告を行う。これらの勧告はいずれも近い将来には実現できまいが、ASEANはその将来の目標に関して大胆であり得るし大胆であるべきである。

第一に、我々がASEANの業績についてどの程度まで世界に説くべきかについて論じる。「序にかえて」で論じたように、世界でもっとも影響力のある雑誌の一つである『エコノミスト』誌は一貫してASEANを無視し、その業績については死角に入っているように思われる。2014年5月17日の『エコノミスト』誌は、「ASEAN Way」についての論文を発表した。同論文はありとあらゆるASEANの欠陥を紹介した。同論文は、ベトナム沖における中国のオイル・リグをめぐる中越間の危機的対立を指摘した。2015年のASEAN経済共同体（AEC）の創設というASEANの目標を論じる際の冒頭には、恩着せがましいアングロサクソン的観察を提示している。「エコノミスト誌の基礎的論調では、『共同体』という用語には慎重で、とても実在するとはいえない一体感をいう」と嫌味な示唆を与えている。ついで筆者は、「ASEANが2015年というAECの期限までに、あるいは2020年とか2025年とかであっても、単一市場……に近いものになる可能性は皆無であるとしたアジア開銀や東南アジア研究所の研究を引用する。この『エコノミスト』誌論文は、「ASEAN WayがASEANプロジェクトを阻害している[*1]」と結論する。

単一の論文でもって『エコノミスト』誌を判断するのは公正とはいえないだろうが、同誌の定期的読者として我々が見るところ、同誌がASEANとその業績を嫌味たっぷりに無視する姿勢は常態化している。『エコノミスト』誌（やその他の西欧の出版物）がASEANについて報じるとき、ASEANがその懐疑派を一貫して失望させてきたことを見失っている。オイル・リグをめぐる中越間の「危険な」対決は平和的かつ現実的に解決された。同様に、大方の予測

に反して、AEC は予定通り 2015 年 11 月に発足した。ASEAN Way は完全ではないとしても、ASEAN は AEC を前進させるだろう。

　ASEAN の三大成果に不完全なところは見られない。第一は、ASEAN 加盟諸国間に 50 年間にわたって平和をもたらしたことである。この成果の重要性を納得するためには、イスラエルとパレスチナ間、イランとサウジアラビア間、インドとパキスタン間、中・日間、南北朝鮮間に戦争が考えられない世界を思い描いてみればよい。1950 年代や 1960 年代の東南アジアは熾烈な二国間紛争に満ちていた。世界でもっとも厄介な地域の一つたる「アジアのバルカン」で平和を維持したことは疑いもなく偉大な成果であった。このことだけでも ASEAN は何年も前にノーベル平和賞を勝ち得るべきであった。この件が真剣には取り上げられなかったという事実は世界が ASEAN を無視してきたことを物語っている。EU は別として、域内に重大な紛争のない 50 年間をもたらすという ASEAN の業績に肩を並べる地域機構は存在しない。様々な意味で ASEAN という存在は平和と同義語であった。にもかかわらず、EU が 2012 年にノーベル平和賞を授与されたのに、ASEAN はその候補として検討されたことさえないのである。

　ASEAN の第二の大きな成果は、東南アジアに居住する 6 億人以上の人々の生活を向上させたことである。ここでもこの地域の発展を示す最善の方法は、域内諸国の記録を他地域のそれと比較することである。1965 年にはシンガポールの 1 人当たり所得はガーナのそれと同等だった。今日ではその格差は驚くほどで、シンガポールは 3 万 8088 米ドルで、ガーナのそれは 763 米ドルである。シンガポールは桁外れかもしれないが、ASEAN の人口最大の加盟国インドネシアはアフリカ（ナイジェリア）やラテンアメリカ（ブラジル）の人口最多国家と比較しても優位である。1967 年に ASEAN が設立されたとき、1 人当たり所得はブラジルで 1902 米ドル、ナイジェリアで 484 米ドルで、インドネシアは 274 米ドルであった。およそ 50 年後の 2014 年にはその数字はブラジルが 5881 米ドル（300％増）、ナイジェリアが 1098 米ドル（220％増）だったのに対し、インドネシアは 1853 米ドル（670％増）であった[*2]。アフリカ情勢の困難さを考慮すれば、インドネシアがナイジェリアを上回る実績をあげたことは不思議ではないとしても、インドネシアが成長率においてブラジルの実績を凌

駕^がする力量を示したことは非凡な業績であるといえよう。ASEAN が創設された時点でブラジルはインドネシアよりはるかに進んだ国家であった。国家指導者が各国の経済発展を導いてきたが、ASEAN はこれに未知の要素を提供してきた。

　ベトナムは過去半世紀にわたり重大な紛争を経験したこの地域の国家の一つである。同国はカンボジア和平協定が成立した 1992 年^{（ママ）}にようやく真の平和を達成したばかりである。ベトナムは 1995 年、かつての敵である ASEAN に加盟した。ベトナムの 1 人当たり所得は 1995 年の 409 米ドルから 2014 年の1077 米ドルへと上昇し、その GDP は 295 億ドルから 1 兆 770 億米ドルへと増加した。世銀のジム・ヨン・キム総裁は、2016 年 2 月 23 日、次のように述べている。

　　過去 25 年間におけるベトナムの発展実績には目を見張らせるものがある。
　　この時期にベトナムの人々の生活は劇的に変化した。同国はほぼ年率 7％で
　　成長し、ベトナムを 1980 年代の世界最貧国の一つからわずか一世代で中進
　　国にまで飛躍することを可能にした。とりわけ注目すべき業績としてベトナ
　　ムは、極貧層を 25 年前の 50％から今日のわずか 3％へと激減せしめた。[*3]

　1995 年には人口のわずか 45％しか衛生施設を利用できなかったが、2015 年には 78％に達している。ベトナムの 5 歳児以下の死亡率は 1995 年には 1000人あたり 41 人であったが、2015 年には 22 人にまで減少した。また高等教育就学率（中等教育卒業後 5 年の就学を迎える者が総人口に占める比率）は 1995 年の 3％から 2013 年には 25％にまで向上した。

　50 年以上もの間相次ぐ紛争を経験し（ベトナムの場合 1942 年から 1992 年まで）、その後方向転換してこれほどまでの経済的成果を達成した国は他に見いだすことは難しいだろう。ベトナムの業績は、ASEAN がその加盟国に経済・社会的発展を提供し得ることを証明している。

　ASEAN の第三の偉大な業績は、この地域を牛耳ってきた諸大国を「教化」したことである。過去数十年にわたって、東南アジアに関与してきた諸大国（米国、中国、日本、インド、EU、およびロシア）は贈答品持参で ASEAN に接

近してきた。ASEAN ほどに諸大国からご機嫌取りをされた地域機構は見当たらない。一例を挙げれば、2015 年 2 月、オバマ大統領が米本土で最初の米＝ASEAN 首脳会議に ASEAN 諸国首脳を招いたとき、そのオープニング・セッションで次のように語った。

　第 1 回米＝ASEAN 首脳会議というこの歴史的な会合に皆様方を歓迎するのは私の特権であります。これは、あなた方 10 ヵ国、一つの地域としての東南アジア、そして ASEAN という共同体への私の個人的、そしてわが国の強い関与を反映したものであります[*4]。

　オバマの対 ASEAN 関係の記録は首尾一貫していない。彼は少なくとも 3 回この地域への訪問予定をキャンセルしたが、彼は ASEAN を奨励することの長期的重要性を認識していた。上述の首脳会議の結果を報じた『ストレーツ・タイムズ』紙は彼の評価が正しかったことを示している。

　ここには、2011 年にオバマ政権が米国はその外交において東南アジア地域に重点を置きつつ「戦略的回帰」が必要であると語ったことの有言実行を見ることができる。この会合はオバマ政権の 8 年間に、米国が東南アジアと経済的に連携しようとする 3 度目の試みであり、2012 年には米＝ASEAN 拡大経済連携といわれ、昨年には環太平洋パートナーシップ（TPP）と呼ばれてきた。……米国にとっては、強力で発展した ASEAN は、ASEAN+3 とか東アジア・サミットなどの地域機構に見える中国の台頭への経済的緩衝を提供し得る[*5]。

　諸大国にとっての ASEAN の価値は来るべき数十年に増大すると思われ、大国の ASEAN へのご機嫌取りも増大することになろう。大国の ASEAN へのご機嫌取りはこれまでに膨大な社会的・経済的利益をもたらしてきた。ASEAN ははるかに若く、発展も遅れているが、EU とほぼ同数（EU の 10 に対して 6 程度）の自由貿易協定に署名してきた。ASEAN と中国の間の貿易は、1995 年の 200 億米ドルから 2014 年の 4800 億ドルへと 24 倍に増大した[*6]。日本

第 6 章　ASEAN の平和賞　*241*

のASEAN貿易と投資も急速に拡大した。2014年日本はASEANの第3位の貿易相手国で、往復2204億ドルは1995年の1263億米ドルのほぼ倍額である[*7][*8]。日本はまたEUに次ぐ第2の投資国（1995年の52億米ドルから2014年の204億米ドルへ）である[*9]。驚くべきことに、米国は対ASEAN貿易において中国・日本・EUの後塵を拝することとなったが、対ASEAN投資国としてはEUに次いで世界第2位である。

　これら三つの主要成果に加えて、ASEAN域内で進行中の三つの過程がASEANおよびその周辺諸国に重要な利益をもたらしつつある。その第一は、ASEAN域内の指導者・閣僚・および上級担当者らの間の友愛である。西欧における論壇はしばしば国際関係における個人的局面を見落としがちである。ASEAN上級者間の友愛の強さと力について我々に語ってくれたのは、ASEAN体系の中で20年余も上級担当者として務め、政治と経済という非常に異なった二つの協力局面における交流を体験してきたジョージ・ヨーである[*10]。

　ASEAN協力において外務省分野の協力にのみ携わったキショールは、外交を担当するASEAN外相らは、過剰な競争から自らの経済を保護しようと腐心する経済閣僚らよりも親密な関係を形成する傾向にあるとみなしてきた。ジョージ・ヨーから、ASEAN貿易相らは実際にはもっと緊密であると聞かされたことは驚きであった。その情報は回りまわって、ASEAN諸国は時に保護主義的ではあったが、その貿易・経済協力が順調に伸張してきたことを遠回しに説明するものであった。

　貿易相およびその上級担当者の間の友好関係が友好的圧力を形づくり、ASEAN諸国を段階的な経済開放に導いてきた。ヨーは、厳格で法規的な枠組みの中での経済開放に向かったEUと異なり、ASEAN諸国は緩やかで現実的なやり方でこれを実現してきたという点を強調している、ASEANの貿易自由化に向けては、ビッグ・バンによる変化というより、緩慢だが着実な関税・非関税障壁の撤廃が達成されてきたということである。

　多年にわたりASEANと協働してきたシンガポールのベテラン外交官たるトミー・コー大使でさえ、知人の医師から、ASEAN小児外科医のグループが定期的会合をもっておりASEAN域内における小児科治療の向上がもたらされたと聞かされて驚いたという。要するに、ASEAN諸国間で開催される各年

数千回におよぶ会合を通じて形成される数百のネットワークが、ASEAN 域内の協力を飛躍的に増大させる結果をもたらしてきたのである。

米国における保守的研究者の間では多国間プロセスに猜疑的であるのが流行である。これら猜疑派が ASEAN の会合に出席し検討してみれば、多くの分野で ASEAN 担当者間に高次元の協力がなされていることに驚くであろう。ASEAN 域内では健康分野から環境、教育分野から防衛にいたる多国的協力に着実な進歩が図られてきたが、これらはすべて ASEAN 指導者や担当者らの間で培われてきた個人的関係によって推進されてきたものである。

ヨーはまた、ASEAN 諸国間の友誼が多くの潜在的危機を緩和してきたと指摘する。彼の在職中に三つの有力な事例が見られた。2007 年には、8 月 15 日に突然の燃料補助金の撤廃で一気に物資が高騰したあおりを受けたヤンゴンでの街頭デモに際して僧侶が射殺されたことに世界が衝撃を受けた。ASEAN は1997 年にミャンマーの加盟を認めていたから、この射殺を批判する声明を発出すべきであるという圧力が諸方面で高まった。ASEAN 加盟国としてのミャンマーには二つの選択肢があった。同国は ASEAN の共同声明に拒否権を発動するか、このような共同声明から離脱するかである。かくして残る 9 ヵ国によりミャンマーを批判する共同声明が発出されることもあり得たし、ASEAN9 ヵ国閣僚を含む多くの人々は、そのような結末を期待していた。

2007 年 9 月 26 日に開始された僧侶射殺事件当時、ASEAN10 ヵ国外相は国連総会参加のため参集していたニューヨークで会合を開いた。シンガポールは当時 ASEAN 議長国であったから、ヨーがこの会合の議長となった。参加者らが射殺事件への強硬な非難の声明を起草したとき、ヨーは ASEAN 声明がミャンマーを除く 9 ヵ国によるものとすることを提案した。ミャンマー外相のニャン・ウィンが彼と同国代表団を声明から離脱させるだろうと思われていた。ヨーと他の ASEAN 外相らが驚いたことに、ニャン・ウィンはミャンマーを含む ASEAN 全 10 ヵ国が声明を承諾することに賛同した。同声明は以下のように論じている点で、実に驚くべきものであった。

ASEAN 諸国外相は、自動小銃が用いられたことに衝撃を受け、ミャンマー
政府がデモ隊に対する武器の使用を直ちに停止するよう要求した。外相らは

ミャンマーにおけるデモが暴力によって弾圧され、多数の犠牲者が発生した
ことにつきニャン・ウィン外相に対し強い嫌悪感を表明した。[*11]

　要するに、ニャン・ウィン外相は彼自身の政府を批判する声明を容認したの
である。同会合後の記者会見に際してもミャンマーは上級担当者によって代表
された。こうした驚くべき事態についてヨーは次のように語った。

　ミャンマーにとって ASEAN は彼らが保有するすべてのものであった。同
国は ASEAN のあらゆる会合に参加した。彼らは批判に対して鈍感であり
得るが、ASEAN は彼らにとって唯一の希望であったから、彼らは最後まで
やり遂げた。彼らは中国に依存してはいたが、あまりにも中国寄りであるこ
とを望んではいなかった。インドは当初アウン・サン・スーチーを支持した
が、中間的立場を維持し、親密に過ぎることはなかった。西欧諸国は非常に
敵対的だった。

　端的にいって、ミャンマーと他の ASEAN 諸国の間には激しい不一致があ
ったが、ミャンマーは ASEAN から離反するよりもこれと連携することの方
が望ましいと判断したのである。ASEAN の友誼は、危機において有効である
ことが明らかな強固な連帯感を育てる助けとなったのである。
　2008 年 5 月、サイクロン・ナルギスでミャンマー人の死者数千人、家屋・
食糧・医薬品を失った避難民数十万人をもたらすという危機が生じた。アジア
国際危機グループの報告によれば、「スイスのほぼ半分の広さにおよぶ全土の
電力・通信運輸・健康・教育施設などが大被害を被った。その損害規模は
2004 年のインド洋大津波に匹敵するものであった[*12]」。国際社会はミャンマー政
府による支援要請を受けるものと予期したが、軍政当局は国際的、とりわけ西
欧の介入には懐疑的で、あらゆる支援申し出を拒絶した。
　国際社会は衝撃を受けた。Oxfam［訳者註―1942 年に発足した市民組織で、
1965 年に英オックスフォードに本拠を置く「オックスフォード飢餓救済委員会」と
改称された］東アジア担当理事は次のように語った。「サイクロンで恐らく 10
万以上もの犠牲者が出たとすれば、来るべき期間に死者数がその 15 倍にも達

244

する公衆衛生上の大災害を生ぜしめる幾多の問題がともなうことになる」[*13]。従来通り多くの西欧指導者らは道義的な立場を標榜し、激しくミャンマー政府を非難した。ある英国紙はゴードン・ブラウン首相の反応を次のように伝えている。

　首相は、ビルマ（ママ）軍政当局に対するこれまででもっとも厳しい批判において、軍政当局が天災を破滅的な人災に変容させたと語った。「これは非人道的である。我々は天災がもたらした耐え難い状況に直面している」。ブラウンはBBC国際放送に対して語っている。「事態は国際社会が行動したいと望むことを禁じ、なすべきことに着手しない政権がビルマ人を放置したことによって人災になりつつある。責任はビルマ政府にあり、彼らには説明責任がある」[*14]。

　フランス外相ベルナール・クシュナーはとりわけ批判的な声明を発した。同外相は、2005年の国連世界サミットで承認された「保護する責任」という概念に言及しつつ、もしミャンマー政府がサイクロンの被害者を救助しようとする国際的救援を拒否するなら、国際社会は被害者を保護する責任があり、ミャンマー政府の意に反して軍事的に干渉し、救援を提供すべきである。
　これはとりわけ無思慮かつ不適切な声明で、ミャンマー軍事政権の猜疑心をかきたてるものであった。この政府は、西欧諸国のミャンマー批判を拒絶し無視することに慣れており、新たな批判の高波を乗り越える準備ができていた。クシュナーの軍事介入の威嚇への対応は、西欧の軍事進攻を撃退すべくイラワジ川の基地に兵員を展開することであった。この部隊はサイクロンの被害者を救済するのでなく、外国部隊を撃退するために展開されたのである。このにらみ合いは数週間継続された。もしこのまま続いていたら、数十万人のサイクロンの被災者たちはさらなる苦境を味わうことになったであろう。幸運にもASEANが救援に駆けつけた。
　2008年5月19日シンガポールで開催されたASEAN外相会議でも、ミャンマー代表はあらゆる外国支援を拒絶しつづけた。論議が緊迫するに及んでインドネシアのハッサン・ウィラユダ外相はミャンマー外相ニャン・ウィンの眼を

見つめ、「貴国は我々にとって何ものですか。我々にとって貴国は何ものですか」と語った。これは力強い発言だった。ジョージ・イェオも即座にこれに加わり、ニャン・ウィンに「ネピドーに確認されてはいかがか」と告げた。「結構です。そういたしましょう」とニャン・ウィン。ヨーは言った「ごゆっくりどうぞ」と。ニャン・ウィン外相は昼食後に戻って、「ゴー・サインが出された」と発言した。

　ミャンマー政府が同意して以後は、ASEAN諸国は救援物資の配達に苦労した。パビン・チャチャバルポンプンとモー・ツザールは彼らの著書『ミャンマー：ナルギス後の生活』の中でASEANが直面した挑戦について次のように述べている。

　　確約を受けた会合の後、ASEAN事務局は……ヤンゴンにおけるプレゼンスを確立する時間と場所が不足している状況に陥った。この時点まで事務局担当者は、事務局前の空地で作業し、国連から支給された装備で活動をつづけてきた。事務局活動の史上初の野外事務局では、制限された備品で活動する仕儀となった。ASEAN事務局長ピツワン博士自ら事務局設営可能な場所を探索し、個人的人脈を通じてヤンゴンにおけるASEAN野外事務局の初期的活動を切り抜けるための財源を有利な条件で確保した。[*15]

　これは初めて明かされた逸話である。このことはASEAN閣僚間の信頼と友情がレベルの高いものであったことを物語る。ミャンマー、とりわけその勇敢なニャン・ウィン外相はASEAN友邦の利害との和解をもとめる圧力の存在を意識していた。2008年5月23日、ミャンマー政府がついに外国の援助活動家の入国と活動を容認するとしたことで、ミャンマーの数十万の人命が救われた。この逸話はASEANがさらに地域的ネットワークを強化すべきであると強力に説いている。

　イェオが提供した第三の事例は、プレア・ビヒア寺院をめぐるカンボジアとタイの紛争に関するものである。両国はこの領土紛争をめぐってあわや公然たる武力紛争に突入する寸前だった。緊張は、2008年1月、カンボジアがタイからの同意を取りつけることなく同寺院のUNESCO世界遺産登録を申請した

ことで兆し始めた。タイ人は最終的に登録に同意し、プレア・ビヒア寺院は7月8日、UNESCO世界遺産地域と称されるにいたった。しかしこの決定がタイ国内での抗議を招き、7月15日、3名のタイ人が寺院近辺にタイ国旗を立てようとしてカンボジア当局に逮捕された。これに次ぐ数週間で両国は部隊や火器を同地に増派し、2008年10月3日、両部隊はついに砲火を交えた。この後数年間に数回の武力衝突が発生し、2011年2月に事態は再びエスカレートした。しかし同月末に向けて両国はインドネシアのオブザーバーの現地派遣で合意した。7月には、国際司法裁判所が両国部隊の撤退を指示した。緊張は沈静化に向かったが、同年末にも二度衝突が発生した。国際司法裁判所は2013年11月、突端部〔訳者註——プレア・ビヒア寺院はカンボジア＝タイ国境に立つが、その地点は急峻な突端部がタイ領内に突き出す形状をなしている〕がカンボジアに帰属すると判断した。

　理論的には、この紛争は国境問題をめぐる二国間紛争であった。実際には、この紛争はタイ国内における政治危機の結果であった。前首相タクシン・シナワトラに同情的なタイ政府はカンボジア政府との友好的な関係を構築し、プレア・ビヒア紛争について柔軟な姿勢を取った。親タクシン派政府を支持する市民は「赤シャツ党」として知られ、その敵対派は「黄シャツ党」と呼ばれた。赤シャツ党の運動を阻害しようとした黄シャツ党は、外務大臣をタイの国土をカンボジアに譲り渡した裏切り者であると非難した。結果として先鋭な政治危機がもたらされ、タイ政府は強硬論に傾斜せざるを得なくなった。両国は2008年6〜7月に軍事衝突に突入しそうになった。

　ここでまたしてもASEANが緊張緩和すべく介入した。2008年7月22日にASEAN外相会議が招集された。ヨーはこの会合で見られた出来事を次のように述べている。

　当時、両国は開戦直前であった。我々が着席した際、タイには外相不在であった。タイは副首相の一人を派遣したが、彼が出席したのは、他の副首相らは事態が非常に難解なものであると知ってあれこれと欠席の理由を模索したためであると認めている。かくして彼は自らタイを代表して会議に出席することを申し出たのであった。我々がプレア・ビヒア問題を討議することにな

ると告げた。すると彼は、「私はプレア・ビヒア問題を論議するよう委任さ
れていない」と述べた。私は彼に「貴官がタイ代表ではないか！」と告げた。
すると彼は「仰せの通りだが、何であれ本国の議会に諮（はか）らねばならないから
私は論議できない。さもなければ私は反逆者として非難されるだろう」と語
った。私は「そういうことであれば我々は貴官抜きで論議することになろ
う」と告げた。彼は言った「いや、貴官らはそうすることはできない。ご存
知の通り、ASEANの会議にはタイが加わっていなければならない」。私は
「貴官が決定されたい。貴官が会議に参加したいなら、われらのプレア・ビ
ヒア論議に加わればよろしい。プレア・ビヒアを論議できないと言われるの
ならわれらは貴官抜きで会議を進めることになる」。かくして彼は座を外し
てバンコクと協議して戻ってきて「私は会議に参加する」と告げた。こうし
て彼は会合に参加し、私は会合の写真を保存している。会合は植物園内のバ
ンガローの一つで開催された。非常に緊張した会合だった。我々は（危機解
消のために）ASEANによる仲介を提案した。タイはこれを拒否し、カンボ
ジアは「なぜか」と問うた。議長がインドネシアの番に回って、外相のマル
ティは紛争両国を訪問し、仲裁に努めた。最終的にはこれが奏功した。忍耐
と不屈の精神で我々は危機を克服したのである。[16]

　このようなASEANの成果が可能となったのは、過去数千回におよぶ会合
を通じてASEAN上級役職者や官吏の間に培われた深い友愛と共同体の精神
の結果であった。他に何事もなさなかったとしても、ASEAN諸国は明白な成
果を上げるためにも会合を開催し続ける必要があったのである。
　進行中の過程の第二は、ASEAN諸国の知識人コミュニティにおける協力の
強化である。前章におけるASEANのSWOT（強さ・弱さ・機会・脅威）分析
は、ASEANの主要な弱点の一つが域内の人々の当事者意識の欠如であること
を示している。当事者意識強化の一つの手法は、知識人、とりわけ外交政策分
野で活躍する知識人エリートらの協力強化である。学会用語ではこのような協
力は「トラック２協力」と呼ばれる。それはトラック１つまり政府間協力と異
なる非政府組織間の協力を意味する。ASEANの協力は主としてトラック１に
おいて推進されたが、トラック２協力もその重要性を増大させてきた。トラッ

ク２の主たる舞台は ASEAN-ISIS の会合であった（ちなみに ISIS は戦略国際問題研究所の意で、シリアにおけるテロリスト集団のことではない）。ASEAN 各国は ASEAN-ISIS ネットワークで自国を代表する戦略問題シンク・タンクを指定してきた。[17]

　このネットワークの精神的創始者はインドネシアの知識人ユスフ・ワナンディで、ジャカルタの戦略国際問題研究センター CSIS は東南アジアでもっとも効率的なシンク・タンクの一つであった。ユスフはノールディン・ソピー（マレーシア）、サイモン・テイ（シンガポール）、あるいはカロリーナ・ヘルナンディス（フィリピン）ら、彼がよく知る一連の知識人グループを結集させることにリーダーシップを発揮した。1988 年に発足したネットワークの創設メンバーは、インドネシアの CSIS、マレーシアの ISIS、フィリピンの戦略開発研究所（ISDS）、シンガポール国際問題研究所、およびタイの戦略国際問題研究所（ISIS）［訳者注―このグループで活躍したのはクスマ・スニットウォン博士］であった。

　キショールは、1994 ～ 1998 年、ASEAN-SOM［訳者注―閣僚や首脳による会合のための準備作業を担当する「ASEAN 高級事務官会合」の略称］のシンガポール代表として、ASEAN 高級当局者と ASEAN-ISIS 代表との会合に参加した。政府関係者と非政府代表との会合は、異なる母体を代表するため他国においてはしばしば否定的で対立的なものとなった。幸運にも ASEAN ではこうした会合が否定的なものとなったことは一度もなかった、その場では、双方とも他方の言い分に耳を傾けたから、開放的で友好的な雰囲気に満ちていた。各会合において、ASEAN-ISIS 代表は ASEAN 協力推進のための提言を示した。カリフォルニア州立大学のマリア・オーチュオスとは、こうしたアプローチを次のように評価している。

　ASEAN モデルの輸出可能性という主張は ASEAN-ISIS によって支えられ、他の諸国によっても（承諾したとまでいえないとしても）支持されてきた。これまでのところ、ASEAN-ISIS は東南アジアおよびアジア太平洋（とりわけ日本、カナダおよびオーストラリア）を結びつける幅広いネットワークを構築し、広域安全保障対話に向けたアイデアの交換を推進してきた。こうした動

第 6 章　ASEAN の平和賞　*249*

向はダイアローグ・パートナーとの拡大閣僚会議における政治・安全保障問題の処理という ASEAN の決定をもたらし、最終的には ARF の創設に連なった。[18]

2007 年 ARF 会期間支援グループ会合において ASEAN-ISIS 議長のマライビエン・サコンニホムによって提示されたペーパーは次のように論じている。

（1988 年の創設以来）ほとんど 20 年の間に ASEAN-ISIS は ASEAN 諸国政府に承認された非常に重要なトラック 2 ネットワークとして確立されるにいたった。……トラック 2 として活動するなかで ASEAN-ISIS は地域的ワークショップ・会議・会合・セミナー等々の開催を通じて各国のトラック 1 に対する政策的インプトを提供してきた。……こうした活動としては、信頼醸成・紛争解決のためのアジア太平洋ラウンドテーブル（APR）、人権に関する ASEAN-ISIS コロキアム（AICOHR）、および ASEAN 人民会議（APA）のような ASEAN-ISIS の最重要活動が含まれることを認識することが重要である。[19]

これらが実現するためには、関係諸組織がこれら会合の価値を理解していることが不可欠である。新たな指導部が誕生する際には、折に触れ、会合のための会合の価値に疑問を呈することがある。たとえばインドネシアのジョコウィ大統領は、2014 年 7 月にインドネシア大統領に選出された後、ASEAN および拡大 ASEAN 会合に参加して愕然としたという。ASEAN 各国指導者らとの初会合の後、彼はシンガポールのリー・シェンロン首相に向かって、各 ASEAN 会合に際して決まりきった声明を発する必要があるのかと問いかけたという。彼はこうした儀式を避けて自国の現実の諸問題の解決に当たることを優先したかったのである。

しかし、儀式は重要である。ASEAN 指導者らが毎年儀式的雰囲気の中で一堂に会するとき、彼らはそれぞれの国家を代表する官吏としてではなく、人間として互いに知り合うことになる。それゆえ我々は、ジョコウィ大統領のような指導者には、辛抱強く ASEAN や拡大 ASEAN 会合に数回参加した後にこ

れら会合の効果が明らかになるのを待たれたいと訴えたい。そればかりか、ジョコウィ大統領による ASEAN 会合への継続的参加は、他の指導者らの参加への励ましともなる。オバマ大統領やコンドリーザ・ライス前国務長官のような米国指導者らは ASEAN 会合を欠席する傾向にあった。もしこれが将来の米国指導者の先例となれば、ASEAN と諸大国指導者との関係を円滑にするという機能を減じることとなる。ASEAN は持てる力を発揮して諸大国指導者らに拡大 ASEAN 会議に間違いなく参加するよう説得する必要があるのに、ASEAN 域内最大の国家たるインドネシアの大統領が顔を見せないとなれば、彼らも参加しようとはすまい。まさに参加すること自体が重要なのである。もし ASEAN が米国・中国・インドあるいは日本など諸大国指導者が定期的に拡大 ASEAN 会合に参加することを確保できれば、アジア太平洋地域の大国間に円滑な関係の基礎を築くことになるだろう。

三つの大胆な勧告

我々は本書を終えるにあたり、ASEAN 協力を新たな高みに向上させ、今後半世紀も ASEAN が強力・ダイナミックで活気ある機構であることを確保するため、三つの大胆な勧告を提示したい。これらの提言はそれぞれ何らかの抵抗に直面するだろうし、実施に際しても困難に直面することになろうが、もし ASEAN 指導者らが来るべき 50 年間のための大胆な目標設定に失敗するなら、彼らは前任者らがなしとげた偉大な業績に上積みするという責任を果たせないことになる。

第一の勧告は、もっとも自明なものである。ASEAN が存続し、長期的に成功を収めるためにはこの機構の当事者は政府から人々に移行せねばならない。政府は成立し崩壊する。人々はそうはならない。加盟諸国の熱意は政府が替われば変化する。スハルトは彼の長い統治の間 ASEAN の強力な支持者であったが、彼の後任者ハビビ大統領は当初熱意を欠いていた。アミタフ・アチャリヤが指摘するように、その差異は「ハビビやワヒド政権における当初のASEAN への無意識な軽視にもかかわらず、インドネシアは ASEAN へのより活発な意欲を示す兆候を見せ始めた[20]」。同様に、ユドヨノ大統領は後継者ジョ

第 6 章　ASEAN の平和賞　*251*

コウィ大統領より活発な ASEAN 活動の支持者であったが、ジョコウィ大統領も年ごとに ASEAN 支持の姿勢を強めていった。2015 年に彼が指名した貿易相トム・レンボンは直近の前任者ラフマット・ゴーベルよりも AEC 実現に対して積極的であった。

ASEAN を政府交替の変転から守るためには、ASEAN の人々がより確固とした当事者意識を持つ必要がある。ASEAN の人々がそれぞれの政府に対してASEAN への関心を強めるよう圧力をかけるようになれば、ASEAN 加盟国が脱退したり、その将来を危機に陥れたりすることのないようにする究極の保険となろう。「人々が」ASEAN を保有するという意識は、長期にわたる各種のASEAN の努力の結果として培われたものである。ASEAN 各国が、たとえば、EU に倣って各国の大使館の正面に ASEAN 旗と自国の国旗という二つの旗を掲揚するというのは優れたアイデアであった。彼らは自国の大使館を訪問する際に国家的自尊心の高揚を覚えるだろうが、この自尊心は自国と ASEAN の双方に対して感じたであろう。

ASEAN の人々の当事者意識を高める最善の方法は、各国の教育カリキュラムに ASEAN を組み入れることであろう。各国の小学生が ASEAN10 ヵ国を列挙でき、すくなくとも各国の最小限の歴史や文化について知り得るようにすべきである。英国の植民地であったシンガポールでは小学校教育に大英帝国の歴史と文化についての情報を含んでいる。英国女王に関する情報は豊富だが、タイ王家についてはほとんど皆無である。教科書が大切である。ASEAN 各国は学校で使用する教科書に ASEAN を取り入れるべきである。その結果、10 の異なる ASEAN 像が描かれることは疑問の余地がないから、ASEAN 諸国はこの機構の核心にある多様性を理解するのを助けるため、教科書を交換するのがよいだろう。

ASEAN はすでに大衆の当事者意識を広め、かつ深める努力を払いつつある。ASEAN 諸国間のビザなし旅行や、格安航空便の急増などが異なる ASEAN 諸国間の人々の顔の見える交流を大いに増加させ、ASEAN 内理解を推進してきた。ASEAN トラベル社のウェブサイトによれば、

　公式データによれば、ASEAN10 ヵ国でおよそ 1 億 500 万人の旅行客が登録

されたが、ASEAN の旅行客のシェアは平均して 46 〜 48％とこれらの半数以下である。しかし 2025 年までには ASEAN の旅行客が 1 億 5200 万人となり、ASEAN 域内旅行者 9000 万人を上回ることになり得るだろう。全雇用者のうち観光業に雇用されている人員は現在の 3.7％から 7 ％を占めると予想されるが、ASEAN 観光業の GDP シェアは今日の 12％から 2025 年には 15％へと増加する可能性を秘めている[21]。

BBC 放送局は 2012 年、東南アジアの航空便の 3 分の 1 は格安航空便で占められようと伝えている[22]。2014 年 5 月の『エコノミスト』紙は次のように論じる。

シドニーの調査会社「アジア太平洋航空センター」によれば、域内航空産業に占める格安航空のシェアはわずか 10 年でゼロから 58％へと膨張している。……今日、東南アジアの空は混雑している。現在、世界でもっとも使用頻度の高い格安航空路 15 路線のうち 9 路線は東南アジア向けである[23]。

ASEAN 内格安航空路線の激増による意図せざるもう一つの利益は、ASEAN 諸国の詩人や芸術家らがより容易に相互に訪問し得るようになったことである。こうして、不可避的に ASEAN 諸国が友邦の芸術や文学について言及し得るようになった。マシュー・イサーク・コーエンは、『アジア・シアター・ジャーナル』誌所収の論文で次のように論じている。

久しく世界の文化的潮流から隔絶された僻地（へきち）とみなされ、国際的流行とは無縁ながら誇り高い文化的伝統の保有者であった東南アジアは、いまや自らが文化的発信源となり、旧来の伝統を再構築しつつ新たな形態やアイデアをもって ASEAN 加盟諸国間で急速に形成されつつある連携をもたらそうとしている。……現世代の協力はよりコスモポリタンで、好奇心に訴え、経験豊かで他分野との協力にも機敏で、果敢に実践を積み重ねて新たな表現の可能性と連携を作り出すことにも意欲的である。あるタイの現代舞踊家は、彼の仲間はバンコクではなくインドネシアやカンボジアにいると告白している。

第6章　ASEAN の平和賞　*253*

クアラルンプール出身の人形遣いは、母国マレーシア北部クランタン州の保守的な人形遣いの下でのスポンサー付きの研究でよりも、ジャワへの短期訪問での実験的な人形遣い論議からの方が影絵芝居について深く学び得たと明言している。インドネシアの脚本家や監督はシンガポールの脚本家による芝居を読み、翻訳し、演じている[24]。

　こうした動向はASEANの人々の当事者意識構築において漸進的な効果を現しつつあるものの、ASEANは何らかのビッグ・バン型イニシアティブの効果に期待できるから、すでに二つの提案がなされている。2011年1月の非公式会議で、ASEAN外相らは合同でサッカー・ワールド・カップを主催する可能性について論議し、2014年12月に国際オリンピック委員会が複数国でオリンピックを共催し得ると決定したからASEAN五輪も可能性が開けた。報道機関はASEAN出身のオリンピック委員会メンバーもこうしたアイデアを支持していると伝えている。ブラジルが2014年にワールド・カップ、2016年にオリンピックを主催したことがあるのだから、ASEANが全体としてこれらのいずれかあるいは双方を主催し得ないとする理由はあるまい。世界で最も重要なスポーツ競技の一つを主催することはASEANに衝撃的な効果をもたらし、東南アジア地域および世界におけるASEAN意識を構築することになるだろう。
　いずれかのイニシアティブも、たとえばサッカー・ワールド・カップでもっとも注目される決勝戦をどの国で開催するかなどをめぐる厳しいせめぎあいをもたらすだろうが、ASEANは押し問答には慣れている。日本がASEAN諸国に経済研究所を設立しようと提案した折にも、マレーシアとインドネシアがこれを受け入れようと激しく争った。両国とも――インドネシアにはマリ・パンゲスツ、マレーシアにはラフィダ・アジスという――強力で積極的な貿易相を擁していた。激しいロビーイングの末、結果的には、2008年、東アジアASEAN経済研究所［訳者注―同研究所は、ASEAN10ヵ国、日・中・韓3ヵ国、オーストラリア、ニュージーランドおよびインドなど16ヵ国の合意により設立され、ASEAN事務局長を加えた理事会により運営される］はジャカルタに設立され、ASEANに関する貴重な経済研究を推進しつつある。要するに、ワールド・カ

ップやオリンピックのようなイベントの開催は ASEAN 諸国間に激しい競争をもたらすだろうが、ASEAN にはそのような争いを解決し、合意を取りつける環境が整っているのである。

同様に ASEAN は、エディンバラ・フリンジ・フェスティバルやユーロビジョンのような欧州の先例［訳者注―前者はエディンバラで開催される世界最大の芸術祭、後者は 1950 年代に欧州放送連合（EMU）が創設した音楽祭］に倣って東南アジア地域の豊かな芸術的・文化的遺産を紹介するイベントを立ち上げている。このような大規模イベントは、域内の人々の間に ASEAN アイデンティティを創造する拡散効果を発揮する。

第二の大胆な勧告は、今日のように萎縮し、がんじがらめに制約された事務局体制を、ASEAN によりよく貢献しうるような活力ある機関に変えることである。様々な組織（や企業）が成長し成功するにつれ、その運営能力も成長しこれに追随せねばならない。ASEAN が EU 理事会のような膨大な出費を踏襲するには及ばないというのは妥当である。しかし ASEAN は、EU 理事会のような超国家的機構ではなく政府間機構である。シンガポールの外交官ビラハリ・カウシカンが EU と ASEAN の相違について次のように語っているのは妥当である。

> EU は国家主義以後の存在たるべく誕生した。逆説的にもそれは、超然たるナショナリズムに対する国家的恐怖心によって触発された。……ASEAN はナショナリズムという現実世界を否定しないし、これを高次の目標という妄想で置き換えようと試みたこともない。諸大国の国益が交錯する地政学的な地域にあっては主権が不断の危機に直面しており、ASEAN は様々な相違はあっても、加盟国のナショナリズムをすべてが共有する目標に結びつけ、自立と主権を維持する力量を高めねばならない[25]。

しかし、ASEAN が成長しつつあるのに事務局が萎縮したままであってはならない。なぜ事務局は拡大されなかったのか。簡単な回答は、これまで改善されることのなかった設計上の瑕疵である。1976 年に ASEAN 事務局が設立されたとき、ASEAN はわずか 5 ヵ国で構成され、それぞれ同等な国家的力量を

有していたから、彼らは、どの国が他国より多くを負担するかという論争を回避するため、ASEAN事務局に対して各加盟国が等額を拠出するという単純な原則に合意した。当時としては、わずか220万人の人口しかないシンガポールが1億3240万人という60倍もの人口を擁するインドネシアと同額を拠出するという点でシンガポールの寛大さの表明であった。

　2014年までにはASEANは10ヵ国からなり、貧富の格差は著しく拡大した。たとえばラオスやカンボジアの2014年のGDPはそれぞれ116億米ドルと168億米ドルだが、インドネシアのGDPは8900億米ドルでASEAN最貧国の75倍にも達する[*26]。ASEAN事務局の発展を阻害する構造的問題は対等な分担という政策の産物である。というのは、ASEAN事務局への分担金は最貧国が支払い可能な額を超えられないからである。

　あるアジア開銀（ADB）報告は、ASEANが加盟10ヵ国から平等な分担金という原則を改定すべきであるとして、次のように強く勧告している。

　　対等な分担金を固定することは予算的増加を阻害するばかりではない。それは同時にASEANという機構を国際的ドナーからの外資に依存させることになる。実際、地方銀行自体はなんとか調達可能かもしれないが、資金提供者とASEANの優先事項がつねに合致するとは限らない。かくしてASEANは、機構の予算に寄与した多くの外部関係者らの要請への妥協のために歪曲されて、独自の計画を立案し、戦略を実施し得ない結果となるのである。ASEANが成熟し、隆盛した機構になろうとするならば、加盟国は現下の予算調達原則は時代遅れであると知らねばなるまい[*27]。

　活発な地域機構としてのASEANは、それ相応に強力でダイナミックな事務局を持たねばならない。我々は、最貧加盟国の支払い能力に規定されるような分担方式に固執することで事務局の成長を阻んでもよいのか。現に、ASEAN10ヵ国はいずれも国連加盟国であるが、国連分担金は各加盟国の「支払い能力」に基づいた複雑な方式で決定されているのである。

　ASEAN10ヵ国は、彼らの国益にとってASEANよりはるかに重要度の低い国連への「支払い能力」という方式を許容しているのだから、ASEAN事務局

についても同様の原則に同
意してはどうだろうか。
ASEAN 諸国は国連事務局
への分担金の比率に基づい
て ASEAN 事務局に支払
う額を決定し得るのではな
いか。2014 年にはその比
率は、ブルネイ 0.026％、
カンボジア 0.004％、イン
ドネシア 0.346％、ラオス
0.002 ％、 マ レ ー シ ア

ブルネイ	1.75%
カンボジア	0.27%
インドネシア	23.25%
ラオス	0.13%
マレーシア	18.88%
ミャンマー	0.67%
シンガポール	25.81%
タイ	16.06%
フィリピン	10.35%
ベトナム	2.82%

0.281％、ミャンマー 0.010％、シンガポール 0.384％、タイ 0.239％、フィリ
ピン 0.154％、ベトナム 0.042％である。[28] この単純な枠組みを援用すれば、
ASEAN 加盟各国の ASEAN 事務局予算への分担金は、（2014 年の数値に基づ
き）上表のようになるだろう。

　（インドネシアのような）より大きな加盟国、（シンガポールのような）より裕
福な加盟国に ASEAN 事務局へのより多くの分担金を要請することは、公平
かつ公正である。同様に重要なことは、それは事務局の能力を制約していた足
枷から解放し、ASEAN 加盟国の GDP 成長につれて機能的に成長することを
可能にする。ADB 研究は、ASEAN 事務局予算の 10 倍増を勧告している。

　その使命が拡大するにつれて、ASEAN のニーズに合わせて財源も増大せね
ばならない。本研究のために提供された準備作業によれば、2030 年までに
ASEAN 事務局は、要請される使命を達成しようとすれば、2 億 2000 万米
ドルの年間予算と 1600 名のスタッフを必要とするだろう。[29]

　シンガポール人の多数がそうであるように、こうした巨大な増額に反対する
ものに対しては、我々は、各国が負担せねばならない実額は些細なものである
と強調したい。2 億 2000 万米ドルの年間予算という ADB 勧告を受け入れる
とすれば、シンガポールの分担額は年間 5678 万米ドルとなる。これと対照的

第 6 章　ASEAN の平和賞　257

にシンガポールの防衛・外交予算は、2014年時点でそれぞれ98億米ドルおよび3億5300万米ドルである。シンガポールの長期的安全や繁栄に果たしたASEANの貢献度に鑑みれば、シンガポールがこうした負担増に同意しないのはさもしく愚かしいといえよう。そればかりではなく、シンガポールはASEAN最小の国家の一つであるから、支払い能力に基づいた国連方式はシンガポールの長期的国益にかなう働きをもつことになるだろう。時の経過とともに他のASEAN諸国のGNPがさらに増大すれば、その分だけASEAN予算に占めるシンガポールのシェアは減少するだろうからである。

　均等分担というシンガポールの政策へのシンガポールの前外交官2名による批判は、我々が先例となるべきであるという願望の反映である。もし他のASEAN加盟国がASEAN事務局への分担増を非難するならば、ASEAN諸国の人々がその政府を批判することになるだろう。ASEAN諸国は例外なくASEANが創造した平和の生態系や繁栄の恩恵を受けている。ASEANの人々は、年間の負担増に不満を唱える代わりに、自国政府に対してASEAN事務局へのさらなる貢献を要請すべきである。

　シンガポールは、同国諸機関によるASEANとの秀逸な活動文化を共有することでASEAN事務局の行動文化に影響を与えるよう努力すべきである。いかにすればこうした文化移転が達成できるだろうか。着手さるべきはいくつかの単純な手順である。第一に、シンガポールは60歳代早々に定年を迎える事務次官を含む豊富な上級官吏の人材を擁している。彼らは依然として活動的かつ精力的であり、シンガポール政府は助成金を負担して、彼らをボランティアとしてASEAN事務局での勤務に当たらせることができよう。これは新奇なアイデアではない。すでに他の機構がこうした措置を実施したことがある。たとえば1964年、退職した米国財界人は退職役員奉仕隊（SCORE）を創設し、850万もの顧客に対して役務を提供した。SBA［訳者注―米「中小企業庁」］のある研究によれば、SCOREの仕事は米国で年間平均2万5000もの就業機会を創出したという。これと同様の非公式支援はASEAN事務局の成果を改善しうるだろう。

　第二に、シンガポールは、ASEAN事務局職員に対してシンガポール国内における無料職業訓練を提供することができるだろう。シンガポールには、代表

的なものに限っても、公務員大学、シンガポール国立大学（NUS）リー・クアンユー公共政策学院、シンガポール・マネージメント大学（SMU）ビジネス学院あるいはシンガポール経営大学院（INSEAD）など世界クラスの訓練施設がある。シンガポール協力プログラム基金を ASEAN 公務員のシンガポールでの訓練課程の提供に役立てることはシンガポールの国益にかなう。その利益は一朝一夕には実感できないとしても、時間の経過につれ ASEAN 事務局の労働文化や効率は向上するだろう。

　ディーパック・ネアーは ASEAN 事務局が有能なスタッフを徴募できた時期とできなかった時期について論じている。[*30]明らかに、有能なスタッフを徴募できなかったのは、それがわずかな財源しか持てなかった時期である。新しい方式が導入されれば、ASEAN 事務局は有能で活動的なスタッフを徴募できる予算を持ち得るだろう。

　もし突如として豊富な財源が流入するようになったら ASEAN 事務局は多額の金銭を浪費しただろうか。その危険性はあったろうが、この危険を回避する手段はいくらでもある。たとえば、マッキンゼー、ベイン、BCG、あるいはオリバー・ワイマンなど東南アジアで活動する主要コンサルティング企業は、有意義な非営利機関のための優れた無料奉仕活動を行っている。2003 年、マッキンゼー社は、ASEAN 貿易相の要請に応えて ASEAN 自由貿易地帯の利益に関する研究を実施した。いくつかの ASEAN 加盟国は、AFTA がゼロ・サム型ゲームであり、すべてのメンバーが統合から利益を得られるとは限らないと懸念していた。しかし、マッキンゼー社の研究は、統合が各国経済の補完性を創出し、かつ競争力を強化するよう促す可能性があることを明らかにした。そればかりか、マッキンゼー社は、統合された ASEAN は将来の貿易協定の交渉に際してより多くの梃子を提供し、より魅力的な直接投資先となると結論している。

　ASEAN には最近立ち上げられた ASEAN 協力プログラムを主催し得る強力で効果的な事務局を発展させるだけの財政的・知的手段がある。事務局は、合意された決定を実現することに加えて、新たなアイデアを産み出す活発で精力的な機関となり得る。正しいリーダーシップがあれば、ASEAN 事務局は ASEAN 協力をさらなる高みに導く明瞭な力量を発揮できる。

第三の勧告は、ASEAN を人類のための新たな灯台とするという非常に大胆なものである。伝統的にいって、人類にとっての希望の灯台となるのは米国の役割であった。ドナルド・トランプの選出にもかかわらず、米国は多くの方法で人類の灯台を演じ続けるだろう。しかし、文化的異質性に対応する米国モデルは、あらゆる差異を消失させ、単一の米国アイデンティティを登場させる溶解炉を作り出すというやり方だった。我々の世界は決して一つの溶解炉にはなれない。実際、様々なアジア文化の再浮上につれて、多様性が減じるどころかより多様な世界と向き合う必要性が生じつつある。

　これこそ世界で唯一の、真に多文化的地域機構たる ASEAN が、新たな希望の灯台として機能できる理由なのである。世界が2世紀にわたる西洋文明の支配から離れた文明世界に移行しつつあるとき、ASEAN はいかにすれば多くの著しく異なる文明が隣り合って共存し、協調し得るかの貴重なモデルを提供している。他のいかなる地域も文化的多様性の生きた実験室として機能しえないから、全世界は ASEAN の成功に利益を見いだすのである。年々歳々 ASEAN の成功が貴重な希望の灯台を提供している。

　異なる文明が協調できることを実証することの重要性は、とくに西洋において、異なる文明は協力できないという国際的な悲観主義が台頭しつつあるだけに、ますます切迫したものとなっている。こうした悲観主義は、2015 年 11 月 13 日にパリで、2015 年 12 月 2 日にニューヨークで、2016 年 3 月 22 日にブリュッセルでのイスラム過激派テロリストによる殺戮以来さらに先鋭となった。洗練された一部の西欧知識人グループはハーバードの研究者サミュエル・ハンティントンが「文明の衝突」を予言したのは正解だったと公言し始めている。

　西欧におけるこうした悲観主義に対応して、2016 年 5/6 月号の『フォーリン・アフェアーズ』誌でキショールは前米財務長官で前ハーバード大学長のラリー・サマーズと共著で「文明の融合」と題する論文を発表した。本論文で筆者らは、問題解決にあたっては科学と合理性に依拠する西欧起源の近代的見解によってもたらされた偉大な諸文明間の共通性を「文明の融合」として言及したのである。

　事実が示すところは、世界は文明の衝突ではなく融合を体験しつつあり、同論文は世界がこうした融合の結果、よりよい場所に向かう多様な道筋について

説明している。スティーブン・ピンカーは、紛争と暴力の劇的減少という長期傾向を跡づけている。幼児死亡率は1990年の1000人当たり63人から2015年には32人に減少したと推定されている。このことは、幼児死亡数が年間400万人以上も減少した計算になる。

　経験的数値だけでは世界の支配的趨勢が文明の融合にあることを世界に示すには十分ではない。世界にはこうした現象が現に進行中であることを目撃することが必要だが、ASEANは異質性をもちながらも、彼らが共有するものに基づいて日々の活動を通じて異なる文明が共存し、かつ協調しうることを立証している。西洋における深刻な悲観主義とイスラムへの不信感の増大に鑑みれば、マレーシアやインドネシアの成功はイスラム世界も近代化を継続し得るという希望をもたらしている。彼らの成功はまた、イスラムが近代的西洋の価値と両立し得ることを実証する。たとえばマレーシアは発展途上世界で有数の普遍的健康保険制度を誇り、マレーシアの大学では65％対35％で女子学生が男子学生を上回っている。

　インドネシアは2億5000万人の人口を擁する世界最大のイスラム国家である。同国はまたもっとも成功したイスラム民主国である。スシロ・バンバン・ユドヨノおよびジョコ・ウィドドという最近の2名の大統領はインドネシアを現代世界に統合させることを決意している。インドネシア最大のイスラム組織ナフダトール・ウラマ（党員数5000万人）はイスラム穏健化推進という挑戦に着手しつつある。インドネシア人2億5000万人がこうした路線をたどり続ければ――続けると思われるが――文明の融合という積極的なインパクトがイスラム世界でも十分機能することを実証することになろう。

　6億2500万人という非常に異質な人々を擁するASEANは、70億人もの人々が文字通り日々ひしめき合う一つの地球村の縮図をなしている。西洋の多くの人々は、我々がこの小さな地球村で平和裏に共存できるかを疑っている。キリスト教徒、イスラム教徒、仏教徒、儒教信者、道教派、あるいは共産主義者らがASEAN家族内で生活し協調している姿は、猜疑的な西洋に対してそれが可能であることの証拠を日々提供している。

　しかし、ASEANの成功はまだ不完全なものであると強調することは重要である。前述のように、ASEANの動きはしばしば軌道を外れ、直線的に進行し

第6章　ASEANの平和賞　*261*

てはこなかった。しかし、これらの不完全性は ASEAN が提示する希望のメッセージを補完している。もしこのような不完全な地域が6億2500万人もの人口に平和と繁栄を提供できるとすれば、世界の他の地域は明らかに ASEAN の不完全な軌道を追体験することが可能であろう。これこそ「その強さはその不完全性にある」という ASEAN 体験の最大の逆説である。

　ここに ASEAN が2017年の創設50周年に際してノーベル平和賞に値するというもう一つの理由がある。同賞は、国際舞台に登場しつつある希望の灯台に国際的注目を引きつけ、西洋に向けてイスラム文明と非イスラム文明とは平和裏に共存できるという積極的なメッセージを伝えることになろう。それはまた、東南アジア以外の地域に住む数十億人のイスラム教徒らに ASEAN モデルを十分に検討するように促すことになる。というのは、もっとも成功したイスラム社会のうち三つまでもが東南アジアに存在するからである。50年におよぶ ASEAN の労苦は無駄にされてはなるまい。ASEAN の成功は、他の社会と文化に ASEAN 精神に倣うことを促すために用いられるべきである。

注　　　　　　　　　　　　　　　　　　　[　]内は著者による閲覧日

* 1　"Getting in the Way", *The Economist*, 17 may 2014, http://www.economist.com/news/asia/21602265-south-east-asia-finds-decorum-itsregional-club-rather-rudely-shattered-getting-way, [2016/10/12].

* 2　"Adjusted Net National Income Per Capita (Constant 2005 US$)", IndexMundi, http://www.indexmundi.com/facts/indicators/NY.ADJ.NNTY.PC.KD, [2016/10/12].

* 3　"World Bank Group President Jim Yong Kim Opening Remarks at the Vietnam 2035 Report Launching", World Bank, 23 Feb. 2016, http://www.worldbank.org/en/speech/2016/02/23/world-bank-group-president-jim-yong-kim-opening-remarks-at-the-vietnam-2035-report-launching, [2016/10/12].

* 4　"Remarks by President Obama at Opening Session of the U.S.-ASEAN Summit", White House, 2016, https://www.whitehouse.gov/the-press-office/2016/02/15/remarks-president-obama-opening-session-us-asean-summit, [2016/10/12].

* 5　Sanchita B. Das, "What US-Asean Connect Means for the Region", *Straits Times*, 17 Mar. 2016, http://www.straitstimes.com/opinion/what-us-asean-

connect-means-for-the-region, [2016/10/12].

＊6 Yu Sheng *et al.*, "The Impact of ACFTA on People's Republic of China-ASEAN Trade", Asian Development bank, July 2012, https://www.adb.org/contact/tang-hsiao-chink, [2016/10/12].

＊7 "ASEAN-China Economic and Trade Cooperation Situation in 2014", Asian-China Centre, 16 Mar. 2015, http://www.asean-china-center.org/english/2015-03-16/c_134071066.htm, [2016/10/12].

＊8 Calculated from data available at http://www.customs.go.jp/toulei/info/index_e.htm and in the IMF database.

＊9 Japan External Trade Organization, "East Asia Economic Integration and the Roles of JETRO", Ministry of Foreign Affairs of Japan, http://www.mofa.go.jp/region/asia-paci/cambodia/workshop0609/attach5.pdf, [2016/10/12]; Japan External Trade Organization, "JETRO Global Trade and Investment Report 2015: New Efforts Aimed Developing Global business", http://www.jetro.go.jp/en/news/2015/ea96c87efd06f226.html, [2016/10/12].

＊10 1988年から1991年までジョージ・ヨーは外務省の上級役職者（1990〜1991年は外務担当国務相、1991〜1994年は外務担当上級相、2004〜2011年外務大臣）を務めた。1997〜1999年にはまた、貿易産業省次官、1999〜2004年には貿易産業相も務めた。これら役職者として彼は他のASEAN同僚と頻繁に会合した。

＊11 "Statement by ASEAN Chair, Singapore's Minister for Foreign Affairs George Yeo in New York, 27 September 2007", Embassy of the Republic of Singapaore, Washington, DC, http://www.mfa.gov.sg/content/mfa/overseasmission/washington/newsroom/press_statements/2007/200709/press_200709_03.html, [2016/10/12].

＊12 "Burma/Myanmar after Nargis: Time to Normalise Aid Relations", International Crisis Group, 2008, https://www.files.ethz.ch/isn/93248/161_burma_myanmar_after_nargis.pdf, [2016/10/12].

＊13 "Oxfam Warns up to 1.5 Million in Danger if Aid Effort Cannot Reach Cyclone Victims", Oxfam America, 11 May 2008, https://www.oxfamamerica.org/press/oxfam-warns-up-to1.5million-in-danger-if-aid-effort-cannot-reach-cyclone-victims/, [2016/10/12].

＊14 Ian MacKinnon and Mark Tran, "Brown Condemns 'Inhuman' Burma Leaders over Aid", *The Guardian*, 17 May 2008, https://www.theguardian.com/world/2008/may/17/cyvlonenargis.burma2, [2016/10/12].

＊15 Pavin Chachavalpongpun and Moe Thuzar, Myanmar: *Life after Nargis* (Singapore: ISEAS, 2009), p.56.

＊16　筆者らとジョージ・ヨーとのインタビュー。2016年2月5日。

＊17　さらに詳しくは、http://www.siiaonline.org/page/isis/　を参照されたい。

＊18　Maria Consuelo C. Ortuoste, "Internal and External Institutional Dynamics in Member-States and ASEAN: Tracing Creation, Change and Reciprocal Influences", PhD dissertation, Arizona State University, 2008, http://gradworkd.umi.com/33/27/3327250.html, [2016/10/10].

＊19　Malayvieng Sakonhninhom, "Flagships and Activities of ASEAN-ISIS", ASEAN Regional Forum, Mar. 2007. http://aseanregionalforum.asean.org/files/Archive/14th/ARF_Inter-sessional_Support_Group/Annex(34).pdf, [2016/10/10].

＊20　Acharya, *Constructing a Security Community in Southeast Asia*, p.221.

＊21　Luc Citrinot, "ASEAN for ASEAN: Focus Will Be Given to Strengthening Intra-ASEAN Tourism", ASEAN Travel, 2016, http://asean.travel/2016/01/24/asean-for-asean-focus-will-be-given-to-strengthening-intra-asean-tourism/, [2016/10/12].

＊22　Nick Easen, "In Asia, a Boom in Low-cost Flights", BBC, 2 Apr. 2012, http://www.bbc.com/travel/story/201200402-low-cost-flights-on-asia-booms, [2016/10/12].

＊23　"Too Much of a Good Thing", *The Economist*, 15 May 2014, http://www.economist.com/news/business/21602241-after-binge-aircraft-buying-and-airline-founding-it-time-sober-up-too-much-good, [2016/10/12].

＊24　Matthew Isaac Cohen, "Introduction: Global Encounters in Southeast Asian Performing Arts", *Asian Theatre Journal*, 31-2 (2014), pp.353-368.

＊25　Bilahari Kausikan, "Hard Truths and Wishful Hopes about the AEC", *Straits Times*, 2 Ja. 2016.

＊26　"World Economic Outlook Database", International Monetary Fund, https://www.imf.org/external/data.htm, [2016/12/12].

＊27　"ASEAN 2030: Towards a Borderless Economic Community", Asian Development Bank Institute, 2014, http://www.adb.org/sites/default/files/publication/159312/adbi-asean-2030-borderless-economic-community.pdf, [2016/10/10].

＊28　"Assessment of Member States' Advances to the Working Capital Fund for the Biennium 2014-2015 and Contributions to the United Nations Regular Budget for 2014", United Nations Secretariat, 27 Dec. 2013, http://www.un.org/ga/search/view_doc.asp?symbol=ST/ADM/SER.B/889, [2016/12/12].

＊29　Ibid.

＊30　Deepak Nair, "A Strong Secretariat, a Strong ASEAN? A Re-evaluation", *ISEAS Perspective*, 2016, https://www.iseas.edu.sg/images/pdf/ISEAS_

Perspective_2016_8.pdf/, [2016/10/10].

＊31　Steven Pinker, *The Better Angels of Our Age : Why Violence Has Declined* (New York: Viking, 2011).

＊32　Latifah Ismail, "Factors Influencing Gender Gap in Higher Education of Malaysia: A University of Malaya Sample", Faculty of Education, University of Malaya, 2014, https://www.umexpert.um.edu.my/file/ publication/00000380_116971.pdf, [2016/10/10].

＊33　Mahbubani and Summers, "Fuwsion of Civlizations".

参考文献

[　　]内は著者による閲覧日

"Address to the Ministerial Meeting of the Association of South East Asian Nations in Bali, Indonesia", Ronald Reagan Presidential Library & Museam, 1 May 1986. https://reaganlibrary.gov/34-archives/speeches/1986/5513-50186c/, [2016/10/12].

"Adjusted Net National Income Per Capita (Constant 2005 US$)", IndexMundi. http://www.indexmundi.com/facts/indications/NY. ADJ.NNTY.PC.KD, [2016/10/12].

"ASEAN 2030: Toward a Borderless Economic Community", Asian Development Bank Institute, 2014. http://www.adb.org/sites/default/files/publication/159312/adbi-asean-2030-borderless-economic-community.pdf, [2016/10/10].

"ASEAN Economic Community: How Viable Is Investing?" Invest in ASEAN. http://investasean.asean.org/index.php/page/view/asean-economic-community/view/670/newsid/758/single-market-and-production-base.html, [2016/10/13].

"ASEAN-China Economic and Trade Cooperation Situation in 2014", Asian-China Centre, 16 Mar. 2015. http://www.asean-china-center.org/english/2015-03/16/c_134071066.htm, [2016/10/12].

"ASEAN-India Eminent Persons' Report to the Leaders", ASEAN, Oct. 2012. http://www.asean.org/storage/images/2012/documents/Asean-India%20AIEPG%20(29%2010%2012)-final.pdf/, [2016/10/12].

"ASEAN Investment Report 2013-2014: FDI Development and Regional Value Chains", ASEAN Secretriat and United Nations Conference on Trade and Development, 2014. http://www.asean.org/storage/images/pdf/2014_upload/AIR%%202013-2014%20FINAL.pdf/, [2016/12/12].

"Assessment of Member States' Advances to the Working Capital Fund for the Biennium 2014-2015 and Contributions to the United Nations Regular Budjet for 2014", United Nations Secretariat, 27 Dec. 2013. http://www.un.org/ga/search-view_doc.asp?symbol=ST/ADM/SER.B/889, [2016/12/12].

"Burma/Myanmer after Nargis: time to Normalise Aid Relations", International Crisis Group, 2008. http://www.files.ethz.ch/isn/93248/161_burma_myanmer_after_nargis.pdf, [2016/10/12].

"Cambodian Genocide Proglam", Yale University Genocide Studies Program. http://gsp.yale.edu/case-studies/combodian-genocide-program, [2016/10/13].

"Chinese FM Refutes Fallacies on the South China Sea Issue", *China Daily*, 25 July 2010. http://www.chinadaily.com.cn/china/2010-07/25/content_11046054.htm, [2016/10/10].

"Country Profile: Laos", International Hydropower Association. http://www.hydropower.org/country-profiles/laos, [2016/10/12].

"Dialogue with Prime Minister　Lee Hsien Loong at the Singapore Summit on 19

September 2015", Singapore Summit. https://www.singaporesummit.sg/downloads//Dialogue%20with%20PM%20Lee%20Hsien%20Loong_SS2015.pdf, [2016/10/12].

"Direction of Trade Statistics", International Monetary Fund. https://www.imf.org/external/pubs/cat/longres.aspx?sk=19305.0/, [2016/10/12].

"Donald J. Trump Statement on Preventing Muslim Immigration", Donald J. Trump for President, 7 Dec. 2015. https://www.donaldjtrump.com/press-releases/donald-j.-trump-statement-on-preventing-muslim-immigration/, [2016/10/12].

"Dr Mahathil Bin Mohamad at the Opening of the Tenth Session of the Islamic Summit Conference at Putrajaya Convention Centre on October 16", *Sydney Morning Herald*, 22 Oct. 2003. http://www.smh.com.au/articles/2003/10/20/1066502121884.html, [2016/10/13].

"Establishment of the Group of 77", G77. http://www.g77.org/paris/history/establishment-of-g77.html, [2016/10/12].

"European Union", World Bank. http://data.worldbank.org/region/european-union, [2016/12/1].

"Foreign Direct Investment into Asean in 2010", ASEAN, http://www.asean.org/storage/images/resources/Statistics/2014/StatisticalPublications/fdi_statistics_in_focus_2010_final.pdf, [2016/10/13].

"Foreign Direct Investment, Net Inflows (BoP, current US$)", UNDATA. http://data.un.org/Data.aspx?d=WDI&f=indicator_Code%3ABX.KLT.DINV.CD.WD, [2016/10/14].

"Foreign Direct Investment, Net Inflows, Intra and Extra ASEAN", ASEAN. http://asean.org/storage/2015/09/Table-252.pdf, [2016/10/11].

"Foreign Relations 1964-1968, Volume XXXVI, Indonesia; Malaysia-Singapore; Philippines". U.S.Department of State Archive, 10 Dec. 1966. http://2001-2009.stage.gov/r/pa/ho/frus/johnsonib/xxvi/4432.htm, [2016/10/12].

"Frequently Asked Questions about DG Translation", European Commission, last updated 21 Sept. 2016. http://ec.europa.eu/dgs/translation/faq/index_en.htm/, [2016/10/14].

"GDP at Market Prices (Constant 2010 US$)", http://data.worldbank.org/indicator/NY.GDP.MKTP.KD?locations=MM, [2016/10/10].

"GDP of Thailand (Constant 2010 US$)", World Bank. http://databank.worldbank.org/data/reports.aspx?source=wdi-database-archives-(beta), [2016/10/10].

"GDP of Vietnam (Current US$)", World Bank. http://data.worldbank.org/indicator/NY.GDP.MKTP.CD?locations=VN, [2016/10/10].

"GDP Per Capita of Myanmar (Constant 2010 US$)", World Bank. http://data.worldbank.org/indicator/NY.GDP.PCAP.KD?locations=MM, [2016/10/10].

"Getting in the Way", *The Economist,* 17 May 2014. http://www.economist.com/news/asia/20602265-south-east-asia-finds-decorum-its-regional-club-rather-rudely-shattered-getting-way, [2016/10/12].

"Group of Prominent Malays Calls for Rational Dialogue on Position of Islam in Malaysia", *The Star,* 7 Dec. 2014. http://www.thestar.com.my/news/nation/2014/12/07/group-prominent-malays-calls-for-modernation/, [2016/11/9].

"Impact of the Sino-Japanese Competitive Relationship on ASEAN as a Region and Institution", Report, S. Rajaratnam School on International Studies (RSIS), Nanyang Technological University, 24 Dec. 2014. https://www.rsis.edu.sg/wp-content/uploads/2014/12/PR141224_Impact_of_Sino-Japanese.pdf, [2016/10/10].

"Indian MP Tharoor: Europe Must Stop Lecturing India", *EurActive,* 19 Apr. 2011. http://www.euractiv.com/section/global-europe/interview/indian-mp-tharoor-europe-must-stop-lecturing-india/, [2016/10/12].

"Indonesia Will Join Trans-Pacific Partnership, Jokowi Tells Obama", *The Guardian,* 27 Oct. 2015. https://www.theguardian.com/world/2015/oct/27/indonesia-will-join-tans-pacific-partnership-jokowi-tells-obama, [2016/10/13].

"Joint Statement of the ASEAN-U.S. Special Leaders' Summit: Sunnylands Declaration", Permanent Mission of the Republic of Singapore, ASEAN, Jakarta, 17 Feb. 2016. http://www.mfa.gov.sg/content/mfa/overseasmission/asean/latest_news_in_asean/2016/2016-02/Latest_News_In_ASEAN_2016-02-17.html/, [2016/10/12].

"Malaysia Economic Monitor 2011", World Bank, 2011. http://siteresources.worldbank.org/INTMALAYSIA/Resouces/324392-1303882224029/,alaysia_ec_monitor_apr2011_execsumm.pdf, [2016/10/14].

"Memorandum of Conversation, Washington, May 8, 1975, noon-1p.m.", *Foreign Relations of the United States, 1969–1976, Volume E-12, Documents on East and Southeast Asia, 1973-1976,* 8 May 1975. https://history.state.gov/historicaldocuments/frus1969-76ve12/d297/, [2016/10/14].

"Millennium Development Goals Database", UNDATA. http://data.un.org/Data.aspx?d=MDG&f=seriesRowID%3A580, [2016/10/14].

"More Hat Than Cattle", *The Economist,* 2 Jan. 2016. http://www.economist.com/news/finance-and-economics/21684811-seamless-regional-economic-bloc-just-around-corneras-always-more-hat/, [2016/10/12].

"Nan-fang Ts'ao-mu Chuang" [A Fourth-Century Flora of South East Asia], trans. Li Hui-Lin. Hong-Kong: Chinese University Press, 1979.

"National Accounts Main Aggregates Database", United Nations Statistics Division. http://unstats.un.org/unsd/snaama/dnllist.asp/, [2016/9/7].

"Opening Remarks, James A. Baker, III, Senate Foreign Relations Committee", United States Senate Committee on Foreign Relations, 12 May 2016. http://www.foreign.

senate.gov/imo/media/doc/051216_Baker_Testimony.pdf/, [2016/10/12].

"Oxfam Warns up to 1.5 Million in Danger if Aid Effot Cannot Reach Cyclone Victims", Oxfam America, 11 May 2008. https://www.oxfamamerica.org/press/oxfam-warns-up-to-15-million-in-danger-if-aid-effort-cannot-reach-cyclone-victims/, [2016/10/12].

"PHL Emerging as a Strong Software Development Hub", Team Asia, 26 Nov. 2012. http://www.teamasia.com/newsroom/read-client-news.aspx?id=407:phl-emerging-as-a-strong-software-development-hub, [2016/10/14].

"President Eisenhower's News Conference, 7 Apr. 1954", *The Pentagon Papers,* Gravel Edinton, Vol.1 (Boston: Beacon Press, 1971), pp.597–8. https://www.mtholyoke.edu/acad/intrel/pentagon/ps11.htm, [2016/10/13].

"Puny Counter-Revolutionary Alliance", *Peking Review* 10, 3 (18 Aug. 1967): 40. https://www.marxists.org/subject/china/peking-review/1967/PR1967-34.pdf/, [2016/10/12].

"Remarks by H.E. Li Keqiang Premier of the State Council of the People's Republic of China at the 18th China-ASEANSummit", Ministry of Foreign Affairs of the People's Republic of China, 22 Nov. 2015. http://www.fmprc.gov.cn/mfa_eng/zxxx_662805/t1317372.shtml, [2016/10/10].

"Remarks by President Obama at Opening Session of the U.S.-ASEAN Summit", White House, 15 Feb. 2016. https://www.whitehouse.gov/the-press-office/2016/02/15/remarks-president-obama-opening-session-us-asean-summit, [2016/10/12].

"Remarks by President Obama at the Cooperative Orthotic and Prosthetic Enterprise (COPE) Centre", White House, 7 Sept. 2016. https://www.whitehouse.gov/the-press-office/2016/09/07remarks-president-obama-cooperative-orthtic-and-prosthetic-enterprise, [2016/10/12].

"Remarks by President Obama at Young Southeast Asian Leaders Initiative Town Hall, 11/14/14", White House, 14 Nov. 2014. https://www.whitehouse.gov/the-press-office/2014/11/14/remarks-president-obama-young-southeast-asian-leaders-initiative-town-ha/, [2016/10/12].

"Remarks by the President at the United States Military Academy Commencement Ceremony", White House, 28 May 2014. https://www.whitehouse.gov/the-press-office/2014/05/28/remarks-president-united-states-military-academy-commencement-ceremony/, [2016/10/12].

"Remarks by the President at the University of Indonesia in Jakarta, Indonesia", White House, 10 Nov. 2010. https://www.whitehouse.gov/the-press-office/2010/11/10/remarks-president-university-indonesia-jakarta-indonesia, [2016/10/12].

"Report to the National Security Council by the Exective Secretary (Lay)", *Foreign Relations of the United States, 1952–1954. East Asia and the Pacific (in two parts),* Vol.12, part 1, 25 June 1952. https://history.state.gov/historicaldocuments/frus1952-54v12p1/d36/, [2016/10/12].

"Singapore Is the Global City of Opportunity", Ministry of Communications and Information Singapore, 2005. http://www.mci.gov.sg/web/corp/press-room/categories/speeches/content/singapore-is-the-global-city-of-opportunity, [2016/10/12].

"Speech by Chairman of the Delegation of the People's Republic of China, Teng Hsiao-Ping, At the Special Session of the U.N. General Assembly", Beijing: Foreign Languages Press, 10 Apr. 1974. https://www.marxists.org/reference/archive/deng-xiaoping/1974/04/10.htm/, [2016/10/12].

"Speech by Chinese President Xi Jinping to Indonesian Parliament", ASEAN-China Centre, 2 Oct. 2013. http://www.asean-china-center.org/english/2013-10/03/c_133062675.htm, [2016/10/10].

"Speech by Prime Minister Lee Hsien Loong at the 19th Nikkei International Conference on the Future of Asia", Prime Minister's Office Singapore, 26 May 2013. http://www.pmo.gov.sg/mediacentre/speech-prime-minister-lee-hsien-loong-19th-nikkei-international-conference-future-asia/, [2016/10/12].

"Speech by Prime Minister Lee Kuan Yew to the National Press Club in Canberra, Australia, on 16 Apr 86", National Archives of Singapore, 16 Apr. 1986. http://www.nas.gov.sg/archivesonline/data/pdfdoc/lky19860416a.pdf/, [2016/10/12].

"Speech by Takeo Fukuda", *Contemporary Southeast Asia* 2, 1 (1980): 69-73.

"Statement by ASEAN Chair, Singapore's Minister for Foreign Affairs George Yeo in New York, Septenmber 27 2007", Embassy of the Republic of Singapore, Washington, DC. http://www.mfa.gov.sg/content/mfa/overseamission/washington/newsroom/press_statements/2007/200709/press_200709_03.html, [2016/10/12].

"Text of 37th Singapore Lecture 'India's Singapore Story' by Prime Minister Narendra Modi during His Visit to Singapore", 23 Nov. 2013. https://www.iseas.edu.sg/images/event_highlights/37thsingaporelecture/Textof37thSingaporeLecture.pdf, [2016/10/10].

"Thai Army Promises Elections in October 2015", *BBC News*, 28 June 2014. http://www.bbc.com/news/world-asia-28069578, [2016/12/1].

"The ASEAN Economic Community (AEC) 2015: A Guide to the Practical Benefits", Ministry of Trade and Industry Singapore. https://www.mti.gov.sg/MTIInsights/MTIImages/MTI%20AEC%202015%20Handbook.PDF, [2016/10/11].

"The South China Sea, Press Statement, Hillary Rodham Clinton, Secretary of State, Washington, DC", U.S. Department of State, 22 July 2011. http://www.state.gov/secretary/20092013clinton/rm/2011/07/168989.htm/, [2016/10/12].

"The United States' Contribution to Regional Stability: Chuck Hagel", International Institute for Strategic Studies, IISS Shangri-La Dialogue: The Asia Security Summit, 31 May 2014. https://www.iiss.org/en/events/shangri%20la%20dialogue/

archive/2014-c20c/plenary-1-d1ba/chuck-hagel-a9cb/, [2016/10/12].

"Too Much of a Good Thing", *The Economist,* 15 May 2014. http://www.economist.com/news/business/21602241-after-binge-aircraft-buying-and-airline-founding-it-time-sober-up-too-much-good, [2016/10/10].

"Trade (% of GDP)", World Bank. http://www.data.worldbank.org/indicator/NE.TRD. GNFS.ZS, [2016/10/14].

"Trade Statistics of Japan", Ministry of Finance. http://www.customs.go.jp/toukei/info/index_e.htm, [2016/7/11].

"Transcript of Speech by the Prime Minister, Mr. Lee Kuan Yew, on 30th May, 1965, at the Delta Community Centre on the Occasion of its 4th Anniversary Celebrations", National Archives of Singapore, 30 May 1965. http://www.nas.gov. sg/archivesonline/data/pdfdoc/lky19650530a.pdf/, [2016/10/12].

"Vietnam", US Department of State. http://www.state.gov/documents/organization/229305.pdf, [2016/10/14].

"Vietnam: The End of the War. Bloadcast by Malaysia's Minister of Home Affairs, Tan Sri M. Ghazali Shafie 6 May 1975", *Survaival* 17, 4 (1975): 186–8.

"Vietnam's FDI Pledges Dip, but Actual Inflows Jump in 2015", Reuters, 29 Dec. 2015. http://www.reuters.com/article/vietnam-economy-fdi-idUSL3N14J1I120151230, [2016/10/14].

"World Bank Group President Jim Yong Kim Opening Remarks at the Vietnam 2035 Report Launching", World Bank, 23 Feb. 2016. http://www.worldbank.org/en/news/speech/2016/02/23/world-bank-group-president-jim-yong-kim-opening-remarksat-the-vietnam-2035-report-launching, [2016/10/12].

"World Economic Outlook Database", International Monetary Fund. http://www.imf.org/external/data.htm, [2016/7/11].

Abuza, Zachary. "The Smoldering Thai Insurgency", *CTC Sentinel,* 29 June 2015. https://www.ctc.usma.edu/posts/the-smoldering-thai-insurgency, [2016/10/10].

Acharya, Amitav. *Constructing a Security Community in Southeast Asia: ASEAN, and the problem of Regional Order.* London: Routledge, 2001.

_____."ASEAN at 40: Mid-Life Rejuvenation?" *Foreign Affairs,* 15 Aug. 2007 https://www.foreignaffairs.com/articles/asia/2007-08-15/asean-40-mid-life-rejuvenation/, [2016/10/12].

Agence France-Presse. "Indonesia Will Join Trans-Pacific Partnership, Jokowi Telles Obama", *The Guardian,* 27 Oct. 2015. https://www.theguardian.com/world/2015/oct/27/indonesia-will-join-trans-pacific-partnership-jokowi-tells-obama, [2016/10/13].

Allison Laura. *The EU, ASEAN and Interregionalism: Regionalism Support and Norm Diffusion between the EU and ASEAN.* Houndmills: Palgrave, 2015.

Allison, Tony. "Myanmar Shows India the Road to Southeast Asia", *Asia Times*, 21 Feb. 2001. http://www.atimes.com/reports/CB21Ai01.html#top5, [2016/10/13].

Anderson, Benedict R. *Under Three Flags: Anarchism and the Anti-Colonial Imagination*. London: Verso, 2005.

Andrade, Tonio. *The Gunpowder Age: China, Military Innovation, and the Rise of the West in Word History*. Princeton: Princeton Unibersity Press, 2016.

Ang Cheng Guan. Singapore, *ASEAN and the Cambodian Conflict, 1978–1991*. Singapore: NUS Press, 2013.

Annan, Kofi A. and Kishore Mahbubani. "Rethinking Sanctions", *Project Syndicate*, 11 Jan. 2016. https://www.project-syndicate.org/onpoint/rethinking-economic-sanctions-by-kofi-annan-and-kishore-mahbubani-2016-01/, [2016/10/12].

Antonio, Rufino. "We, the People" (Letters to the Editor), *Manila Times*, 11 May 1972.

Arudou, Debito. "Tacle Embedded Racism before It Chokes Japan", *Japan Times*, 1 Nov. 2015. http://www.japantimes.co.jp/community/2015/11/01/issues/tackle-embedded-racism-chokes-japan/, [2016/10/12].

Auger, Timothy. *S.R. Nathan in Conversation*. Singapore: Editions Didier Millet, 2015.

Ba, Alice. *(Re) Negotiating East and Southeast Asia: Region, Regionalism, and the Association of Southeast Asian Nations*. Singapore: NUS Press, 2009.

Baker, Christopher John and Pasuk Phongpaichit. *A History of Thailand*. New York: Cambridge University Press, 2005.

Bastin, John and R. Roolvink, eds. *Malayan and Indonesian Studies: Essays Presented to sir Richard Winstedton his Eighty-fifth Birthday*. Bali: Clarendon, 1964.

Bayuni, Endy M. "SBY, the military Strategist Besieged by War on Two Fronts", *Jakarta Post*, 25 Nov. 2009. http://www.thejakartapost.com/news/2009/11/25/sby-military-strategist-besieged-war-two-fronts.html, [2016/10/10].

Bellwood, Peter S., James J. Fox and D. T. Tryon. *The Austronesians: Historical and Comperative Perspectives*. Canberra: Dept. of Anthropology as Part of the Comperative Austronesian Project, Research School of Pacific and Asian Studies, Australian National University, 1995.

Berggruen, Nicolas and Nathan Gardels. "How the World's Most Powerful Leader Thinks", *Huffinton Post*, 30 Sept. 2015.

Bremmer, Ian. "The New World of Business", *Fortune International*, 22 Jan. 2015. http://fortune.com/2015/01/22/the-new-world-of-business/, [2016/10/12].

Chachavalpongpun, Pavin and Moe Thuzar. *Myanmar: Life after Nargis*. Singapore: Institute of Southeast Asian Studies, 2009.

Chanda, Nayan. *Brother Enemy: The War after the War*. New York: Harcourt, 1986.

Chandra, Siddharath and Timothy Vogelsang. "Change and Inovation in Sugar Production in Cultivation System Java, 1840–1870", *Journal of Economic History*

59, 4 (1998): 885–911.

Chochrane, Joe and Thomas Fuller. "Singapore, the Nation That Lee Kuan Yew Built, Questions Its Direction", *New York Times*, 24 Mar. 2015. http://www.nytimes.com/2015/03/25/world/asia/singapore-the-nation-that-lee-built-questions-its-direction.html, [2016/10/12].

Chongkittavorn, Kavi. "Asean to Push Back New Admission to December", *The Nation* (Bangkok), 30 May 1997.

Christina, Bernadette. "Indonesia's Trade Minister Calls for TPP Membership in Two Years", *Reuters*, 9 Oct. 2015. http://www.reuters.com/article/us-trade-tpp-indonesia-idUSKCN0S312R20151009, [2016/10/13].

Citrinot, Luc, "AEAN for ASEAN: Focus Will Be Given to Strengthening Intra-ASEAN Tourism", ASEAN Travel, 2016. http://asean.travel/2016/01/24/asean-for-asean-focus-will-be-given-to-strengthening-intra-asean-tourism/, [2016/10/10].

Clinton, William J. "Transcript of 'Global Challenges': A Public Address Given by Former US President William J. Clinton at Yale University on October 31. 2003", *YaleGlobal*, 31 Oct. 2003. http://yaleglobal.yale.edu/content/transcript-global-challenges, [2016/10/13].

Cœdès, George. *The Indianized States of Southeast Asia*. Honolulu: East-West Center Press, 1968.

Cohen, Matthew Isaac. "Introduction: Global Encounters in Southeast Asian Performing Arts", *Asian Theatre Journal* 31, 2 (2014): 353–68.

Cotterell, Arthur. *A History of Southeast Asia*. Singapore: Marshall Cavendish (Asia), 2014.

Country Studies/Area Handbook Series, Federal Research Division of the Library of congress. http://countrystudies.us/, [2016/10/12].

Coxhead, Ian, ed. *Routledge Handbook of Southeast Asian Economics*. Abingdon: Routledge, 2015.

Croft-Cusworth, Catriona. "Beware ISIS' Threat to Indonesia", *National Interest*, 24 Mar. 2015. http://nationalinterest.org/blog-the-buzz/beware-isis-threat-indonesia-12472, [2016/10/13].

Dalrymple, William. "The Great & Beautiful Lost Kingdoms", *The New York Review of Books*, 21 May 2015. http://www.nybooks.com/articles/2015/05/21/great-and-beautiful-lost-kingdoms/, [2016/10/12].

Daquila, Teofilo C. *The Economies of Southeast Asia: Indonesia, Malaysia, Philippines, Singapore, and Thailand*. New York: Nova Publishers, 2015.

Das, Sanchita B. "What US-Asean Connect Means for the Region", *Straits Times*, 17 Mar. 2016. http://www.straitstimes.com/opinion/what-us-asean-connect-means-for-the-region, [2016/10/12].

de Miguel, Emilio. "Japan and Southeast Asia: From the Fukuda Doctrine to Abe's Five Principles", UNISCI Discussion Paper 32, May 2013. https://revistas.ucm.es/index. php/UNIS/article/viewFile/44792/42219/, [2016/10/12].

Development Co-operation Directorate (DCD-DAC). http://www.oecd.org/dac/, [2016/10/12].

Dilokwanich, Malinee. "A Study of Samkok: The First Thai Translation of a Chinese Novel", *Journalof the Siam Society* 73 (1985): 77–112.

Dobbs, S. *The Singapore River: A Social History,* 1819–2002. Singapore: Singapore University Press, 2003.

Easen, Nick. "In Asia, a Boom in Low-cost Flights", BBC, 2 Apr. 2012. http://www.bbc. com/travel/story/20120402-low-cost-flights-in-asia-booms, [2016/10/10].

Eisenman, Joshua, Eric Heginbotham and Derek Mitchell, eds. *China and the Developing World: Beijing's Strategy for the Twenty-First Century.* New York: M. E. Sharpe, 2007.

Expansion. "Myanmar: Human Development Index", Country Economy. http:// countryeconomy/hdi/burma, [2016/10/12].

Fallows, James. "A Damaged Culture: A New Philippines?" *The Atlantic,* 1 Nov. 1987. http://www.theatlantic.com/technology/archive/1987/11/a-damaged-culture-a-new-philippines/7414/, [2016/10/13].

Fisher, Charles A. "Southeast Asia: The Balkans of the Orient? A Study in Continuity and Change", *Geography* 47, 4 (1962).

Fitzgerald, C. P. *The Southern Expansion of the Chinese People.* New York: Praeger, 1972.

Fukasaku, Kiichiro, Fukunari Kimura and Shujiro Urata, eds. *Asia & Europe: Beyond Competing Regionalism.* Eastbourne: Sussex Academic Press, 1998.

Fukuzawa Yukichi. "Datsu-A Ron", *Jiji-Shimpo,* 12 Mar. 1885, trans. Sinh Vinh, in *Fukuzawa Yukichi nenkan,* Vol. 11 (Tokyo: Fukuzawa Yukichi kyokai, 1984). Cited in "Fukuzawa Yukichi (1835–1901)", Nishikawa Shunsaku, *Prospects: The Quaterly Review of Comperative Education* 23, 3/4 (1993): 493–506.

Ganesan, N. *Bilateral Tensions in Post-Cold War ASEAN.* Singpore: Institute of Southeast Asian Studies, 1999.

Geertz, Cliford. *Islam Observed: Religious Development in Morocco and Indonesia.* Chicago: University of Chicago Press, 1971.

Giersch, Charles Patterson. *Asian Borderlands: The Transformation of Qing China's Yunnan Frontier.* Cambridge, MA, and London: Harvard University Press, 2006.

Goh Keng Swee, "A Holy Order to Scale New Heights: Dr. Goh Keng Swee's Last Major Speech before Retiring from Politics, 25 September 1984", in *Goh Keng Swee: A Legacy of Public Service,* ed. Emrys Chew and Chong Guan Kwa. Singapore:

World Scientific, 2012.

_____. *The Economics of Modernization*. Singapore: Marshall Cavendish Editions, 2013.

Govaars, Ming. *Dutch Colonial Education: The Chinese Experience in Indonesia, 1900–1942*, trans. Lorre Lynn Trytten. Singapore: Chinese Heritage Centre, 2005.

Government of India. Ministry of Development of Northeastern Region. *Kaladan Multi-Modal Transit Transport Project*, 2014. http://www.mdoner.gov.in/content/introduction-1, [2016/10/12].

Guilmoto, Christophe Z. "The Tamil Migration Cycle, 1830–1950", *Economic and Political Weekly* (16–23 Jan. 1993): 111–20.

Haddad, William. "Japan, the Fukuda Doctrine, and ASEAN", *Contemporary Southeast Asia* 2, 1 (1980).

Hall, D.G.E. *A History of South-East Asia*. London: Macmillan, 1955.

Hall, Kenneth R. "Review: 'Borderless' Southeast Asia Historiography: New Scholarship on the Interactions between Southeast Asia and Its South Asian and Chinese Neighbours in the Pre-1500 Era", *Bijdragen tot de Taal-, Land-en Volkenkunde* 167, 4 (2011).

Hamilton, A. *A New Account of the East Indies,* Vol.2. Edinburgh: John Mosman, 1727.

Harrison, Brian. *South-East Asia, a Short History*. London: Macmillan, 1963. 1st ed., 1954.

Hayipiyawong, N. "The Failure of Peace Negotiation Process between Goverment of Thailand and Revolution National Front (BRN) in Southern Thailand Conflict (Patani)". BA thesis, Universitas Muhammadiyah Yogyakarta, 2014. http://thesis.umy.ac.id/datapublic/t39343.pdf, [2016/10/12].

Higham, Charles. "The Long and Winding Road That Leads to Angkor", *Cambridge Archaeological Journal* 22, 2 (2012).

Hirshman, C. "The Meaning and Measurement of Ethnicity in Malaysia: An Analysis of Census Classifications", *Journal of Asian Studies* 46, 3 (1987): 555–82.

Htway, Thurein Hla. "Military Pqarty Awards Major Projects to Cina", *Nikkei Asian Review,* 13 Jan. 2016. http://asia.nikkei.com/Business/Companies/Military-party-awards-major-projects-to-China, [2016/10/10].

Imagawa, Takeshi. "ASEAN-Japan Relations", *Keizaigaku-Ronsan* 30, 3 (May 1989): 121–42. http://civilisations.revues.org/1664?file=1/, [2016/10/12].

India ASEAN Trade and Investment Relations: Opportunities and Challenges. Delhi: Associated Chambers of Commerce and Industry of India, July 2016. http://www.assocham.org/upload/docs/ASEAN-STUDY.pdf/, [2016/9/29].

Ismile, Latifah. "Factors Influencing Gendar Gap in Higher Education of Malaysia: A University of Malaya Sample". Faculty of Education, University of Malaya, 2014. http://umexpert.um.edu.my/file/publication/00000380_116971.pdf, [2016/10/10].

Jain, Ravindra K. *South Indians on the Plantation Frontier in Malaya*. New Haven and

London: Yale University Press, 1970.

Jalil, Haikal. "Malaysia's Tertiary Education Not up to Par, Says Nurul Izzah", *Sun Daily*, 22 Feb. 2015. http://www.thesundaily.my/news/1335663, [2016/12/1].

_____. *Diplomacy: A Singapore Experience*. Singapore: Straits Times Press, 2011.

Japan External Trade Organisation, "East-Asia Economic Integration and the Roles of JETRO", Ministry of Foreign Affairs of Japan, http://www.mofa.go.jp/region/asia-paci/cambodia/workshop0609/attach5.pdf, [2016/10/12].

Jayakumar, S. *Be at the Table or Be on the Menu*: A Singapore Memoir. Singapore: Straits Times Press, 2015.

Jin Kai. "Building 'A Bridge between China and Europe'", The *Diplomat*, 23 Apr. 2014. http://thediplomat.com/2014/04/building-a-bridge-between-china-and-europe/, [2016/10/12].

Jing Sun. *Japan and China as Chram Rivals: Soft Power in Regioal Diplomacy*. Ann Arbor: Univercity of Michigan Press, 2012.

Jones, Lee. ASEAN, *Sovereighnty and Intervention in Southeast Asia*. Houndmills: Palgrave Macmillan, 2012.

Joseph, C. and J. Matthews, eds. *Equity, Opportunity and Education in Postcolonial Southeast Asia*. New York: Routledge, 2014.

Kausikan, Bilahari. "The Ages of ASEAN", in *The Inclusive Regionalist: A Festschrft Dedicated to Jusuf Wanandi*, ed. Hadi Soesastro and Clara Joewono. Jakarta: Centre for Strategic and International Studies, 2007.

_____. "Hard Truths and Wishful Hopes about the AEC", *Straits Times*, 2 Jan. 2016.

_____. "Standing up to and Getting Along with China", *Today*, 18 May 2016. http://www.todayonline.com/chinaindia/stnading-and-getting-along-china/, [2016/12/12].

Keown, Damien. *A Dictionary of Buddhism*. Oxford: Oxford University Press, 2004.

Khoman, Thanat. "Which Road for Southeast Asia?" *Foreign Affairs* 42, 4 (1964).

_____. "ASEAN Conception and Evolution", ASEAN, 1 Sept. 1992. http://asean.org/?static_post=asean-conception-and-evolution-by-thanat-khoman/, [2016/10/12].

Khoo Boo Teik. *Paradoxes of Mahathirism: An Intellectual Biography of Mahathir Mohamad*. Kuala Lumpur: Oxford University Press, 1995.

Kim, Jim Yong. "Lessons from Vietnam in a Slowing Global Economu", *Straits Times*, 24 Feb. 2016. http://www.straitstimes.com/opinion/lessons-from-vietnam-in-a-slowing-global-economy, [2016/10/14].

Knight, Nick. *Understanding Australia's Neighbours: An Introduction to East and Southeast Asia*. New York: Cambridge University Press, 2011.

Koh, Tommy T. B., Rosario G. Manalo and Walter C.M. Woon. *The Making of the ASEAN Charter*. Singapore: World Scientific, 2009.

Kristof, Nicholas D. "China Sees Singapore as a Model for Progress", *New York Times*, 9

Aug. 1992. http://www.nytimes.com/1992/08/09/weekinreview/the-world-china-sees-singapore-as-a-model-for-progress.html/, [2016/10/12].

Lee, Cassey and Thee Kian Wie. "Southeast Asia: Indonesia and Malaysia", in *Routledge Handbook of the History of Global Economic Thought,* ed. Vincent Barnett. Abingdon: Routledge, 2014, pp.306–14.

Lee Kuan Yew. "Speech by the Prime Minister, Mr. Lee Kuan Yew, at the Commonwealth Heads of Government Meeting in London on Wednesday, 8 June 1977. http://www.nas.gov.sg/archivesonline/data/pdfdoc/lky19770608.pdf/, [2016/10/12].

_____. *From Third World to First: The Singapore Story, 1965–2000,* Vol.2. Singapore: Marshall Cavendish, 2000.

Lim, Catherine. "An Open Letter to the Prime Minister", 7 June 2014. http://catherinelim.sg/2014/06/07/an-open-letter-to-the-prime-minister/, [2016/10/14].

Lim, Linda. "The Myth of US-China Economic Competition", *Straits Times,* 16 Dec. 2015. http://www.straitstimes.com/opinion/the-myth-of-us-china-economic-competition, [2016/10/13].

Lockard, Craig A. *Southeast Asia in World History.* Oxford University Press, 2009.

Lopez, Greg. "Malaysia: A Simple Institutional Analysis", *Malaysia Today,* 22 Aug. 2011. http://www.malaysia-today.net/malaysia-a-simple-institutional-analysis/, [2016/10/13].

Lubis, Mila. "Indonesia Remains the 2nd Most Optimistic Country Globally", Nielsen, 30 May 2015. http://www.nielsen.com/id/en/press-room/2015/indonesia-remains-the-2nd-most-opyimistic-country-globally.html/, [2016/10/12].

Luong, Dien. "Why Vietnam Loves the Trans-Pacific Partnership", *The Diplomat,* 16 Mar. 2016.

Macaranas, Bonifacio S."Feudal Work Systems and Poverty: The Philippine Experience",International Labour and Employment Relations Association, 2009. http://www.ilera-directory.org/15thworldcongress/files/papers/Track_4/Poster/CS2T_2_MACARANAS.pdf, [2016/10/13].

MacKinnon, Ian and Mark Tran. "Brown Condemns 'Inhuman' Burma Leaders over Aid", *The Guardian,* 17 May 2008. https://www.theguardian.com/world/2008/may/17/cyclonenargis.burma2, [2016/10/12].

Mahathir bin Mohamad. "Look East Policy: The Challenges for Japan in a Globalized World", Ministry of Foreign Affairs of Japan, 12 Dec. 2002. http://www.mofa.go.jp/region/asia-paci/malaysia/pmv0212/speech.html/, [2016/10/12].

Mahbubani, Kishore. *Beyond the Age of Innocence: Rebuilding Trust between America and the World.* New York: Public Affairs, 2005.

_____. *The New Asian Hemisphere: The Irresistble Shift of Global Power to the East.*

New York: Public Affairs, 2008.

_____. "Autstralia's Destiny in the Asian Century: Pain or No Pain?" *Australian National University,* 31 July 2012. https://asiapacific.anu.edu.au/researchschool/ emerging_asia/papers/Mahbubani_fainal.pdf/, [2016/10/12].

_____. "Why Singapore Is the World's Most Successful Society", *Huffington Post,* 4 Aug. 2015. http://www.huffington.com/kishore-mahbubani/singapore-world-successful-society_b_7934988.html, [2016/10/12].

_____. "Here's How the EU Should Start to Think Long-Term", *Europe's World,* 26 Nov. 2015. http://europesworld.org/2015/11/26/heres-how-the-eu-should-start-to-think-long-term/, [2016/10/12].

Mahbubani, Kishore and Lawrence H. Summers. "The Fusions of Civilizations", *Foreign Affairs,* May–June 2016.

Manguin, Pierre Yves, A. Mani and Geoff Wade. *Early Interactions between South and Southeast Asia: Reflections on Cross-cultural Exchange.* Singapore: Institute of Southeast Asian Studies, 2011.

Martynova, Elena S. "Strengthening of Cooperation between Russia and ASEAN: Rhetoric or Reality?" *Asian Politics & Policy* 6, 3 (2014): 397–412.

McCaskill, Don N. and Ken Kample. *Development or Domestication?" Indigenous Peoples of Southeast Asia.* Chiang Mai: Silkworm Books, 1997.

McDougall, DereK. *The International Poitics of the New Asia Pacific.* Singapore: Institute of Southeast Asian Studies, 1997.

McEvedy, Colin and Richard Jones. *Atlas of World Population History.* Harmondsworth: Penguin, Penguin, 1978.

Miksic,John N. *Historical Dictionaries of Ancient Civilizations and Historical Eras, No. 18.* Lanham: Scarecrow Press, 2007.

Morgan, David O. and Anthony Reid, eds. *The New Cambridge History of Islam,* Vol.3: *The Eastern Islamic World, Eleventh to Eighteenth Centuries.* Cambridge: Cambridge University Press, 2010.

Muhammad Amin B., Mohammad Rahim K. and Geshina Ayu M. S. "A Trend Analysis of Viol3lent Crimes in Malaysia", *Health and the Environmental Journal* 5, 2 (2014).

Nair, Deepak. "A Strong Secretariat, A Strong ASEAN? A Re-evaluation". *ISEAS Perspective,* 2016. https://www.iseas.edu.sg/images/pdf/ISEAS_Perspective_2016_8.pdf, [2016/10/10].

Nandy, Ashis. *The Intimate Enemy: Loss and Recovery of Self under Colonialism.* New Delhi: Oxford University Press, 1988.

Nelson, Dean. "India to Open Super Highway to Burma and Thailand", *The Telegraph,* 29 May 2012. http://www.telegraph.co.uk/news/worldnews/asia/india/9297354/

India-to-open-super-highway-to-Burma-and-Thailand.html, [2016/10/13].

Nicol, Jim. *Soviet Views of the Association of Southeast Asian Nations: An Examination of Unclassified Soviet Sources.* Washington, DC: Federal Research Division for the Library of Congress, 1985.

Nye Joseph. *Peace in Parts: Integration and Conflict in Regional Organization.* Boston: Little, Brown, 1971.

Oberman, Raoul, Richard Dobbs, Arief Budiman, Fraser Thompson and Morten Rosse. "The Archipelago Economy: Unleashing Indonesia's Potential", McKinsey & Company. http://www.mckinsey.com/insights/asia-pacific/the_archipelago_economy, [2016/10/13].

Ooi Kee Beng. *In Lieu of Ideology: The Intellectual Biography of Goh Keng Swee.* Singapore: World Scientific, 2013.

O'Reilly, Dougald J. W. *Early Civilizations of Southeast Asia.* Lanham: AltaMira Press, 2007.

Ortuoste, Maria Consuelo C. "Internal and External Institutional Dynamics in Member-States and ASEAN: Tracing Creation, Change and Reciprocal Influences". PhD dissertation, Arizona State University, 2008. http://gradworks.umi.com/33/27/3327250.html, [2016/10/10].

Osborne, Milton E. *Southeast Asia: An Introductory History.* St Leonards: Allen & Unwin, 1997.

Overholt, William H. "The Rise and Fall of Ferdinand Marcos", *Asian Survey* 26, 11 (1986): 1137-63.

Page, John. "The East Asian Miracle", in *NBER Macroeconomics Annual 1994*, Vol.9, ed. Stanley Fischer and Julio J. Rotemberg. Cambridge: MIT Press, 1994.

Pedrosa, Carmen Navarro. *Imelda Marcos: The Rise and Fall of One of the World's Most Powerful Women.* New York: St. Martin's Press, 1987.

Peffer, Nathaniel. "Regional Security in Southeast Asia", *International Organizations* 8, 3 (1954): 311-5.

Pimpa, Nattavud. "Amazing Thailand: Organizational Culture in the Thai Public Sector", *International Business Research* 5, 11 (16 Oct. 2012). http://www.ccsenet.org/journal/index.php/ibr/article/view/21408/13905, [2016/10/12].

Pinker Steven. *The Better Angel of Our Nature: Why Violence Has Declined.* New York: Viking, 2011.

Pires, Tome. *Suma Oriental of Tome Pires: An Account of the East, from the Red Sea to China, Written in Malacca and India in 1512-1515,* ed. and trans. Armando Cortesao. New Delhi: Asian Educational Services, 2005 (originally pubilshed by Hakluyt Society, 1944).

Pollock, Sheldon I. *The Language of the Gods in the World of Men: Sanskrit, Culture, and Power in Premodern India.* Berkley: University of Colifornia Press, 2006.

Rajaratnam, S. "ASEAN: The Way Ahead", ASEAN, 1 Sept. 1992. http://asean. org/?static_post=asean-the-way-ahead-by-s-rajaratnam/, [2016/10/12].

Rannan-Eliya, Ravi P. "Achieving UHC with Limited Fiscal Resources: Lessons for Emerging Economies", Speech, Ministerial Meeting on Universal Health Coverage (UHC): The Post-2015 Challenge, Singapore, 2015. https://www.moh.gov.sg/content/ dam/moh_web/PressRoom/Highlights/2015/Universal Health Coverage/Session 2 Slides 3 Rannan-Eliya.pdf, [2016/10/14].

Ravenhill, John. *APEC and the Construction of Pacific Rim Regionalism.* Cambridge: Cambridge University Press, 2011.

Reid, Anthony. *Southeast Asia in the Age of Commerce: 1450–1680.* New Haven: Yale University Press, 1988.

_____. *Charting the Shape of Early Modern Southeast Asia.* Chiang Mai: Silkworm Books, 2000.

_____. *Imperial Alchemy: Nationalism abd Political Identity in Southeast Asia.* Cambridge: Cambridge University Press, 2010.

Ressa, Maria. "Indonesia's Tom Lembong: 'Let's Move Away from Playing Games'", *Rappler,* 20 Nov. 2015. http://www.rappler.com/thought-leaders/113434-indonesia-minister-tom-lembong-trade-politics, [2016/10/10].

Romeo, Alex. "Duterte to Talk with China on Sea Depute If …", *Philstar,* 23 May 2016. http://www.philstar.com/headlines/2016/05/23/1586122/duterte-talk-china-sea-dispute-if…/, [2016/10/12].

Roth, Kenneth. "Rights Struggles of 2013", Human Rights Watch, 2014. https://www.hrw. org/world-report/2014/essays/rights-struggles-of-2013, [2016/10/13].

Roy, Sourav. "ASEAN: What's That and Who Cares? Certainly Not the Common Man in Asia", *Huffington Post,* 9 Oct. 2013. http://www.huffingtonpost.com/sourav-roy/ asean-whats-that-and-who-cares_b_3894984.html, [2016/10/13].

Safire, William.. "Essay; Singapore's Fear", *New York Times,* 20 July 1995. http://www. nytimes.com/1995/07/20/opinion/essay-singapore-s-fear.html, accessed 14 Oct. 2016.

_____. "Essay; The Dictator Speaks", *New York Times,* 15 Feb. 1999. http://www. nytimes.com/1999/02/15/opinion/essay-the-dictator-speaks.html, [2016/10/14].

Sakonhninhom, Malayvieng. "Flagships and Activities of ASEAN-ISIS", ASEAN Regional Forum, Mar. 2007. http://aseanregionalforum.asean.org/files/Archive/14th/ARF_ Inter-sessional_Support_Group/Anns/asia/1997-07-01/indonesia-ex(34).pdf, [2016/10/10].

Schwarz, Adam. "Indonesia after Suharto", *Foreign Affairs,* July/Aug. 1997. https://www. foreignaffairs.com/articles/asia/1997-07-01/indonesia-after-suharto/, [2016/10/12].

Sen, Amartya. *The Argumentative Indian: Writings on Indian History, Culture, and*

Identity. New York: Farrar, Straus and Giroux, 2005.

Severino, Rodolfo C. *Southeast Asia in Search of an ASEAN Community: Insights from the Former ASEAN Secretry-General*. Singapore: ISEAS Publishing, 2006.

Sjöholm, Fredrik. "Foreign Direct Investments in Southeast Asia". IFN Working Paper No.987. Stockholm: Research Institute of Industrial Economics, 2013.

Sng, Jeffery and Pimpraphai Bisalputra. *Bencharong & Chinawares in the Court of Siam*. Bangkok: Chawpipope Osathanugrah, 2011.

_____. *A History of the Thai-Chinese*. Singapore: Editions Didier Millet, 2015. Sridharan, Kripa and T.C.A. Srinivasa-Raghavan. *Regional Cooperation in South Asia and Southeast Asia*. Singapore: ISEAS, 2007.

Storey, Ian. "Thailand's Post-Coup Relations with China and America: More Beijing, Less Wshington", *Trends in Southeast Asia* 20. Singapore: ISEAS-Yusof Ishak Institute, 2015.

Stuart-Fox, Martin. *A Short History of China and Southeast Asia: Tribute, Trade and Influence*. Crows Nest: Allen & Unwin, 2003.

Subrahmanyam, Sanjay. *The Career and Legend of Vasco Da Gama*. Cambridge: Cambridge University Press, 1997.

Sullivan, Michael. "Ask the Vietnamese about War, and They Think China, Not the U.S.", *NPR*, 1 May 2015. http://www.npr.org/sections/parallels/2015/05/01/402572349/ask-the-vietnamese-about-war-and-they-think-china-not-the-u-s/, [2016/12/12].

Suryadinata, Leo, ed. *Admiral Zheng He & Southeast Asia*. Singapore: Institute of Southeast Asian Studies, 2005.

Tagliacozzo, Eric. *Secret Trades, Porous Borders: Smuggling and States along a Southeast Asian Frontier, 1865-1915*. New Haven: Yale University Press, 2005.

Tan Sri Abdullah Ahmad. *Conversations with Tunku Abdul Tahman*. Singapore: Marshall Cavendish (Asia), 2016.

Tarling, Nicholas. *A Concise History of Southeast Asia*. New York: Praeger, 1966.

_____. ed. *The Cambridge History of Southeast Asia*, Vol.1: From Early Times to c. 1800. Cambridge: Cambridge University Press, 1992.

_____. *The Cambridge History of Southeast Asia*, Vol.2: *The Nineteenth and Twentieth Centuries*. Cambridge: CambridgeUniversity Press, 1992.

Techakanont, Kriengkrai. "Thailand Automotive Parts Industory", in *Intermediate Goods Trade in East Asia: Economic Deepening through FTAs/EPAs, BRC Research Report No.5*, ed. M. Kagami. Bangkok: Bangkok Research Centre, IDE-JETRO, 2011.

Termsak Chalermpalanupap. "In Defence of the ASEAN Charter", in *The Making of the ASEAN Charter*, ed. T. Koh, R. G. Manalo and W. C. Woon. Singapore: World Scientific, 2009, pp.117-136.

Thayer, Phillip Warren, ed., *Southeast Asia in the Coming World*. Baltimore: Johns Hopkins Press, 1971.

Theparat, Chatrudee. "Tokyo to Help with East-West Rail Link", *Bangkok Post*, 28 Jan. 2015. http://www.bangkokpost.com/news/general/460975/tokyo-to-help-with-east-west-rail-link/, [2016/10/12].

Trotman, Andrew. "Angela Merkel: Greece Should Never Have Been Allowed in to the Euro", *The Telegraph*, 27 Aug. 2013. http://www.telegraph.co.uk/finance/financialcrisis/10269893/Abgela-Merkel-Greece-should-never-have-been-allowed-in-the-euro.html/, [2016/10/12].

Tun Razak, "Our Destiny", Straits Times, 7 Aug. 1968. http://eresources.nlb.gov.sg/newspapers/Digitised/Article/straitstimes19680807-1.2.3.aspx/, [2016/10/12].

United Nations Conference on Trade and Development Statistics. http://unctadstat.unctad.org/, [2016/4/9].

van Leur, Kacob Corneilis. *Indonesian Trade and Society: Essays in Asian Social and Economic History*. The Hague: W. Van Horve, 1967.

Var, Veasna. "Cambodia Should Be Cautious When It Comes to Chinese Aid", *East Asia Forum, 9* July 2016. http://www.eastasiaforum.org/2016/07/09/cambodia-should-be-cautious-when-it-comes-to-chinese-aid/, [2016/10/13].

Vines, Stephen. "Vietnam Joins ASEAN Grouping", *The Independent*, 29 July 1995. http://www.independent.co.uk/news/world/vietnam-joins-asean-grouping-1593712.html, [2016/10/14].

Viviano, Frank. "China's Great Armanda, Admiral Zheng He", *National Geographic*, July 2005. http://ngm.nationalgeographic.com/features/world/asia/china/zheng-he-text/, [2016/10/12].

Walton, Gregory. "Sarcasm Gives Call Centres in Manila the Edge", *The Telegraph*, 9 Mar. 2015. http://www.telegraph.co.uk/news/newtopics/howaboutthat/11460424/Sarcasm-gives-call-centres-in-Manila-the-edge.html, [2016/10/13].

Wanandi, Jusuf. *Shades of Grey: A Political Memoir of Modern Indonesia 1965-1998*. Singapore: Equinox Publishing, 2012.

Wang Gungwu. "Ming Foreign Relations: Southeast Asia", in *The Cambridge* History of China, ed. Denis Twitchett. Cambridge: Cambridge University Press, 1998.

_____. "Singpore's 'Chinese Dilemma' as China Rises", *Straits Times*, 1 June 2015.

Wang Gungwu and Ooi Kee Beng. *The Eurasian Core and Its Edges: Dialogues with Wang Gungwu on the History of the World*. Singapore: Institute of southeast Asian Studies, 2014.

Weatherbee, Donald. *International Relations in Southeast Asia: The Struggle for Autonomy*, 2nd ed. Plymouth: Rowman & Littlefield, 2009.

Weidenbaum, Murray. *One-Armed Economist: On the Intersection of Business and*

Government. New Brunswick and London: Transaction Publishers, 2005.

Weiss, Thomas G., D. Coner Seyle and Kelsey Coolidge. "The Rise of Non-State Actors in Global Governance: Opportunities and Limitations". One Earth Future Foundation, 2013. http://acuns.org/wp-content/uploads/2013/11/gg-weiss.pdf, [2016/10/13].

Wertheim, W.F. *Indonesian Society in Transition: A Study of Social Change.* The Hague: W. Van Hoeve, 1959.

Wichberg, E. *Early Chinese Economic Influence in rhe Philippines, 1850–1898.* Lawrence: Center for East Asian Studies, University of Kansas, 1962.

Wilkinson, R. J. "The Capture of Malacca, A. D. 1511", *Jornal of the Straits Branch of the Royal Asiatic Society* 61 (1912): 71–6.

Wolf Martin. "Donald Trump Embodies How Great Republics Meet Their End", *Financial Times,* 2 Mar. 2016. http://www.ft.com/cms/s/2/743d91b8-df8d-11e5-b67f-a61732c1d025.html#axzz4Kxj87a3R/, [2016/10/12].

Woon, Walter C. M. *The ASEAN Charter: A Commentary. Singapore*: NUS Press, 2015.

Wright Robin. "How the Curse of Sykes-Picot Still Haunts the Middle East", *New Yorker,* 20 Apr. 2016. http://www.newyorker.com/news/news-desk/how-the-curse-of-sykes-picot-still-haunts-the-middle-east/, [2016/10/12].

Xi Jinping, "Promote Friendship between Our People and Work Together to Build a Bright Future", 7 Sept. 2013. http://www.fmprc.gov.cn/mfa_eng/wjdt_665385/zyjh_665391/t1078088.shtml, [2016/11/9].

Xuanzang, *The Great Tang Dynasty Record of the Western Regions,* trans. Li Rongxi. Berkley: Numata Center for Buddhist Translation and Research, 1995.

Yegar, Moshe. *The Muslims of Burma: A Study of a Minority Group.* Wiesbaden: Otto Harrassowitz, 1972.

Yu, Sheng, Hsiao Chink Tang and Xu Xinpeng. "The Impact of ACFTA on People's Republic of China-ASEAN Trade: Estimates Based on an Extended Gravity Model for Component Trade", Asian Development Bank, July 2012. https://www.adb.org/contact/tang-hsiao-chink, [2016/10/12].

Zaccheus, Melody. "Five Things to Know about the New Indian Heritage Centre", *Straits Times,* 8 May 2015. http://www.straitstimes.com/singapore/five-things-to-know-about-the-new-indian-heritage-centre/, [2016/10/12].

Zakaria, Fareed. "America's Self-destructive Whites", *Washington Post,* 31 Dec. 2015. https://www.washingtonpost.com/opinions/americas-self-destructive-whites/2015/12/31/5017f958-afdc-11e5-9ab0-884d1cc4b33e_story.html/, [2016/10/12].

Zhao, Hong. "China-Myanmar Energy Cooperation and Its Regional Implications", *Journal of Current Southeast Asian Affairs* 30, 4 (2011): 89–109. http://journals.sub.uni-hamburg.de/giga/jsaa/article/view/502, [2016/10/14].

Zheng Bijian. "China's 'Peaceful Rise' to Great-Power Status", *Foreign Affairs,* Sept./Oct.

2005. https://www.foreignaffairs.com/articles/asia/2005-09-01/chinas-peaceful-rise-great-power-status/, [2016/10/12].

Zheng Yongnian and John Wong, eds. *Goh Keng Swee on China: Selected Essays.* Singapore: World Scientific, 2012.

訳者あとがき

　原著者の一人キショール・マブバニは、シンガポールの元外交官（外務次官・国連大使など歴任）で、アジア地域の台頭とその価値観の優秀性を標榜し、欧米流の自由民主主義の優越に対抗しようとするリー・クアンユーを筆頭とする世にいう「シンガポール学派」の代表的論客の一人である。シンガポール国立大でキショールとともに哲学を学んだジェフェリー・スンは、米コーネル大で東南アジア研究の学位とタイ人の妻を得て、タイの華人についての共著をものしている。キショールは、現在も著作物やウェブ上で活発に論考を発表しており、その代表作には、『Can Asians Think?』（1998 年、本邦未訳）、『「アジア半球」が世界を動かす：新世紀亜細亜地政学』（2009 年、邦訳 2010 年、日経 BP社）、および『大収斂：膨張する中産階級が世界を変える』（2013 年、邦訳 2015年、中央公論新社）などがある。書店に並んだこれら著作の惹句にはしばしば「歯に衣を着せぬ」「挑発的な」「識見豊かな」などの修飾語が用いられてきた。これは明らかにキショールらが自説に対する確固たる信念と自負を抱いているがゆえに、その論調において非妥協的かつ挑戦的でありがちなためであろう。こうした業績を反映して、キショールは単にシンガポールの、あるいはさらにASEAN 域内の代表的論客であるにとどまらず、2005 年には『フォリン・ポリシー』誌によって、世界の代表的知識人 100 人のうちの 1 人に数えられている。

　周知のごとく、1967 年に海洋部東南アジア 5 ヵ国（インドネシア、マレーシア、フィリピン、シンガポールおよびタイ）が東南アジア諸国連合（Associationof Southeast Asian Nations: ASEAN）を創設したとき、これら諸国は欧米の植民地支配から解放されて日が浅く、域内諸国間の関係は、これら諸国と植民地本国との関係よりはるかに疎遠であった。しかも、タイを除くこれら諸国すべてを巻き込んだ地域紛争（マレーシア紛争）がどうやら終結したのはわずか 1年前のことでしかなかった。とりわけこの一大地域紛争の核心をなしたインドネシアは「対決外交」（Konfrontasi）を標榜し、マレーシアに対する武力行使

さえも辞さなかったのである。当然ながら、これら諸国間の相互不信感は
ASEAN 結成によっても解消されはしなかった。

　かくして、草創期の ASEAN は、一方では中ソなど国際共産主義の影響下
にあった現地共産党による反対ゲリラへの警戒、他方では Konfrontasi の再燃
だけは避けなければという恐怖観念を通奏低音としており、いわば「存続する
こと自体が目的」であるとさえ酷評されるような状態であった。その意味で、
しばしば欧米諸国からの批判の対象とされてきた「加盟諸国間の内政不干渉」
や「コンセンサス方式による意思決定」という "ASEAN Way" の二大原則は、
草創期の宿命的脆弱性を養生するいわば「政治的ギプス」として必要不可欠だ
ったのである。しかし、ASEAN の成熟が達成されるにいたって、これら二大
原則は機構としての意思決定を遅延させ、行動の自由を阻害する「拘束衣」と
して逆機能に陥るケースが頻出するにいたった。実際、設立当初には、域外に
のみならず、域内にも ASEAN の先行きを危ぶむ見解が支配的であったといっ
っても過言ではない。ASEAN は、しかし、見事に発展を遂げ、EU に次いで
有効な地域協力機構としての国際的評価を確立して現在にいたっている。

　本書は、東南アジアという地域の歴史的・地政学的特徴を分析し、地域協力
機構としての ASEAN がもたらした成果を論じ、その長所と短所を論じてい
る。筆者らは本論冒頭で、現代世界を覆う悲観主義に対して ASEAN は三つ
の局面で顕著な成果をあげることで現在進行中の「奇跡」を体現していると強
調する。すなわち、(1)「文明の衝突」に象徴される文化的悲観主義と対照的に、
ASEAN が域内の民族・宗教・言語的多様性を克服することで短期間に域内 6
億の民を貧困と混乱から救出したこと、(2)欧米の凋落に象徴される経済的悲
観主義と対照的に、東南アジア地域では、ASEAN への期待に支えられて楽観
主義が高揚していること、そして、(3)米中対峙に象徴される地政学的悲観主義
と対照的に、ASEAN は主要諸大国に対話の場を提供してきたことがこれであ
る。

　筆者らは、読者が ASEAN を的確に理解するためには、これをめぐる三つ
の特性を念頭におくことが不可欠であると指摘する。第一は、ASEAN の弱体
さが影響力の基盤であるという逆説的状況である。米中など主要大国が一連の
地域的安全保障アーキテクチャーにおける ASEAN のイニシアティブを容認

するのは、ASEANが彼らを脅かすような力量を欠いているからである。第二に、東南アジアは世界の他地域に類例を見ないほどの政治・経済・文化的な多様性（異質性）ゆえに、地域協力にとって不毛な土壌であり、歴史の先例に照らせば、ASEANはいわば挫折が運命づけられていたという現実である。そして第三に、地域協力の可能性に対して懐疑的な論調に対しては、ASEANが達成した成功物語が他の地域（たとえば中東）で実現したらと想起すれば、そのインパクトの巨大さを思い描くことが可能であろうと説いている。さればこそ本書は、ASEANに対する十分な理解がASEANにとってのみならず、欧米諸国にとっても国益にかなうと繰り返し強調しているのである。本書の執筆意図については原著者らのまえがきが雄弁に語っており、これ以上の多弁を要すまい。ここでは、キショールらの特徴的な論調に注目し、これとの関連でASEANという地域機構の特性を概観しておきたい。

　一つは、本書で多用される文脈として、「理論的には……。ところが実際には……」という対比がある。その趣旨は、欧米論壇の常識的見解が想定する結論とは対照的に、ASEANはこれを裏切る形で成果を上げてきたという現実を強調することにある。加えて、こうした二項対立的な論調は、ASEANという機構自体、およびこれが立脚する行動原理たる"ASEAN Way"がいわば「パラドックスの集合体」であるという現実を反映している。弱小諸国の連合体たるASEANが、米中日など大国を含む広域アジアで一連の政治・安全保障アーキテクチャー（ASEAN地域フォーラム・ASEAN国防相会議プラス・東アジア首脳会議など）を主導する、いわゆる「ASEANの中心性」はその象徴的な表現であった。国際関係に関する理論という文脈でいえば、米中日を含む広域アジアにおいて「対話に基づく信頼・安全保障醸成」という営為は、いわゆる「構成主義者」の主張に沿うものである。ところが、ASEAN諸国政府は、まさしく「現実主義者」であるがゆえに構成主義的戦略を追求してきたのである。というのは、力が左右する国際社会において大国のパワーのままに操作されることを回避するためには、対話や規範に基盤を置く構成主義路線によることが不可欠だからである。「現実主義者が推進する構成主義路線」というパラドックスは、決して偶然の産物でも、恣意的な選択でもなく、いわば必然的な政策上の選択だったのである。

訳者あとがき　287

もう一つは、欧米諸国（さらには中国）は、ASEANの役割と価値とを十分に学ぶべきであるという助言が繰り返し登場することである。確かに、欧米諸国はASEANの非民主性に批判的で、その成功物語を軽視する傾向にあり、中国は短期的な視点からASEANの分断を図ろうとする傾向があるが、いずれも長期的な国益を損なうと知るべきであるというのである。

　ただし、見落としてならないことは、「ASEANの中心性」も域外諸国からの理解と支援という前提が不可欠な状況であって、ASEANが米中を含む諸大国を操作しつつある状況とみなすのは、その実力を誇大に評価する過ちを犯すことにほかならず、いわば「夜郎自大」との誇りを受けかねないという事実である。米中両国は、相互不信のゆえに、他方が主宰するフォーラムには抵抗感があるが、ASEANのような弱体な第三国が提供する対話メカニズムにはこうした警戒を抱くことなく参加し得る。言いかえれば、域外大国は自国にメリットがある限りにおいて「ASEANが運転席につく」ことを許容しているのであって、これが不利益をもたらすことになればいつでも無視あるいは忌避しうる便宜的なツールとみなしているにすぎない。かつて、「ASEANがバスの運転席に座ることは認めるが、われわれ乗客はバスの目的地を尋ねる権利がある」と主張したインドの対応は象徴的であった。

　これらは、いわばASEANの成功物語ともいうべき側面にスポットライトを当てたものといえるが、筆者らは、この反面、ASEANの弱点にも目配りを怠らず、結論部分では三つの方向での軌道修正を図るべきであると示唆している。すなわち、(1)ASEANが——EUにおける独仏両国のような——「本来的な守護者」を擁すること、(2)ASEANにおける制度化の推進、そして、(3)ASEANに対する域内の人々の「当事者意識」の育成である。問題は、こうした軌道修正がそれぞれ難題をはらんでおり、容易には実現され得ない課題だという点にある。

　たとえば、「本来的守護者」という勧告をめぐっては、隣接する「南アジア地域協力機構」（SAARC）においては人口・軍事・経済的パワーにおいてインドのパワーが不釣り合いなほど巨大であるために、対等な諸国の地域協力という様相を損なっている実態が想起されるべきである。逆に、ASEANの成功は「域内大国インドネシアを"飼いならしたこと"」にあったとする指摘もある。

要するに、突出した域内大国の存在はかえって域内協力を阻害する虞^{おそれ}なしとしないのである。実際、民主化先進国となったインドネシアが域内守旧派諸国の執拗な抵抗に直面して ASEAN そのものへの幻滅感を抱き、「ASEAN 以後」を語る論調が浮上したのはごく最近のことであった。

第二の制度化の促進という方向については、加盟諸国の間に EU 型の超国家主義路線への本来的な警戒心が消えていないという実態がある。ASEAN はその正式名称が示すように「国家の協議体」であり、加盟国は自らの国益追求のために地域協力に努めはするが、地域利益のための国益（主権）を犠牲にする意欲には乏しいのが現実である。ASEAN の強化のためには事務局機能の補強が必要であると指摘されて久しいが、ほとんどの加盟国は強力な事務局が加盟国の主権や国益に抵触するほどの機能を発揮することには一貫して懐疑的であった。

欧州諸国が「欧州連合」（EU）を創設するに際し、国家主権を――放棄しないまでも――制約しプールするという超国家主義的統合を目指したのと対照的に、ASEAN 諸国が採用したのは加盟各国の主権と国益を最大限維持・擁護するという「緩やかな地域主義」であり、公然とあるいは暗黙の裡^{うち}に制度化を抑制してきた。実際、ローマ（1957 年―本文 7 部全 357 条）・ブリュッセル（1965 年）・マーストリヒト（1992 年）・アムステルダム（1997 年）・リスボン（2007 年）と数次にわたる詳細な条約改定を経て機構の整備と加盟国の権利義務を法制化してきた EU と対照的に、ASEAN はわずか 500 語前後の政治宣言たる「バンコク宣言」に立脚して設立されたのである。

第三に、域内諸国民に ASEAN を自らの財産だと認識する当事者意識を定着させるために、小中学校の教科書に ASEAN の項目を設けることや、各国大使館に自国旗とならんで ASEAN 旗を掲揚するという筆者らの提案は、容易に実現でき、かつ一定の効果も期待できると思われる。とはいえ、域内の人々の当事者意識を求めるのであれば、これら人々の発言権が十分に尊重されることが不可欠な前提となろう。「人々の ASEAN」という目標が射程に入ったのは 2007 年の賢人会議（EPG）による「ASEAN 憲章」起草が契機であったが、域内では絶対王政・一党独裁をふくむ強権支配が多数を占めているという現実との乖離^{かいり}は侮りがたいものがある。象徴的にも、保守派政府が固執する

訳者あとがき　289

「人々に向き合う ASEAN」（People-oriented ASEAN）と域内の進歩的市民社会集団が求める「人々が中心をなす ASEAN」（People-centered ASEAN）という二つの概念の間で微妙だが執拗な角逐が解消されないままである。

　最後に、本書はその冒頭と結論部分で、ASEAN はアジア太平洋地域の発展途上諸国の安定と平和、そして経済発展に向けて刮目すべき成果を蓄積してきたことに鑑み、「ASEAN にノーベル平和賞を」という野心的な提言を示している。日本をふくむアジアにおける一般的な認識では、EU は、キリスト教文明を共有する先進諸国間の長期にわたる和解と協力という歴史的基盤の上に生成発展してきた。これと対照的に、ASEAN は民族・宗教・言語などの顕著な多様性という地域協力にとって不毛な土壌に根を下ろしながら、営々たる努力によって、域内諸国間の平和と和解や目覚ましい経済発展という成果を上げてきたというのが本書の基調であり、ノーベル平和賞に値するというのである。本書が刊行された 2017 年は ASEAN 創設 50 周年にあたっており、これを期してノーベル平和賞をというのが筆者らの信念と自負を反映した提言であったろう。しかし、2017 年には世界の核廃絶を訴える NGO たる「核廃絶国際キャンペーン」（ICAN）が受賞している。ICAN は 2007 年の創設というから、活動歴わずか 10 年での受賞である。筆者らは、このニュースに切歯扼腕の思いであったであろうと推察される。しかし、国際社会には（世評としてさえ）ASEAN にノーベル平和賞をという可能性が浮上したことはなかった。それこそ、筆者らの確信とは裏腹に、地域協力機構としての ASEAN が国際社会で十分に評価されていないことの何よりの証であった。この落差をどのように埋めるかが本書の重要な執筆目的であった。

　では、原著者らの自負とは裏腹に、国際社会からの ASEAN 理解が低水準にとどまってきたのは何故であろうか。従来の趨勢の示すところによれば、ASEAN に対する国際社会の平均的な認識は、⑴米中両国のお蔭で存在感を維持できているにすぎず、⑵域内の不協和音が絶えないのに、⑶過大な数の国際会議を主催し、⑷大言壮語ともいうべき文書を乱発する傾向にあるなどややネガティブな方向に比重があり、その建設的な機能や役割には十分に関心を集めてはこなかった。

　もう一つ指摘しておきたいことは、本書の著者らがシンガポール人であると

いう事実の意味合いである。シンガポールという都市国家は、多様性という意味で典型的な東南アジア国家である一方、1人当たりGNPにおいて旧宗主国英国やアジアの経済大国日本を優に凌駕する経済先進国である。そして、「アジア的価値」（あるいは儒教的価値）への確信から欧米的規範に批判的でありながら、反腐敗的規律や確固たるガバナンスにおいて他のASEAN諸国とは隔絶した高みを占めている。

　思い起こせば、ASEAN草創期にわが国の東南アジア研究の第一線におられた故・矢野暢京都大学教授は、ASEANについて「曖昧で奇妙な、場当たり的性格の団体」（Ambiguous, Strange Entity of Ad-hoc Nature: ASEAN）という見事な語呂合わせを提示された。泉下の矢野教授が半世紀後のASEANの現状を目にされたとき、この語呂合わせが依然として有効であることに安堵されるか、ASEANの低迷ぶりを嘆かれるか、果たしていずれであろうか。ASEANの私設応援団を自負する訳者としては、本書が描いているように、ASEANが「アジア的規範に基づく調和型戦略協力」（Accommodative, Strategic Endeavor on Asian Norms）として成熟の途上にある機構であるという新たな語呂合わせを提示することで、読者の本書への関心をかき立てる責任の一端を果たすこととしたい。

　末尾ながら、新日本出版社の角田真己氏には、ゲラ校閲の段階で、用語・表現や文脈に関し貴重な助言をいただいた。記して感謝する次第である。

　2018年9月

黒柳米司

ASEAN 略年表 （翻訳者作成。原著出版社の許可を得て収録）

M はマレーシア、P はフィリピン

	ASEAN 域内	地域国際環境
1967	ASEAN 結成	
1968		「コレヒドール事件」で M = P 断交 インドネシア = シンガポール対立
1969		M = P 国交回復
1971	東南アジア平和自由中立地帯 （ZOPFAN）宣言	
1972		ニクソン訪中
1973	対日合成ゴム交渉	ベトナム戦争パリ協定
1974		ジャカルタ反日暴動
1975		インドシナ全面社会主義化
1976	初の ASEAN 首脳会議（バリ・サ ミット） →ASEAN 協和宣言（DAC） →東南アジア友好協力条約(TAC) 　署名 →ASEAN 事務局創設	
1977		「福田ドクトリン」 東南アジア条約機構(SEATO)解体
1978		カンボジア紛争勃発
1979	第 1 回 ASEAN 拡大外相会議(PMC)	
1980		環太平洋共同体キャンベラ・セミナー
1984	ブルネイ独立→ ASEAN 加盟 ASEAN-ISIS 発足	
1986		マルコス失脚
1989		アジア太平洋経済協力(APEC)始動 冷戦終結
1990		南シナ海紛争管理ワークショップ創 設
1991		カンボジア和平パリ協定
1992	「南シナ海に関するASEAN特別声明」	
1994	第 1 回ASEAN地域フォーラム(ARF) 開催	

1995	ベトナムASEAN加盟 東南アジア非核兵器地帯(SEANWFZ)調印	
1996	ASEAN＝欧州会議(ASEM)初会合	
1997	ラオス・ミャンマーASEAN加盟 第1回「ASEAN+3」(APT)首脳会議	アジア通貨危機
1998		スハルト失脚
1999	カンボジアASEAN加盟	
2002	中ASEAN「南シナ海行動宣言」(DOC)	
2003	第2バリ宣言（BCII） →「ASEAN共同体」構想	中国、TAC署名
2004		日本、TAC署名
2005	第1回「東アジア首脳会議」(EAS)	
2006	ASEAN国防相会議(ADMM)初会合	
2007	「ASEAN憲章」署名	
2008	「ASEAN憲章」発効 カンボジア＝タイ「プレア・ビヒア紛争」	
2009		米、TAC署名
2010	ASEAN拡大国防相会議(ADMM+)初会合 ASEAN中国自由貿易協定(ACFTA)始動	
2011	東ティモールASEAN加盟申請	
2012	第45回外相会議共同声明発出に失敗	
2013		P、南シナ海問題を常設仲裁裁判所(PCA)に提訴
2015	「ASEAN共同体」（政治安全保障、経済、文化社会3分野で）発足	ミャンマー総選挙
2016		常設仲裁裁判所(PCA)裁定 →中国の南シナ海主張ほぼ全面否定
2018	強靱で革新的なASEANのためのASEAN指導者ビジョン	

キショール・マブバニ　Kishore Mahbubani

　1948年、シンガポール出身。シンガポール大学卒業。1971〜2004年シンガポール外務省に勤務。カンボジア、マレーシア、米国ワシントンなどの大使館勤務を経て、外務次官、国連大使を歴任。安保理議長も務める。1991〜92年ハーバード大学国際関係研究所研究員。その後、シンガポール国立大学リー・クアンユー公共政策大学院院長も務めた。

ジェフェリー・スン　Jeffery Sng

　シンガポール出身。シンガポール大学卒業、米コーネル大学において東南アジア研究で博士号（Ph.D）取得。タイのバンコクを拠点にライター、元外交官として活動。タイにおける華人のビジネスコミュニティ、工芸、バンコクの中華街などに関する文章を多数発表している。

黒柳米司（くろやなぎ・よねじ）

　大東文化大学名誉教授。1944年生まれ。大阪市立大学法学部卒業、同大学院法学研究科修士課程修了（法学修士）、同博士課程中退。財団法人日本国際問題研究所、東洋英和女学院短期大学を経て、大東文化大学法学部教授、同法学部長、同副学長を歴任。『ASEANを知るための50章』（明石書店、共著、2015年）、『「米中対峙」時代のASEAN』（同前、編著、2014年）、『ASEAN再活性化への課題』（同前、編著、2011年）、『ASEAN35年の軌跡』（有信堂、2003年）「ASEAN全体像の検証」（日本国際政治学会『国際政治』第116号、責任編集、1997年）など著作多数。

装丁＝小林真理（スタルカ）

ASEANの奇跡――平和の生態系

2018年11月10日　初　版

著　者　キショール・マブバニ
　　　　ジェフェリー・スン

訳　者　黒　柳　米　司

発行者　田　所　　稔

郵便番号　151-0051　東京都渋谷区千駄ヶ谷4-25-6

発行所　株式会社　新日本出版社

電話　03（3423）8402（営業）
　　　03（3423）9323（編集）
info@shinnihon-net.co.jp
www.shinnihon-net.co.jp
振替番号　00130-0-13681

印刷　亨有堂印刷所　製本　小泉製本

落丁・乱丁がありましたらおとりかえいたします。
©Yoneji Kuroyanagi 2018
ISBN978-4-406-06285-5　C0031　Printed in Japan
本書の内容の一部または全体を無断で複写複製（コピー）して配布することは、法律で認められた場合を除き、著作者および出版社の権利の侵害になります。小社あて事前に承諾をお求めください。